제1회
직업기초능력평가
고난도 모의고사

www.sdedu.co.kr

〈문항 및 시험시간〉

평가영역	문항 수	시험시간	모바일 OMR 답안채점 / 성적분석 서비스
의사소통능력＋수리능력 ＋문제해결능력＋자원관리능력	50문항	70분	

제1회 모의고사

문항 수 : 50문항
시험시간 : 70분

01 다음 글의 내용과 부합하지 않는 것은?

동남아시아 고전 시대의 통치 체제를 설명할 때 통상 사용되는 용어는 만다라이다. 만다라는 본래 동심원을 뜻하는 불교 용어인데 동남아의 통치 체제를 설명하기 위해 차용되었다. 통치 체제로서의 만다라는 내부로부터 외부로 점차 나아갈수록 왕의 세력이 약화되는 모습을 형상화한 여러 개의 동심원들이 배열되어 있는 형태를 뜻한다. 간단하게 말해서 만다라는 왕의 힘이 유동적으로 움직이는 공간을 뜻하기 때문에 만다라적 통치 체제에서는 국경 개념이 희미해진다.

한 왕의 세력 범주 내에 있는 백성들은 왕에게 충성을 바치고 부역과 조세의 의무를 지지만, 만일 왕이 하늘로부터 위임 받은 카리스마를 상실했다고 판단되면 외곽의 동심원에 있는 백성들부터 느슨한 경계를 넘어 다른 만다라로의 이주가 자유롭게 일어났다. 만다라적 통치 체제에서의 왕은 백성들에게 카리스마를 유지하기 위해 자신이 하늘로부터 계시를 받은 자, 즉 신과 인간의 중간자임을 보여 주는 화려한 제왕의 의식, 군무행진 등을 정기적으로 시행했다. 또한 각종 보석과 마법이 담겨 있다고 여겨지는 무기들을 보유하여 권위를 과시했다.

이러한 만다라적 통치 체제로 미루어 볼 때, 캄보디아의 앙코르와트 사원을 통해 유추해 볼 수 있는 앙코르 왕국의 왕권은 예외적이라고 평가되었다. 유명한 역사학자 토인비는 거대한 앙코르와트 사원 근처에 놓인 바레이라 불리는 저수지를 농업을 위한 관개시설이라 보고 앙코르와트를 이집트의 피라미드 건설과 같은 맥락으로 이해했다. 그는 농업을 위한 관개의 필요라는 도전을 받아 앙코르인이 저수지 건설이라는 응전을 한 것으로 보았다. 그 결과로 앙코르의 왕은 중앙 집중화된 왕권의 기초를 다졌고, 왕국의 막강한 정치력을 앙코르와트 사원을 통해 드러내고 있다고 분석했다.

그런데 몇 년 전 토인비의 의견을 뒤집는 학설이 제기되었다. 액커라는 지리학자는 바레이의 용량을 재어 보고는 그것이 관개시설로 사용될 만큼의 규모가 아니며, 바레이가 사원을 정 4방으로 둘러싼 위치를 보건대 앙코르와트 사원은 종교적인 목적과 관련이 있다는 소견을 내었다. 그의 의견에 따르면 앙코르와트 사원 부근의 바레이는 힌두교의 신들이 산다는 인도의 메루산(히말라야산) 주변에 있는 네 개의 호수를 상징화한 것이다. 앙코르의 왕은 사원 건립을 통해서 신과 인간의 중개자 역할을 자처하였다고 본 것이다.

① 만다라적 통치 체제에서는 정치적 영향력의 경계가 고정되어 있지 않다.
② 토인비는 앙코르 왕국이 강력한 중앙 집중화를 이룬 왕국이었다고 보았다.
③ 액커는 바레이의 규모를 근거로 그 용도에 대해 토인비와는 다른 해석을 하였다.
④ 만다라적 통치 체제에서의 왕은 백성들에게 신과 동일한 존재로 인식되기를 원했다.
⑤ 앙코르와트 사원은 정치적 상징물로 파악되기도 하고, 종교적 상징물로 파악되기도 한다.

02 다음 갑~병의 견해에 대한 분석으로 적절한 것을 〈보기〉에서 모두 고르면?

> 갑 : 현대 사회에서 '기술'이라는 용어는 낯설지 않다. 이 용어는 어떻게 정의될 수 있을까? 한 가지 분명한 사실은 우리가 기술이라고 부를 수 있는 것은 모두 물질로 구현된다는 것이다. 기술이 물질로 구현된다는 말은 그것이 물질을 소재 삼아 무언가 물질적인 결과물을 산출한다는 의미이다. 나노기술이나 유전자조합기술도 당연히 이 조건을 만족하는 기술이다.
>
> 을 : 기술은 반드시 물질로 구현되는 것이어야 한다는 말은 맞지만 그렇게 구현되는 것들을 모두 기술이라고 부를 수는 없다. 가령, 본능적으로 개미집을 만드는 개미의 재주 같은 것은 기술이 아니다. 기술로 인정되려면 그 안에 지성이 개입해 있어야 한다. 나노기술이나 유전자조합기술을 기술이라 부를 수 있는 이유는 둘 다 고도의 지성의 산물인 현대과학이 그 안에 깊게 개입해 있기 때문이다. 더 나아가 기술에 대한 우리의 주된 관심사가 현대 사회에 끼치는 기술의 막강한 영향력에 있다는 점을 고려할 때, '기술'이란 용어의 적용을 근대 과학혁명 이후에 등장한 과학이 개입한 것들로 한정하는 것이 합당하다.
>
> 병 : 근대 과학혁명 이후의 과학이 개입한 것들이 기술이라는 점을 부인하지 않는다. 하지만 그런 과학이 개입한 것들만 기술로 간주하는 정의는 너무 협소하다. 지성이 개입해야 기술인 것은 맞지만 기술을 만들어내기 위해 과학의 개입이 꼭 필요한 것은 아니다. 오히려 기술은 과학과 별개로 수많은 시행착오를 통해 발전해 나가기도 한다. 이를테면 근대 과학혁명 이전에 인간이 곡식을 재배하고 가축을 기르기 위해 고안한 여러 가지 방법들도 기술이라고 불러야 마땅하다. 따라서 우리는 '기술'을 더 넓게 적용할 수 있도록 정의할 필요가 있다.

──────〈보기〉──────

ㄱ. '기술'을 적용하는 범위는 셋 중 갑이 가장 넓고 을이 가장 좁다.
ㄴ. 을은 '모든 기술에는 과학이 개입해 있다.'라는 주장에 동의하지만, 병은 그렇지 않다.
ㄷ. 병은 시행착오를 거쳐 발전해온 옷감 제작법을 기술로 인정하지만, 갑은 그렇지 않다.

① ㄱ
② ㄴ
③ ㄱ, ㄷ
④ ㄴ, ㄷ
⑤ ㄱ, ㄴ, ㄷ

안심Touch

03 다음은 질병진단키트 A ~ D의 임상실험 결과 자료이다. 〈보기〉 중 옳은 것을 모두 고르면?

〈질병진단키트 A ~ D의 임상실험 결과〉

(단위 : 명)

A

판정 \ 질병	있음	없음
양성	100	20
음성	20	100

B

판정 \ 질병	있음	없음
양성	80	40
음성	40	80

C

판정 \ 질병	있음	없음
양성	80	30
음성	30	100

D

판정 \ 질병	있음	없음
양성	80	20
음성	20	120

※ 질병진단키트 당 피실험자 240명을 대상으로 임상실험한 결과임
※ 민감도 : 질병이 있는 피실험자 중 임상실험 결과에서 양성 판정된 피실험자의 비율
※ 특이도 : 질병이 없는 피실험자 중 임상실험 결과에서 음성 판정된 피실험자의 비율
※ 양성 예측도 : 임상실험 결과 양성 판정된 피실험자 중 질병이 있는 피실험자의 비율
※ 음성 예측도 : 임상실험 결과 음성 판정된 피실험자 중 질병이 없는 피실험자의 비율

〈보기〉

ㄱ. 민감도가 가장 높은 질병진단키트는 A이다.
ㄴ. 특이도가 가장 높은 질병진단키트는 B이다.
ㄷ. 질병진단키트 C의 민감도와 양성 예측도는 동일하다.
ㄹ. 질병진단키트 D의 양성 예측도와 음성 예측도는 동일하다.

① ㄱ, ㄴ
② ㄱ, ㄷ
③ ㄴ, ㄷ
④ ㄱ, ㄷ, ㄹ
⑤ ㄴ, ㄷ, ㄹ

04 다음은 신입사원에게 필요한 10개 직무역량 중요도의 산업분야별 자료이다. 이에 대한 〈보기〉 중 옳은 것을 모두 고르면?

〈신입사원의 직무역량 중요도〉

(단위 : 점)

직무역량＼산업분야	신소재	게임	미디어	식품
의사소통능력	4.34	4.17	4.42	4.21
수리능력	4.46	4.06	3.94	3.92
문제해결능력	4.58	4.52	4.45	4.50
자기개발능력	4.15	4.26	4.14	3.98
자원관리능력	4.09	3.97	3.93	3.91
대인관계능력	4.35	4.00	4.27	4.20
정보능력	4.33	4.09	4.27	4.07
기술능력	4.07	4.24	3.68	4.00
조직이해능력	3.97	3.78	3.88	3.88
직업윤리	4.44	4.66	4.59	4.39

※ 중요도는 5점 만점임

〈보기〉

ㄱ. 신소재 산업분야에서 중요도 상위 2개 직무역량은 '문제해결능력'과 '수리능력'이다.
ㄴ. 산업분야별 직무역량 중요도의 최댓값과 최솟값 차이가 가장 큰 것은 '미디어'이다.
ㄷ. 각 산업분야에서 중요도가 가장 낮은 직무역량은 '조직이해능력'이다.
ㄹ. 4개 산업분야 직무역량 중요도의 평균값이 가장 높은 직무역량은 '문제해결능력'이다.

① ㄱ, ㄴ
② ㄱ, ㄷ
③ ㄷ, ㄹ
④ ㄱ, ㄴ, ㄹ
⑤ ㄴ, ㄷ, ㄹ

안심Touch

※ K공단은 G군 체육대회를 맞이해 체육복 구매금액의 일정부분을 지원하기로 했으며, 다음은 체육복 제작업체별 세부사항에 대한 내용이다. 자료를 보고 이어지는 질문에 답하시오. [5~6]

〈G군 체육대회 체육복 지원내용〉

- 만 20세 이상 만 65세 미만 군민에게는 체육복 가격의 50% 지원
- 만 65세 이상 군민에게는 체육복 및 운동화 전액 지원
- 최소 예상 군민 수만큼 행사 전날 체육복과 운동화를 준비
- 체육복은 한 사이즈이며, 운동화는 65세 이상 군민 수만큼만 제작

※ 예상 군민 수
  - 만 20세 이상 만 65세 미만 : 500명
  - 만 65세 이상 : 200명

〈체육복 제작업체〉

구분		갑 업체	을 업체	병 업체	정 업체	무 업체
하루 생산가능 개수	체육복	200벌	350벌	250벌	150벌	300벌
	운동화	70켤레	100켤레	70켤레	70켤레	70켤레
개당 단가	체육복	12,000원	8,000원	10,000원	16,000원	18,000원
	운동화	20,000원	30,000원	25,000원	16,000원	10,000원
문구 삽입		체육복만 가능 500원/벌	운동화만 가능 무료	체육복 1,000원/벌, 운동화 무료	체육복 500원/벌, 운동화 200원/켤레	체육복만 가능 무료

05 K공단이 비용만을 고려하여 갑~무 업체 중 한 곳을 선정하려고 할 때, 선정되는 업체로 옳은 것은?(단, 체육복 및 운동화의 문구는 삽입하지 않는다)

① 갑 업체   ② 을 업체
③ 병 업체   ④ 정 업체
⑤ 무 업체

06 K공단은 체육대회 기념으로 체육복에 문구를 삽입하려고 한다. 갑~무 업체 중 3일 이내 제작가능하며, 비용이 가장 저렴한 업체로 선정하려고 할 때, 선정되는 업체로 옳은 것은?

① 갑 업체   ② 을 업체
③ 병 업체   ④ 정 업체
⑤ 무 업체

07 다음 글의 내용과 일치하지 않는 것은?

연료전지는 수소와 산소를 반응시켜 전기와 열을 생산하는 발전 유형을 뜻하며, 연료전지 발전의 연료로는 LNG(천연가스), LPG, 메탄올, 석탄가스 등이 사용된다. 연료를 통해 얻은 수소를 산소와 결합시키는 방식으로 전기를 얻는 것이다. 이 과정에서 오염물질과 소음이 거의 발생하지 않고, 다른 신재생에너지보다 작고 폭발 위험성이 없어 도심 속에 설치할 수 있는 친환경 에너지원으로 여겨지고 있다.

2019년 대통령의 정책 사업으로 연료전지 보급은 빠르게 증가하고 있다. 전력거래소에 따르면 2019년 9월 연료전지 설비용량은 44만 5,000kW로 전년 동월 대비 51.1% 증가하였다. 이는 전체 신재생에너지 증가율인 25.1%의 두 배가 넘는 수치이다. 전력거래량 역시 2018년 9월 136.3GWh에서 2019년 9월 194.4GWh로 42.6% 확대됐다.

2018년 말 준공된 동탄 연료전지 발전소는 2개 동, 3개 층으로 이루어져 있으며, 한 동에는 13개씩 모두 26개의 연료전지가 있다. 해당 연료전지는 인산형 연료전지(PAFC : 인산염을 전해질로 사용하는 연료전지)이며, 설비용량은 개당 440kW씩 총 11.44MW로 수도권 2만 5,000가구에 전기를 공급할 수 있다. 동탄 연료전지 발전소를 짓는 데는 총 550억 원이 투입되었으며, 연료전지 발전소의 초기 투자비용은 열병합 발전소 대비 7배가량 비싼 편이다.

연료전지는 발전원으로 LNG를 사용하기 때문에 원자력발전소나 석탄화력발전소보다 발전단가도 상대적으로 비싼 편이다. 그나마 연료전지에 대한 REC 가중치가 2.0으로 태양광 등의 주력 신재생에너지보다 높아 어느 정도 투자비를 보전하고 있다. REC 가중치가 높다는 것은 그만큼 비싼 값에 REC를 팔 수 있다는 의미이다.

※ REC(Renewable Energy Certificate) : 태양광, 수력, 풍력, 바이오매스 등 신재생에너지 발전을 통해 전기를 생산했다는 증명서다. 신재생에너지 공급 의무량이 있는 발전소에 팔거나 전력거래소를 통해 매매할 수도 있다.

① 연료전지는 천연가스 등에서 뽑아낸 수소를 산소와 결합시키는 방식으로 전기를 얻는다.
② 2019년 9월의 연료전지 설비용량은 2018년 9월 연료전지 설비용량의 1.5배 이상이다.
③ 2019년 9월의 연료전지 전력거래량은 전년 동월 대비 58.1GWh 증가하였다.
④ 동탄 연료전지 발전소의 투자비용은 1MW당 55억 원 이상이다.
⑤ 연료전지의 REC는 태양광 REC보다 비싸게 판매된다.

선거에서 유권자의 정치적 선택을 설명하는 이론은 사회심리학 이론과 합리적 선택 이론으로 대별된다. 초기 사회심리학 이론은 유권자 대부분이 일관된 이념 체계를 지니고 있지 않다고 보았다. 그럼에도 유권자들이 투표 선택에서 특정 정당에 대해 지속적인 지지를 보내는 현상은 그 정당에 대한 심리적 일체감 때문이라고 주장했다. 이에 반해 합리적 선택 이론은 유권자를 정당이 제시한 이념이 자신의 사회적 요구에 얼마나 부응하는지 그 효용을 계산하는 합리적인 존재로 보았다. 공간 이론은 이러한 합리적 선택 이론을 대표하는 이론으로, 근접 이론과 방향 이론으로 나뉜다.

초기의 근접 이론과 방향 이론은 유권자의 선택에 대해 다음과 같이 설명한다. 우선 이념 공간을 일차원 공간인 선으로 표시하고, 보수적 유권자 X, 진보 정당 A, 보수 정당 B의 이념적 위치를 그 선에 표시한다고 가정하자. 근접 이론은 X와 A, B 간의 이념 거리를 각각 '$|X-A|$'와 '$|X-B|$'로 계산한 다음, 만약 X와 A의 이념 거리가 X와 B의 경우보다 더 가깝다면 X는 A에 더 큰 효용을 느끼고 투표할 것이라고 본다. 이는 유권자 분포의 중간 지점인 중위 유권자의 위치가 양당의 선거 경쟁에서 득표 최대화 지점임을 의미한다. 방향 이론은 진보와 보수를 구분하는 이념 원점을 상정하고, 이를 기준으로 정당의 이념이 유권자의 이념과 같은 방향이되 이념 원점에서 더 먼 쪽에 위치할수록 그 정당에 대한 유권자의 효용이 증가하며, 반대로 정당의 이념이 유권자의 이념과 다른 방향일 경우에는 효용이 감소한다고 본다. 가령 이념 원점이 5라고 한다면, X의 A와 B에 대한 효용은 각각 '$-|5-X| \times |5-A|$'와 '$|5-X| \times |5-B|$'로 계산되는데, 이때 X는 이념 거리로는 비록 A가 가깝다 할지라도 B에 투표하게 된다. 따라서 방향 이론에서 정당에 대한 유권자의 효용은 그 정당이 유권자와 같은 이념 방향의 극단에 있을 때 최대화된다.

두 이론은 이념에 기초한 효용 계산을 통해 초기 사회심리학 이론의 '어리석은 유권자' 가설을 비판했지만 한계도 있었다. 근접 이론은 미국의 정당들이 실제 중위 유권자의 지점에 위치하지 않고 있다는 비판에, 방향 이론은 유럽 국가들에서 이념적 극단에 있는 정당이 실제로 수권한 경우가 드물다는 비판에 각각 직면했다. 이에 근접 이론은 정당이 정당 일체감을 지닌 유권자(정당 일체자)들로부터 멀어질 경우 지지가 감소할 수 있다는 점을 고려해서 실제로는 중위로부터 다소 벗어난 지점에 위치하게 된다고 이론적 틀을 보완했다. 또 방향 이론은 유권자들이 심리적으로 허용할 수 있는 이념 범위인 관용 경계라는 개념을 도입하여 정당이 관용 경계 밖에 위치하면 오히려 유권자의 효용이 감소한다는 점을 이론에 반영했다.

이러한 후기 공간 이론의 발전은 이념적 중위나 극단을 득표 최대화 지점으로 보았던 초기 공간 이론의 문제점을 극복하려 한 결과였다. 그러나 이는 정당 일체감이나 그 밖의 심리학적 개념들을 그대로 수용한 결과이기도 했다. 그럼에도 공간 이론은 초기 사회심리학 이론에서 비관적으로 전망했던 '세련된 유권자' 가설을 무리 없이 입증해 왔다.

한편 공간 이론의 두 이론은 유권자의 효용 계산과 정당의 득표 최대화 예측에서 이론적 경쟁 관계를 계속 유지했을 뿐만 아니라 현실 설명력에서도 두드러진 차이를 보였다. 의회 선거를 예로 들면, 근접 이론은 미국처럼 ㉠ 양당제 아래 소선거구제로 치러지는 선거를 더 잘 설명해 왔다. 반면에 방향 이론은 유럽 국가들처럼 ㉡ 다당제 아래 비례대표제로 치러지는 선거를 더 잘 설명해 왔다. 한 연구는 영국처럼 ㉢ 다당제 아래 소선거구제로 치러지는 선거에서 유권자가 여당에 대해 기대하는 효용은 근접 이론이 더 잘 설명하고, 유권자가 야당에 대해 기대하는 효용은 방향 이론이 더 잘 설명한다고 밝혔다. 이는 정치 환경에 따라 정당들의 득표 최대화 전략이 다를 수 있음을 뜻한다.

08 윗글의 내용과 일치하는 것은?

① 초기 사회심리학 이론은 유권자의 투표 선택이 심리적 요인 때문에 일관성이 없다고 보았다.

② 공간 이론은 유권자와 정당 간의 이념 거리를 통해 효용을 계산하여 유권자의 투표 선택을 설명하였다.

③ 후기 공간 이론의 등장으로 득표 최대화에 대한 초기의 근접 이론과 방향 이론 간의 이견이 해소되었다.

④ 후기 공간 이론에서는 유권자의 투표 선택을 설명하는 데 있어서 이념의 비중이 커졌다.

⑤ 후기 공간 이론은 정당 일체감을 합리적인 것으로 인정하여 세련된 유권자 가설을 입증해 왔다.

09 다음 ㉠ ~ ㉢에서 득표 최대화를 위한 정당의 선거 전략을 공간 이론의 관점에서 설명한 내용으로 적절하지 않은 것은?

① 초기 근접 이론은 ㉠에서 지지율 하락을 경험한 여당이 중위 유권자의 위치로 이동함을 설명할 수 있다.

② 후기 근접 이론은 ㉠에서 정당 일체자의 이탈을 우려한 야당이 중위 유권자의 위치로 이동하지 못함을 설명할 수 있다.

③ 후기 방향 이론은 ㉡에서 정당 일체자의 이탈을 우려한 여당이 중위 유권자의 위치로 이동함을 설명할 수 있다.

④ 초기 근접 이론은 ㉢에서 중위 유권자의 이탈을 우려한 여당이 중위 유권자의 위치로 이동함을 설명할 수 있다.

⑤ 후기 방향 이론은 ㉢에서 중위 유권자의 관용 경계를 의식한 야당이 이념적 극단 위치로 이동하지 못함을 설명할 수 있다.

10 다음은 K공단이 공개한 부패공직자 사건 및 징계 현황이다. 이에 대한 설명으로 옳지 않은 것을 모두 고르면?

<부패공직자 사건 및 징계 현황>

구분	부패행위 유형	부패금액	징계종류	처분일	고발 여부
1	이권개입 및 직위의 사적 사용	23만 원	감봉 1월	2016. 06. 19.	미고발
2	직무관련자로부터 금품 및 향응수수	75만 원	해임	2017. 05. 20.	미고발
3	직무관련자로부터 향응수수	6만 원	견책	2018. 12. 22.	미고발
4	직무관련자로부터 금품 및 향응수수	11만 원	감봉 1월	2019. 02. 04.	미고발
5	직무관련자로부터 금품수수	40만 원가량	경고(무혐의 처분, 징계시효 말소)	2020. 03. 06.	미고발
6	직권남용(직위의 사적이용)	–	해임	2020. 05. 24.	고발
7	직무관련자로부터 금품수수	526만 원	해임	2020. 09. 17.	고발
8	직무관련자로부터 금품수수 등	300만 원	해임	2021. 05. 18.	고발

─────< 보기 >─────

ㄱ. K공단에서는 해당 사건의 부패금액이 일정 수준 이상인 경우 고발한 것으로 해석할 수 있다.
ㄴ. 해임당한 공직자들은 모두 고발되었다.
ㄷ. 직무관련자로부터 금품을 수수한 사건은 총 5건 있었다.
ㄹ. 동일한 부패행위 유형에 해당하더라도 다른 징계처분을 받을 수 있다.

① ㄱ, ㄴ
② ㄱ, ㄷ
③ ㄴ, ㄷ
④ ㄴ, ㄹ
⑤ ㄷ, ㄹ

11 대외협력처 A과장, B대리, C대리, D주임, E주임, F주임, G사원 7명은 항공편을 이용해 멕시코로 출장을 가게 되었다. 대외협력처 직원들이 〈조건〉에 따라 항공기의 1열 A석부터 3열 C석까지의 좌석에 앉는다고 할 때, 다음 중 반드시 참인 것은?

구분	A석	B석	C석	
1열				앞 ↕ 뒤
2열	✕		C대리	
3열			✕	

좌 ↔ 우

─〈조건〉─

- C대리는 2열 C석에 앉는다.
- 2열 A석과 3열 C석은 다른 승객이 이미 앉은 좌석이므로 대외협력처 직원이 앉을 수 없다.
- A과장은 3열에 앉는다.
- 사원은 대리보다 앞쪽에 앉는다.
- E주임은 이동 중 보고할 사항이 있으므로 B대리의 옆 좌석에 앉아야 한다.
- 대리끼리는 이웃해 앉을 수 없다.
- 이웃해 앉는다는 것은 앞뒤 혹은 좌우로 붙어 앉는 것을 의미한다.

① B대리가 1열 B석에 앉는다면 E주임은 1열 C석에 앉는다.
② A과장이 3열 A석에 앉는다면 F주임은 3열 B석에 앉는다.
③ G사원과 F주임은 이웃해 앉는다.
④ D주임은 F주임과 이웃해 앉을 수 없다.
⑤ E주임이 1열 A석에 앉는다면 G사원은 1열 C석에 앉는다.

12 다음은 S기업의 2021년 경영실적에 대한 자료이다. 이에 대한 설명으로 옳지 않은 것은?(단, 비율은 소수점 첫째 자리에서 반올림한다)

> S기업은 2021년 연간 26조 9,907억 원의 매출과 2조 7,127억 원의 영업이익을 달성했다고 발표했다. S기업은 지난 한 해 시장 변동에 대응하기 위해 선제적으로 투자와 생산량을 조정하는 등 경영 효율화에 나섰으나 글로벌 무역 갈등으로 세계 경제의 불확실성이 확대되었고, 재고 증가와 고객들의 보수적인 구매 정책으로 수요 둔화와 가격 하락이 이어져 경영실적은 전년 대비 감소했다고 밝혔다.
>
> 2019년 4분기 매출과 영업이익은 각각 6조 9,271억 원, 2,360억 원(영업이익률 3%)을 기록했다. 4분기는 달러화의 약세 전환에도 불구하고 수요 회복에 적극 대응한 결과 매출은 전 분기 대비 소폭 상승했으나, 수요 증가에 대응하기 위해 비중을 확대한 제품군의 수익성이 상대적으로 낮았고, 신규 공정 전환에 따른 초기 원가 부담 등으로 영업이익은 직전분기 대비 50% 감소했다. 제품별로는 D램 출하량이 전 분기 대비 8% 증가했고, 평균판매가격은 7% 하락했으며, 낸드플래시는 출하량이 10% 증가했고, 평균판매가격은 직전분기 수준을 유지했다.
>
> S기업은 올해 D램 시장에 대해 서버 D램의 수요 회복, 5G 스마트폰 확산에 따른 판매량 증가로 전형적인 상저하고의 수요 흐름을 보일 것으로 예상했다. 낸드플래시 시장 역시 PC 및 데이터센터형 SSD 수요가 증가하는 한편, 고용량화 추세가 확대될 것으로 전망했다.
>
> S기업은 이처럼 최근 개선되고 있는 수요 흐름에 대해서는 긍정적으로 보고 있지만, 과거에 비해 훨씬 높아진 복잡성과 불확실성이 상존함에 따라 보다 신중한 생산 및 투자 전략을 운영할 방침이다. 공정 전환 과정에서도 기술 성숙도를 빠르게 향상시키는 한편, 차세대 제품의 차질 없는 준비로 원가 절감을 가속화한다는 전략이다.
>
> D램은 10나노급 2세대 제품(1y나노) 비중을 확대하고, 본격적으로 시장 확대가 예상되는 LPDDR5 제품 등의 시장을 적극 공략할 계획이다. 또한, 차세대 제품인 10나노급 3세대 제품(1z나노)도 연내 본격 양산을 시작할 예정이다.

① S기업은 고용량 낸드플래시 생산에 대한 투자를 늘릴 것이다.
② 달러화의 강세는 매출액에 부정적 영향을 미친다.
③ 기업이 공정을 전환하는 경우, 이로 인해 원가가 상승할 수 있다.
④ 영업이익률은 매출액 대비 영업이익 비율로, 2021년 S기업은 10%를 기록했다.
⑤ 2021년 3분기 영업이익은 4분기 영업이익의 2배이다.

13 다음 중 밑줄 친 내용을 뒷받침하는 사례를 〈보기〉에서 골라 순서대로 나열한 것은?

아파트 주거환경은 일반적으로 공동체적 연대를 약화하는 것으로 인식됐다. 그러나 오늘날 한국 사회에서 보편화하여 있는 아파트 단지에는 도시화의 진전에 따른 공동체적 연대의 약화를 예방하거나 치유하는 집단적 노력이 존재한다. [＿＿＿＿＿＿＿＿＿(가)＿＿＿＿＿＿＿＿＿] 물론 아파트의 위치나 평형, 단지의 크기 등에 따라 공동체 형성의 정도가 서로 다른 것은 사실이다. [＿＿＿＿＿(나)＿＿＿＿＿]

더 심각한 문제는 사회문화적 동질성에 입각한 아파트 근린관계가 점차 폐쇄적이고 배타적인 공동체로 변하고 있다는 것이다. 이에 대한 대책이 '소셜 믹스(SociaL Mix)'이다. 이는 동일 지역에 다양한 계층이 더불어 살도록 함으로써 계층 간 갈등을 줄이려는 정책이다.

그러나 이 정책의 실제 효과에 대해서는 회의적 시각이 많다. 대형 아파트 주민들도 소형 아파트 주민들과 이웃이 되기를 싫어하지만, 저소득층이 대부분인 소형 아파트 주민들 역시 부자들에게 위화감을 느끼면서 굳이 같은 공간에서 살려고 하지 않기 때문이다. 그럼에도 불구하고 우리나라에서는 사회 통합적 주거환경을 규범적 가치로 인식하여, 아파트 단지 구성에 있어 대형과 소형, 분양과 임대가 공존하는 수평적 공간 통합을 지향한다. 부자 동네와 가난한 동네가 뚜렷이 구분되지 않는 주거환경을 우리 사회가 규범적으로는 지향한다는 것이다. [＿＿＿＿＿(다)＿＿＿＿＿]

아파트를 둘러싼 계층 간의 공간 통합 혹은 공간 분리 문제를 단순히 주거환경의 문제로만 보면 근본적인 해결이 어려울 수도 있다. 지금의 한국인에게 아파트는 주거공간으로서의 의미를 넘어 부의 축적 수단이라는 의미를 담고 있기 때문이다.

─〈보기〉─

㉠ 아파트 부녀회의 자원 봉사자들이 단지 내의 경로당과 공부방을 중심으로 다양한 프로그램을 운영하여 주민들의 교류를 활성화한 사례

㉡ 대규모 아파트 단지를 조성할 때 소형 및 임대 아파트를 포함해야 한다는 법령과 정책 사례

㉢ 대형 고급 아파트 단지에서는 이웃에 누가 사는지도 잘 모르지만 중소형 서민 아파트 단지에서는 학부모 모임이 활발한 사례

	(가)	(나)	(다)		(가)	(나)	(다)
①	㉠	㉢	㉡	②	㉡	㉢	㉠
③	㉡	㉠	㉢	④	㉢	㉡	㉠
⑤	㉢	㉠	㉡				

안심Touch

14 다음 중 글의 내용과 일치하지 않는 것은?

1890년 독점 및 거래제한 행위에 대한 규제를 명시한 셔먼법이 제정됐다. 셔먼은 반독점법 제정이 소비자의 이익 보호와 함께 소생산자들의 탈집중화된 경제 보호라는 목적이 있다는 점을 강조했다. 그는 독점적 기업결합 집단인 트러스트가 독점을 통한 인위적인 가격 상승으로 소비자를 기만한다고 보았다. 더 나아가 트러스트가 사적 권력을 강화해 민주주의에 위협이 된다고 비판했다. 이런 비판의 사상적 배경이 된 것은 시민 자치를 중시하는 공화주의 전통이었다.

이후 반독점 운동에서 브랜다이스가 영향력 있는 인물로 부상했다. 그는 독점 규제를 통해 소비자의 이익이 아니라 독립적 소생산자의 경제를 보호하고자 했다. 반독점법의 취지는 거대한 경제 권력의 영향으로부터 독립적 소생산자들을 보호함으로써 자치를 지켜내는 데 있다는 것이다. 이런 생각에는 공화주의 전통이 반영되어 있었다. 브랜다이스는 거대한 트러스트에 집중된 부와 권력이 시민 자치를 위협한다고 보았다. 이 점에서 그는 반독점법이 소생산자의 이익 자체를 도모하는 것보다는 경제와 권력의 집중을 막는 데 초점을 맞추어야 한다고 주장했다.

반독점법이 강력하게 집행된 것은 1930년대 후반에 이르러서였다. 1938년 아놀드가 법무부 반독점국의 책임자로 임명되었다. 아놀드는 소생산자의 자치와 탈집중화된 경제의 보호가 대량 생산 시대에 맞지 않는 감상적인 생각이라고 치부하고, 시민 자치권을 근거로 하는 반독점 주장을 거부했다. 그는 독점 규제의 목적이 권력 집중에 대한 싸움이 아니라 경제적 효율성의 향상에 맞춰져야 한다고 주장했다. 독점 규제를 통해 생산과 분배의 효율성을 증가시키고 그 혜택을 소비자에게 돌려주는 것이 핵심 문제라는 것이다. 이 점에서 반독점법의 목적이 소비자 가격을 낮춰 소비자 복지를 증진시키는 데 있다고 본 것이다. 그는 사람들이 반독점법을 지지하는 이유도 대기업에 대한 반감이나 분노 때문이 아니라, '돼지갈비, 빵, 안경, 약, 배관공사 등의 가격'에 대한 관심 때문이라고 강조했다. 이 시기 아놀드의 견해가 널리 받아들여진 것도 소비자 복지에 대한 당시 사람들의 관심사를 반영했기 때문으로 볼 수 있다. 이런 점에서 소비자 복지에 근거한 반독점 정책은 안정된 법적, 정치적 제도로서의 지위를 갖게 되었다.

① 셔먼과 브랜다이스의 견해는 공화주의 전통에 기반을 두고 있었다.
② 아놀드는 독점 규제의 목적에 대한 브랜다이스의 견해에 비판적이었다.
③ 셔먼과 아놀드는 소비자 이익을 보호한다는 점에서 반독점법을 지지했다.
④ 반독점 주장의 주된 근거는 1930년대 후반 시민 자치권에서 소비자 복지로 옮겨 갔다.
⑤ 브랜다이스는 독립적 소생산자와 소비자의 이익을 보호하여 시민 자치를 지키고자 했다.

※ 다음은 L홈쇼핑에서 F/W시즌에 론칭할 겨울 방한의류별 특성을 정리한 제품 특성표이다. 자료를 보고 이어지는 질문에 답하시오. [15~16]

〈제품 특성표〉

구분	가격	브랜드가치	무게	디자인	실용성
A제품	★★★☆☆	★★★★★	★★★★☆	★★☆☆☆	★★★☆☆
B제품	★★★★★	★★★★☆	★★★★☆	★★★☆☆	★★☆☆☆
C제품	★★★☆☆	★★★☆☆	★★★☆☆	★★★★☆	★★★☆☆
D제품	★★★★☆	★★★★★	★★☆☆☆	★★★★☆	★★★★☆
E제품	★★★★☆	★★★☆☆	★★★☆☆	★★☆☆☆	★★★☆☆

★★★★★ : 매우 좋음 / ★★★★☆ : 좋음 / ★★★☆☆ : 보통 / ★★☆☆☆ : 나쁨 / ★☆☆☆☆ : 매우 나쁨

15 시장조사 결과 50대 고객은 브랜드가치가 높고, 무게가 가벼우며, 실용성이 높은 방한 의류를 선호한다고 한다. 제품 특성표를 참고하여 50대 고객을 대상으로 방한의류를 판매한다면, 어떤 제품이 가장 합리적인가?

① A제품　　　　　　　② B제품
③ C제품　　　　　　　④ D제품
⑤ E제품

16 다음은 연령별 소비자 선호 특성을 나타낸 자료이다. 20대와 30대 고객에게 그들의 선호특성에 맞게 방한의류를 판매하려면, 어떤 제품이 가장 합리적인가?

〈연령별 소비자 선호도〉

연령대	선호특성
20대	가격, 디자인
30대	무게, 실용성
40대	브랜드가치, 실용성

① A제품　　　　　　　② B제품
③ C제품　　　　　　　④ D제품
⑤ E제품

안심Touch

17 다음 글의 결론으로 가장 적절한 것은?

정치 갈등의 중심에는 불평등과 재분배의 문제가 자리하고 있다. 이 문제로 좌파와 우파는 오랫동안 대립해 왔다. 두 진영이 협력하여 공동의 목표를 이루려면 두 진영이 불일치하는 지점을 찾아 이 지점을 올바르고 정확하게 분석해야 한다. 바로 이것이 우리가 논증하고자 하는 바이다.

우파는 시장 원리, 개인 주도성, 효율성이 장기 관점에서 소득 수준과 생활환경을 실제로 개선할 수 있다고 주장한다. 반면 정부 개입을 통한 재분배는 그 규모가 그저 않아야 한다. 이 점에서 이들은 신순환 메커니즘을 되도록 방해하지 않는 원천징수나 근로장려세 같은 조세 제도만을 사용해야 한다고 주장한다.

반면 19세기 사회주의 이론과 노동조합 운동을 이어받은 좌파는 사회 및 정치 투쟁이 극빈자의 불행을 덜어주는 더 좋은 방법이라고 주장한다. 이들은 불평등을 누그러뜨리고 재분배를 이루려면 우파가 주장하는 조세 제도만으로는 부족하고, 생산수단을 공유화하거나 노동자의 급여 수준을 강제하는 등 보다 강력한 정부 개입이 있어야 한다고 주장한다. 정부의 개입이 생산 과정의 중심에까지 영향을 미쳐야 시장 원리의 실패와 이 때문에 생긴 불평등을 해소할 수 있다는 것이다.

좌파와 우파의 대립은 두 진영이 사회정의를 바라보는 시각이 다른 데서 비롯된 것이 아니다. 오히려 불평등이 왜 생겨났으며 그것을 어떻게 해소할 것인가를 다루는 사회경제 이론이 다른 데서 비롯되었다. 사실 좌우 진영은 사회정의의 몇 가지 기본 원칙에 합의했다.

행운으로 얻었거나 가족에게 물려받은 재산의 불평등은 개인이 통제할 수 없다. 개인이 통제할 수 없는 요인 때문에 생겨난 불평등을 그런 재산의 수혜자에게 책임지우는 것은 옳지 않다. 이 점에서 행운과 상속의 혜택을 받은 이들에게 이런 불평등 문제를 해결하라고 요구하는 것은 바람직하지 않다. 혜택 받지 못한 이들, 곧 매우 불리한 형편에 부닥친 이들의 처지를 개선하려고 애써야 할 당사자는 당연히 국가다. 정의로운 국가라면 국가가 사회 구성원 모두 평등권을 되도록 폭넓게 누리도록 보장해야 한다는 정의의 원칙은 좌파와 우파 모두에게 널리 받아들여진 생각이다.

불리한 형편에 놓인 이들의 삶을 덜 나쁘게 하고 불평등을 누그러뜨려야 하는 국가의 목표를 이루는 데 두 진영이 협력하는 첫걸음이 무엇인지는 이제 거의 분명해졌다.

① 좌파와 우파는 자신들의 문제점을 개선하려고 애써야 한다.
② 좌파와 우파는 정치 갈등을 해결하려는 의지가 있어야 한다.
③ 좌파와 우파는 사회정의를 위한 기본 원칙에 먼저 합의해야 한다.
④ 좌파와 우파는 분배 문제 해결에 국가가 앞장서야 한다는 데 동의해야 한다.
⑤ 좌파와 우파는 불평등의 생성과 해소를 다루는 사회경제 메커니즘을 보다 정확히 분석해야 한다.

18 다음은 한국전쟁 당시 참전한 유엔군의 참전현황 및 피해인원에 관한 자료이다. 이에 대한 설명으로 옳은 것은?

〈한국전쟁 당시 참전한 유엔군의 참전현황 및 피해인원〉

(단위 : 명)

구분	참전현황		피해인원				
	참전인원	참전군	전사·사망	부상	실종	포로	전체
미국	1,789,000	육군, 해군, 공군	36,940	92,134	3,737	4,439	137,250
영국	56,000	육군, 해군	1,078	2,674	179	977	4,908
캐나다	25,687	육군, 해군, 공군	312	1,212	1	32	1,557
터키	14,936	육군	741	2,068	163	244	3,216
호주	8,407	육군, 해군, 공군	339	1,216	3	26	1,584
필리핀	7,420	육군	112	229	16	41	398
태국	6,326	육군, 해군, 공군	129	1,139	5	0	1,273
네덜란드	5,322	육군, 해군	120	645	0	3	768
콜롬비아	5,100	육군, 해군	163	448	0	28	639
그리스	4,992	육군, 공군	192	543	0	3	738
뉴질랜드	3,794	육군, 해군	23	79	1	0	103
에티오피아	3,518	육군	121	536	0	0	657
벨기에	3,498	육군	99	336	4	1	440
프랑스	3,421	육군, 해군	262	1,008	7	12	1,289
남아공	826	공군	34	0	0	9	43
룩셈부르크	83	육군	2	13	0	0	15
합계	1,938,330	−	40,667	104,280	4,116	5,815	154,878

① 미국의 참전인원은 다른 모든 국가의 참전인원의 합보다 15배 이상 많다.

② 전체 피해인원의 참전인원 대비 비율이 가장 큰 국가는 터키이다.

③ 공군이 참전한 국가 중 해당 국가의 전체 피해인원 대비 부상 인원의 비율이 가장 큰 국가는 태국이다.

④ 전사·사망 인원은 육군만 참전한 모든 국가의 합이 공군만 참전한 모든 국가의 합의 30배 이하이다.

⑤ 실종 인원이 포로 인원보다 많은 국가는 4개국이다.

19 다음 글에서 알 수 있는 것을 〈보기〉에서 모두 고르면?

1964년 1월에 열린 아랍 정상회담의 결정에 따라 같은 해 5월 팔레스타인 사람들은 팔레스타인 해방기구 (PLO)를 조직했다. 아랍연맹은 팔레스타인 해방기구를 팔레스타인의 유엔 대표로 인정하였으며, 팔레스타인 해방기구는 아랍 전역에 흩어진 난민들을 무장시켜 해방군을 조직했다. 바야흐로 주변 아랍국가들의 지원에 의지하던 팔레스타인 사람들이 자기 힘으로 영토를 되찾기 위해 총을 든 것이다. 그러나 팔레스타인 해방기구의 앞길이 순탄한 것은 결코 아니었다. 아랍국가 중 군주제 국가들은 이스라엘과 정면충돌할까 두려워 팔레스타인 해방기구를 자기 영토 안에 받아들이지 않으려 했고, 소련과 같은 사회주의 국가들과 이집트, 시리아만이 팔레스타인 해방기구를 지원했다.

1967년 6월 5일에 이스라엘의 기습공격으로 제 3차 중동전쟁이 시작되었다. 이 '6일 전쟁'에서 아랍연합군은 참패했고, 이집트는 시나이반도를 빼앗겼다. 참패 이후 팔레스타인 해방기구의 온건한 노선을 비판하며 여러 게릴라 조직들이 탄생하였다. 팔레스타인 해방인민전선(PFLP)을 비롯한 수많은 게릴라 조직들은 이스라엘은 물론이고 제국주의에 봉사하는 아랍국가들의 집권층, 그리고 미국을 공격 목표로 삼았다.

1970년 9월에 아랍민족주의와 비동맹운동의 기수였던 이집트 대통령 나세르가 사망함으로써 팔레스타인 해방운동은 더욱 불리해졌다. 왜냐하면 사회주의로 기울었던 나세르와 달리 후임 대통령 사다트는 국영기업을 민영화하고 친미 정책을 시행했기 때문이다.

─────〈보기〉─────

ㄱ. 팔레스타인 해방기구는 자신들의 힘으로 잃어버린 영토를 회복하려 하였다.

ㄴ. 중동전쟁으로 인해 이집트에는 팔레스타인 해방운동을 지지했던 정권이 무너지고 반 아랍민족주의 정권이 들어섰다.

ㄷ. 팔레스타인 해방기구와 달리 강경 노선을 취하는 게릴라 조직들은 아랍권 내 세력들도 공격 대상으로 삼았다.

ㄹ. 사회주의에 경도된 아랍민족주의는 군주제를 부정했기 때문에 아랍의 군주제 국가들이 팔레스타인 해방기구를 꺼려했다.

① ㄱ, ㄴ
② ㄱ, ㄷ
③ ㄱ, ㄴ, ㄷ
④ ㄴ, ㄷ, ㄹ
⑤ ㄱ, ㄴ, ㄷ, ㄹ

20 다음 글을 근거로 판단할 때, 〈보기〉에서 옳은 것을 모두 고르면?

조선시대 복식은 신분과 직업에 따라 다르게 규정되었다. 상민들은 흰색 두루마기만 입을 수 있었던 데 비해 중인들은 청색 도포를 입고 다녔다. 조선시대 백관들의 공복(公服) 규정에 따르면, 중인의 경우 정3품은 홍포(紅袍)에 복두(幞頭)를 쓰고, 협지금(荔枝金)띠를 두르고 흑피화(黑皮靴)를 신었다. 4품 이하는 청포(靑袍)에 흑각(黑角)띠를 둘렀고, 7품 이하는 녹포(綠袍)에 흑의화(黑衣靴)를 신었다.

여자들의 복장은 남편의 벼슬이나 본가의 신분에 따라 달랐다. 조선 후기로 오면서 서울의 높은 양반집 여자들은 외출할 때 남자들과 내외하기 위해 장옷을 썼는데 중인 이하의 여자들은 장옷 대신 치마를 썼다. 또 양반집 여자들은 치마를 왼쪽으로 여며 입었는데 상민이 그렇게 입으면 망신을 당하고 쫓겨났다고 한다.

조선시대 공복에는 아청(鴉靑), 초록, 목홍(木紅) 등의 색을 사용했다. 『경국대전』에 따르면 1470년대에는 경공장에서 청색 물을 들이는 장인이 30여 명에 달할 만큼 청색 염색이 활발했다. 남색 역시 많이 사용되었다. 『임원십육지』에 따르면 6~7월에 쪽잎을 따서 만든 즙으로 남색 물을 들였다. 쪽잎으로 만든 남색 염료는 햇빛에 강해 색이 잘 변하지 않는 성질이 있어서 세계적으로 많이 사용되었다. 이 염료는 조선 초기까지는 사용이 드물었으나 조선 중기에 염료의 으뜸으로 등장했다가 합성염료의 출현으로 다시 왕좌에서 물러나게 되었다.

〈보기〉

ㄱ. 조선 후기에 중인 여자들은 외출할 때 장옷을 썼다.

ㄴ. 1470년대에 청색 염색이 활발했음을 보여주는 기록이 『경국대전』에 남아 있다.

ㄷ. 조선시대 정3품에 해당하는 중인들은 규정에 따라 청포에 흑각띠를 두르고 흑피화를 신었다.

ㄹ. 조선에서는 합성염료의 출현 이후에도 초봄에 쪽잎을 따서 만든 남색 염료가 합성염료보다 더 많이 사용되었다.

① ㄱ

② ㄴ

③ ㄱ, ㄷ

④ ㄴ, ㄹ

⑤ ㄷ, ㄹ

21 다음 글의 ㉠ ~ ㉢에 대하여 잘못 이해한 것은?

모든 역사는 '현대의 역사'라고 크로체는 언명했다. 역사란 본질적으로 현재의 관점에서 과거를 본다는 데에서 성립되며, 역사가의 주임무는 기록에 있는 것이 아니라 가치의 재평가에 있다는 것이다. 역사가가 가치의 재평가를 하지 않는다면 기록될 만한 가치 있는 것이 무엇인지를 알 수 없기 때문이다. 1916년 미국의 역사가 칼 벡커도 "㉠ 역사적 사실이란 역사가가 이를 창조하기까지는 존재하지 않는다."라고 주장하면서 "모든 역사적 판단의 기초를 이루는 것은 ㉡ 실천적 요구이기 때문에 모든 역사에는 현대의 역사라는 성격이 부여된다. 서술되는 사건이 아무리 먼 시대의 것이라고 할지라도 역사가 실제로 반영하는 것은 현재의 요구 및 현재의 상황이며 사건은 다만 그 속에서 메아리칠 따름이다."라고 하였다.

크로체의 이런 생각은 옥스포드의 철학자이며 역사가인 콜링우드에게 큰 영향을 끼쳤다. 콜링우드는 역사 철학이 취급하는 것은 ㉢ '사실 그 자체'나 '사실 그 자체에 대한 역사가의 이상' 중 어느 하나가 아니고 '상호관계 하에 있는 양자(兩者)'라고 하였다. 역사가가 연구하는 과거는 죽어 버린 과거가 아니라 어떤 의미에서는 아직도 ㉣ 현재 속에 살아 있는 과거이다. 현재의 상황 속에서 역사가의 이상에 따라 해석된 과거이기 때문이다. 따라서 과거는 그 배후에 놓인 사상을 역사가가 이해할 수 없는 한 그에게 있어서는 죽은 것, 즉 무의미한 것이다. 이와 같은 의미에서 '모든 역사는 사상의 역사'라는 것이며 또한 '역사는 역사가가 자신이 연구하고 있는 사람들의 이상을 자신의 마음속에 재현한 것'이라는 것이다. 역사가의 마음속에서 이루어지는 과거의 재구성은 경험적인 증거에 의거하여 행해지지만, 재구성 그 자체는 경험적 과정이 아니며 또한 사실의 단순한 암송만으로 될 수 있는 것도 아니다. 오히려 이와는 반대로 ㉤ 재구성의 과정은 사실의 선택 및 해석을 지배하는 것이며 바로 이것이야말로 사실을 역사적 사실로 만들어 놓는 과정이다.

① ㉠ – 역사가에 의해 재평가됨으로써 의미가 부여된 것
② ㉡ – 객관적 사실(事實)을 밝히려는 역사가의 적극적인 욕구
③ ㉢ – 역사가에 의해 해석되기 전의 객관적 사실(事實)
④ ㉣ – 역사가가 자신의 이상에 따라 해석한 과거
⑤ ㉤ – 역사가에 의해 사실(事實)이 사실(史實)로 되는 과정

22 다음 중 ㉠에 해당하는 내용으로 적절하지 않은 것은?

기술이 빠르게 발전하는 상황에 내 직업은 언제까지 유지될 것인가? '4차 산업혁명'이 세계적인 화두로 등장한 이래, 일하는 모든 사람은 스스로에게 이러한 질문을 던져 보았을 것이다. 일자리의 미래에 대해서는 다양한 의견이 존재하지만, 새로운 기술이 일하는 방식에 영향을 미칠 것은 확실하다. 우리가 새로운 기술로 떠올리는 인공지능(AI), 사물인터넷(IoT), 빅데이터 분석 등의 기술은 이미 실생활에서도 광범위하게 사용되고 있다. 이러한 배경에서 신산업·신기술에 대한 직업훈련이 필요하다는 사회적 요구가 크다. 구직자·재직자 모두 새로운 기술을 습득해 고용 가능성을 높일 수 있고, 기업도 신기술을 보유한 인재가 있어야 신산업을 개척해 나갈 수 있기 때문이다. 직업훈련의 내용·방식·인프라를 4차 산업혁명에 적합한 형태로 전환해야 하지만, 우리나라 직업훈련 시장은 산업화 시대의 필요에 의해 확대된 제조업 분야 기능인력 양성 중심의 직업훈련 시스템에 머물고 있는 것이 현실이다.

이에 정부는 작년부터 ㉠ 4차 산업혁명에 대비한 인력 양성 정책 대안을 모색하고 있다. 폴리텍 대학의 IoT정보 보안, VR 콘텐츠 제작 등 미래 유망분야 중심과정을 신설·확산해 나가는 등 공공부문의 테스트베드 역할을 강화하고, 신산업 분야를 선도하고 있는 대학 등 우수 민간기관을 훈련기관으로 선정해 '4차 산업혁명 선도 인력 양성훈련'을 운영 중이다. 이러한 훈련과정은 기업과 협약을 맺어 현장성 높은 훈련을 제공하는 것이 특징이다. 훈련 참여자들은 협약 기업에서 일하는 현장전문가들의 지도를 받으면서 프로젝트 기반의 실습을 진행하고 있다. 기술과 거리가 먼 경영학을 전공한 한 취업 준비생은 8개 신산업 분야 중 하나인 정보보안 훈련을 받으면서 오픈스택과 랜섬웨어를 다루는 프로젝트에 열정적으로 참여하여 프로젝트를 진행한 협약 기업에 취업해 근무하고 있다는 좋은 소식을 전해오기도 했다. 훈련과정에 도움을 준 협약 기업도 스마트팩토리를 도입하고자 하는 산업현장의 관심은 폭발적임에도 전문인력이 부족한 상황에서 우수인재를 확보할 수 있는 좋은 기회가 되었다고 평가한다. 참여자들의 긍정적인 반응에 힘입어 정부는 내년에는 더 많은 청년에게 훈련 기회를 제공할 계획이다. 뿐만 아니라 정부는 산업 인력 수요에 대응하기 위해 미래 유망분야의 새로운 직업과 관련된 자격 종목도 신속하게 신설하고 있다. 작년 말에는 '3D프린터', 올해에는 '로봇'과 관련한 국가기술자격의 신설이 확정되었다. 이르면 올 연말부터는 '3D프린터개발산업기사', '3D 프린팅 전문응용기능사' 자격증 취득에 도전할 수 있다. 직업훈련 방식도 변화를 준비하고 있다. 정부는 현재 온라인을 통해 언제 어디서나 직업훈련에 접근할 수 있도록 스마트 직업훈련 플랫폼을 구축하고 있다. 이를 통해 강의실에서 수업을 하고, 집에서 과제를 하는 전통적인 진행방식에서 벗어나 사전에 학습하고 강의실에서는 토론, 문제 풀이 등을 하는 '역진행 수업(Flipped Learning)', 초단기·선택 학습이 가능한 '한입크기 훈련(Mirco Learning)', VR·AR 기술을 활용한 가상훈련 등을 확산해 나갈 계획이다

정부는 매년 9월을 직업능력의 달로 정하여 기념하고 있다. 올해의 슬로건 '직업능력 개발! 우리의 미래를 밝힙니다.'처럼 모든 국민이 직업능력 개발로 현재 직장에서의 적응 가능성을 높이고 100세 시대 평생고용 가능성을 높일 수 있도록 지속적인 혁신을 추가할 계획이다.

① 대학 등 우수 민간기관을 훈련기관으로 선정하여 인력 양성훈련 과정을 운영한다.
② 폴리텍 대학의 미래 유망분야 중심과정을 신설하고 이를 확산해 나가고 있다.
③ 인력 양성훈련 과정 참여자들의 관련 기업에 대한 취업을 알선해 주고 있다.
④ '3D프린터', '로봇' 등과 미래 유망분야의 새로운 직업과 관련된 자격 종목을 신설하고 있다.
⑤ 스마트 직업훈련 플랫폼 구축을 통해 직업훈련 방식의 변화를 준비하고 있다.

제1회 모의고사

※ K공단 인사담당자는 업무의 효율성을 위해 기존 직원의 그동안 업무성과와 역량을 보고 판단해, 기존 직원 중 몇 명의 부서를 이동시키려고 한다. 다음은 이동 예정인 직원의 정보와 부서별 필요한 역량에 대한 내용이다. 자료를 보고 이어지는 질문에 답하시오. [23~24]

〈직원 정보〉

직원	업무성과	자격증	비고
이하랑	수리능력 우수	회계관리 1급 전산회계 1급	현재 총무팀
함보영	공감이해능력 우수	컴퓨터 관련 자격증	현재 수신팀
최은빈	조직이해능력 우수	–	현재 수신팀
이시후	의사소통능력 우수	국가영어능력평가 고득점	현재 인사팀
강주희	의사소통능력 우수 문제해결능력 우수	–	현재 총무팀

〈부서별 필요한 역량〉

- 수신팀 : 수리능력 중시, 회계관련 경력·자격증 선호
- 총무팀 : 문제해결능력 중시
- 영업팀 : 의사소통능력과 공감이해능력 중시, 외국어능력 선호
- 인사팀 : 조직이해능력 중시

23 모든 직원이 팀을 이동한다고 할 때, 다음 중 각 팀과 이동할 직원을 연결한 내용으로 적절하지 않은 것은?

① 이하랑 – 수신팀
② 함보영 – 영업팀
③ 최은빈 – 인사팀
④ 이시후 – 영업팀
⑤ 강주희 – 수신팀

24 영업팀으로 한 명만 이동한다고 할 때, 다음 중 가장 적절한 직원은 누구인가?

① 이하랑
② 함보영
③ 최은빈
④ 이시후
⑤ 강주희

25 다음 글의 글쓴이의 태도를 비판한 내용으로 가장 적절한 것은?

생물 다양성(Biodiversity)이란 원래 한 지역에 살고 있는 생물의 종(種)이 얼마나 다양한가를 표현하는 말이었다. 그런데 오늘날에는 종의 다양성은 물론이고, 각 종이 가지고 있는 유전적 다양성과 생물이 살아가는 생태계의 다양성까지를 포함하는 개념으로 확장해서 사용한다. 특히 최근에는 생태계를 유지시키고 인류에게 많은 이익을 가져다준다는 점이 부각되면서 생물 다양성의 가치가 크게 주목받고 있다.

생물 다양성의 가장 기본적인 가치로 생태적 봉사 기능을 들 수 있다. 생물은 생태계의 엔지니어라 불릴 정도로 환경을 조절하고 유지하는 커다란 힘을 가지고 있다. 숲의 경우를 예로 들어 보자. 나무들은 서늘한 그늘을 만들어 주고 땅 속에 있는 물을 끌어 올려 다양한 생물종이 서식할 수 있는 적절한 환경을 제공해 준다. 숲이 사라지면 수분 배분 능력이 떨어져 우기에는 홍수가 나고 건기에는 토양이 완전히 말라 버린다. 이로 인해 생물 서식지의 환경이 급격하게 변화되고 마침내 상당수의 종이 사라지게 된다. 이처럼 숲을 이루고 있는 나무, 물, 흙과 그곳에서 살아가는 다양한 생명체는 서로 유기적인 관계를 형성하면서 생태계의 환경을 조절하고 유지하는 역할을 담당하는 것이다.

또한 생물 다양성은 경제적으로도 커다란 가치가 있다. 대표적인 사례로 의약품 개발을 꼽을 수 있다. 자연계에 존재하는 수많은 식물 중에서 인류는 약 20,000여 종의 식물을 약재로 사용해 왔다. 그 가운데 특정 약효 성분을 추출하여 상용화한 것이 이제 겨우 100여 종에 불과하다는 사실을 고려하면, 전체 식물이 가지고 있는 잠재적 가치는 상상을 뛰어넘는다. 그리고 부전나비의 날개와 사슴벌레의 다리 등에서 항암 물질을 추출한 경우나 야생의 미생물에서 페니실린, 마이신 등 약 3,000여 가지의 항생제를 추출한 경우에서도 알 수 있듯이, 동물과 미생물 역시 막대한 경제적 이익을 가져다준다. 의약품 개발 외에도 다양한 생물이 화장품과 같은 상품 개발에 이용되고 있으며, 생태 관광을 통한 부가가치 창출에도 기여한다.

생물 다양성은 학술적으로도 매우 중요하다. 예를 들어 다윈(C. Darwin)은 현존하는 여러 동물들의 상이한 눈을 비교하여, 정교하고 복잡한 인간의 눈이 진화해 온 과정을 추적하였다. 그에 따르면 인간의 눈은 해파리에서 나타나는 원시적 빛 감지 세포로부터, 불가사리처럼 빛의 방향을 감지할 수 있는 오목한 원시 형태의 눈을 거친 다음, 빛에 대한 수용력과 민감도를 높인 초기 수정체 형태의 눈을 지나, 선명한 상을 제공하는 현재의 눈으로 진화되었다는 것이다. 이 사례에서 보듯이 모든 생물종은 고유한 형태적 특성을 가지고 있어서 생물 진화의 과정을 추적하는 데 중요한 정보를 제공해 준다. 형태적 특성 외에도 각각의 생물종이 지닌 독특한 생리적·유전적 특성 등에 대한 비교 연구를 통해 생물을 더 깊이 있게 이해할 수 있다. 그리고 이렇게 축적된 정보는 오늘날 눈부시게 성장하고 있는 생명과학의 기초가 된다.

이와 같이 인간은 생물 다양성에 기초하여 무한한 생태적·경제적 이익을 얻고 과학 발전의 토대를 구축한다. 그런데 최근 급격한 기후 변화와 산업화 및 도시화에 따른 자연 파괴로 생물 다양성이 크게 감소하고 있다. 따라서 이를 억제하기 위한 생태계 보존 대책을 시급히 마련해야 한다. 동시에 생물 다양성 보존을 위한 연구 기관을 건립하고 전문 인력의 양성 체계를 갖추어야 할 것이다.

① 문제 해결을 위한 실천 의지가 전혀 없다.
② 생물 다양성의 경제적 가치를 지나치게 강조하고 있다.
③ 생물 다양성 문제를 주로 인간 중심적 시각으로 해석하고 있다.
④ 자연을 우선시하여 자연과 인간의 공존 가능성을 모색하고 있지 않다.
⑤ 인간과 자연을 대립 관계로 보면서 문제를 단편적으로 해석하고 있다.

26 S공사는 수력발전기술개발을 위한 신흥 투자국 두 곳을 선정하고자 한다. 각 후보국가들에 대한 정보는 다음과 같으며, 다음의 선정기준에 따라 투자국을 선정할 때, 신흥 투자국으로 선정될 국가로 옳은 것은?

〈수력발전 관련 정보〉

구분	시장매력도			수준	접근가능성
	시장규모(백만 불)	성장률(%)	인구규모(십만 명)	전자정부 순위	수출액(백만 원)
A국	625	12	245	2	615
B국	91	21	57	4	398
C국	75	34	231	11	420
D국	225	18	48	32	445

〈투자국 선정기준〉

• 총점이 가장 높은 두 개의 국가를 투자국으로 선정한다.
  총점은 시장규모, 성장률, 인구규모, 전자정부순위, 수출액에 대한 점수를 합산하여 산출한다.
• 시장규모가 큰 순서대로 후보국들의 각 순위에 따라 다음 점수를 부여한다.

구분	1위	2위	3위	4위
점수	80점	60점	40점	20점

• 성장률이 높은 순서대로 후보국들의 각 순위에 따라 다음 점수를 부여한다.

구분	1위	2위	3위	4위
점수	50점	40점	30점	20점

• 인구규모가 큰 순서대로 후보국들의 각 순위에 따라 다음 점수를 부여한다.

구분	1위	2위	3위	4위
점수	50점	40점	30점	20점

• 전자정부 순위가 높은 순서대로 후보국들의 각 순위에 따라 다음 점수를 부여한다.

구분	1위	2위	3위	4위
점수	30점	20점	10점	0점

• 수출액이 큰 순서대로 후보국들의 각 순위에 따라 다음 점수를 부여한다.

구분	1위	2위	3위	4위
점수	20점	15점	10점	5점

① A국, B국
② A국, C국
③ B국, C국
④ B국, D국
⑤ C국, D국

27 S기업의 기획팀에 근무 중인 K사원은 자사에 대한 마케팅 전략 보고서를 작성하려고 한다. K사원이 SWOT 분석을 한 결과가 다음과 같을 때, 분석 결과에 대응하는 전략과 그 내용의 연결이 적절하지 않은 것은?

강점(Strength)	약점(Weakness)
• 세계 판매량 1위의 높은 시장 점유율 • 제품의 뛰어난 내구성 • 다수의 특허 확보	• 보수적 기업 이미지 • 타사 제품에 비해 높은 가격 • 경쟁업체 제품과의 차별성 약화
기회(Opportunity)	위협(Threat)
• 경쟁업체 제품의 결함 발생 • 해외 신규시장의 등장 • 인공지능, 사물인터넷 등 새로운 기술 등장	• 중국 업체의 성장으로 가격 경쟁 심화 • 미·중 무역전쟁 등 시장의 불확실성 증가에 따른 소비 위축

① SO전략 – 뛰어난 내구성을 강조한 마케팅 전략 수립
② SO전략 – 확보한 특허 기술을 바탕으로 사물인터넷 기반의 신사업 추진
③ WO전략 – 안정적 기업 이미지를 활용한 홍보 전략으로 해외 신규시장 진출
④ ST전략 – 해외 공장 설립으로 원가 절감을 통한 가격 경쟁력 확보
⑤ WT전략 – 경쟁업체와 차별화된 브랜드 고급화 전략 수립

28 출근 후 매일 영양제를 챙겨 먹는 슬기는 요일에 따라 서로 다른 영양제를 섭취한다. 다음 〈조건〉에 따라 평일 오전에 비타민B, 비타민C, 비타민D, 비타민E, 밀크시슬 중 하나씩을 섭취한다고 할 때, 항상 옳은 것은?

───────〈조건〉───────
• 밀크시슬은 월요일과 목요일 중에 섭취한다.
• 비타민D는 비타민C를 먹은 날로부터 이틀 뒤에 섭취한다.
• 비타민B는 비타민C와 비타민E보다 먼저 섭취한다.

① 월요일에는 비타민B를 섭취한다.
② 화요일에는 비타민E를 섭취한다.
③ 수요일에는 비타민C를 섭취한다.
④ 비타민E는 비타민C보다 먼저 섭취한다.
⑤ 비타민D는 밀크시슬보다 먼저 섭취한다.

29 다음은 D공단의 자율주행 도로교통안전 자문위원회 개최에 대한 보도자료이다. 〈보기〉 중 이에 대한 설명으로 옳지 않은 것을 모두 고르면?

자율주행 시대 대비 '자율주행 도로교통안전 자문위원회' 개최

D공단은 28일(수) 오전 서울 양재동에 위치한 서울지부에서 '자율주행 도로교통안전 자문위원회'를 개최했다. 이날 회의에서는 이사장을 비롯하여 경찰청, 학계, 연구기관 등 전문가 20여 명이 참석하여 연구발표와 함께 열띤 토론을 벌였다.

이사장은 인사말을 통해 "자율주행차 도입의 가장 중요한 전제조건은 도로교통의 안전성을 확보하는 것이며, 이에 D공단은 자율주행차의 도로교통 및 도로주행 안정성을 보증하기 위한 평가방안 및 면허제도 개선방안 등을 마련하여 안전하고 편안한 사람중심의 교통환경을 조성하고자 노력할 것"이라고 강조했다. 세계적으로 자율주행차에 대한 관심과 개발 경쟁이 치열하지만, 아직은 자율주행 기술의 수용성 측면을 높여 안전한 자율주행 시대로 이어지기 위해서는 노력이 절실한 실정이다. 이와 함께 도로교통안전 측면에서 사람이 중심이 되는 접근 및 관련 연구도 더 필요하다.

이에 따라 D공단은 자율주행 시대에 따른 교통안전체계 변화에 대한 전략적·선제적 대응을 위해 교통과학연구원 내에 자율주행 연구처를 신설한 데 이어, 지난 8월에는 '한국형 자율주행차 운전면허제도 자문위원회'를 확대·개편한 '자율주행 도로교통안전 자문위원회'를 개최했다.

이날 위원회에서는 아주대학교 교통시스템공학과 교수와 서울대학교 철학사상연구소 교수의 주제발표 이후 자유토론을 벌였다. 아주대 교수는 주제발표를 통해 "자율주행 인공지능(AI) 준법능력 및 안전운전 등 자율주행의 운전능력 검증에 대한 필요성과 함께 자율주행 보급에 따른 향후 교통안전문제에 대한 사전대비가 필요하며, 이에 따라 자율주행 AI면허 관련 요구사항에 대응 및 그 운전능력 검증을 위한 시험시설의 필요성을 언급하였다.

아주대 교수는 이어 "실내평가와 실외평가 각각의 장단점에 따라 두 가지 평가를 단계적으로 구축하여 활용하는 전략이 필요하다."면서 자율주행 AI의 운전능력 시험평가를 위한 시험단지 기본구상안에 대한 단계별 추진에 대하여 기본적 내용을 제시하였다.

서울대 교수는 '자율주행 차량 관련 독일 윤리위원회 문헌 소개'라는 주제발표를 통해 AI를 위한 일반 가이드라인의 동향과 독일 윤리위원회 규정, 그 토론 결과 및 미해결 문제에 대하여 발표했다. 토론결과와 관련해서는 딜레마 상황의 원칙에 따라 1. 인간 생명의 보호가 최우선(Priority of Human Life), 2. 모든 인간에 대한 공평한 대우(Impartiality Among Human Beings) 3. 피해 최소화 원칙(Minimization of Harms)이 있다고 말했다. 또한 미해결 문제로는 "타인보호와 자기보호 중 어느 것이 우선하는지, 동물보호라는 관심에 대한 고려, 분할된 책임에 관한 기술, 완전 자동화 교통시스템을 이용할 법적 의무에 대한 문제가 남겨져 있으며, 자율주행 차량 및 운행 시스템에 대한 사회적 신뢰가 증진되어야 할 것"이라고 강조했다.

앞으로 D공단은 '자율주행 도로교통안전 자문위원회'를 바탕으로 4차 산업혁명 시대를 대비할 미래 대응방안을 전략적으로 마련하고 자율주행과 관련한 법·제도 등의 개선을 추진하여 편안하고 안전한 사람이 중심이 되는 교통환경을 조성하기 위해 지속적인 연구와 함께 각계의 폭넓은 의견 수렴에 나설 계획이다.

ㄱ. D공단은 세계적으로 자율주행차 개발에 대한 경쟁이 치열해지기 전 선제적으로 연구를 진행하여 성과를 도출하고자 한다.

ㄴ. 도로교통안전 자문위원회 개최자가 생각하는 자율주행차 기술의 핵심 요건은 도로교통의 안전이다.

ㄷ. D공단은 교통안전체계 변화에 대한 전략적 대응차원에서 '한국형 자율주행차 운전면허제도 자문위원회'를 폐지하고, '자율주행 도로교통안전 자문위원회'를 개최하였다.

ㄹ. 서울대 교수에 따르면 자율주행 시대의 도래에 있어 자동화교통시스템을 이용할 법적 의무에 대한 문제는 아직 해결되지 않았다.

① ㄱ, ㄴ
② ㄱ, ㄷ
③ ㄴ, ㄷ
④ ㄴ, ㄹ
⑤ ㄷ, ㄹ

30 다음은 2018 ~ 2021년 사용자별 사물인터넷 관련 지출액에 관한 자료이다. 이에 대한 설명으로 옳지 않은 것은?

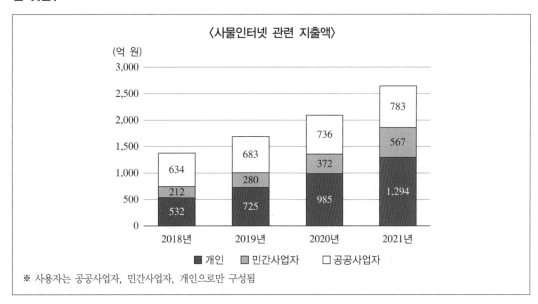

〈사물인터넷 관련 지출액〉

※ 사용자는 공공사업자, 민간사업자, 개인으로만 구성됨

① 2019 ~ 2021년 공공사업자 지출액의 전년 대비 증가폭이 가장 큰 해는 2020년이다.

② 2021년 사용자별 지출액의 전년 대비 증가율은 개인이 가장 높다.

③ 2019 ~ 2021년 동안 사용자별 지출액의 전년 대비 증가율은 매년 공공사업자가 가장 낮다.

④ 공공사업자와 민간사업자의 지출액 합은 매년 개인의 지출액보다 크다.

⑤ 2021년 모든 사용자의 지출액 합은 2018년 대비 80% 이상 증가하였다.

31 다음은 Q회사의 생산직 근로자 133명과 사무직 근로자 87명이 직무스트레스 조사에 응답한 결과이다. 이에 대한 〈보기〉 중 옳은 것을 모두 고르면?

〈표 1〉 생산직 근로자의 직무스트레스 수준 응답 구성비

(단위 : %)

스트레스 수준 항목	상위		하위	
	매우 높음	높음	낮음	매우 낮음
업무과다	9.77	67.67	22.56	0.00
직위불안	10.53	64.66	24.06	0.75
관계갈등	10.53	67.67	20.30	1.50
보상부적절	10.53	60.15	27.82	1.50

〈표 2〉 사무직 근로자의 직무스트레스 수준 응답 구성비

(단위 : %)

스트레스 수준 항목	상위		하위	
	매우 높음	높음	낮음	매우 낮음
업무과다	10.34	67.82	20.69	1.15
직위불안	12.64	58.62	27.59	1.15
관계갈등	10.34	64.37	24.14	1.15
보상부적절	10.34	64.37	20.69	4.60

─────────〈보기〉─────────

ㄱ. 항목별 직무스트레스 수준이 '상위'에 해당하는 근로자의 비율은 각 항목에서 사무직이 생산직보다 높다.

ㄴ. '직위불안' 항목에서 '낮음'으로 응답한 근로자는 생산직이 사무직보다 많다.

ㄷ. '관계갈등' 항목에서 '매우 높음'으로 응답한 생산직 근로자는 '매우 낮음'으로 응답한 생산직 근로자보다 11명 많다.

ㄹ. '보상부적절' 항목에서 '높음'으로 응답한 근로자는 사무직이 생산직보다 적다.

① ㄱ

② ㄹ

③ ㄱ, ㄷ

④ ㄴ, ㄷ

⑤ ㄴ, ㄹ

32 다음은 콘크리트 유형별 기준강도 및 시험체 강도판정결과에 관한 자료이다. 이에 근거하여 (가)~(다)에 해당하는 강도판정결과를 바르게 나열한 것은?

〈콘크리트 유형별 기준강도 및 시험체 강도판정결과〉

(단위 : MPa)

구분	기준강도	시험체 강도				강도판정결과
		시험체 1	시험체 2	시험체 3	평균	
A유형	24	22.8	29.0	20.8	( )	(가)
B유형	27	26.1	25.0	28.1	( )	불합격
C유형	35	36.9	36.8	31.6	( )	(나)
D유형	40	36.4	36.3	47.6	40.1	합격
E유형	45	40.3	49.4	46.8	( )	(다)

※ 강도판정결과는 '합격'과 '불합격'으로 구분됨

〈판정기준〉

• 아래 조건을 모두 만족하는 경우에만 강도판정결과가 '합격'이다.
  – 시험체 강도의 평균은 기준강도 이상이어야 한다.
  – 기준강도가 35MPa 초과인 경우에는 각 시험체 강도가 모두 기준강도의 90% 이상이어야 한다.
  – 기준강도가 35MPa 이하인 경우에는 각 시험체 강도가 모두 기준강도에서 3.5MPa을 뺀 값 이상이어야 한다.

	(가)	(나)	(다)
①	합격	합격	합격
②	합격	합격	불합격
③	합격	불합격	불합격
④	불합격	합격	합격
⑤	불합격	합격	불합격

이산화탄소에 의한 지구온난화로 기상 이변이 빈번해지면서 최근 이산화탄소 포집 및 저장 기술인 CCS(Carbon Capture & Storage) 기술이 주목을 받고 있다. CCS 기술은 화석연료를 사용하는 화력발전소, 제철소, 시멘트 공장 등에서 발생할 수 있는 대량의 이산화탄소를 고농도로 포집한 후 안전한 땅속에 저장하는 기술이다.

CCS 기술에는 '연소 후 포집 기술', '연소 전 포집 기술', '순산소 연소 포집 기술'이 있다. 연소 후 포집 기술은 화석 연료가 연소될 때 생기는 배기가스에서 이산화탄소를 분리하는 방법이고, 연소 전 포집 기술은 화석 연료에 존재하는 이산화탄소를 연소 전 단계에서 분리하는 방법이다. 순산소 연소 포집 기술은 화석 연료를 연소시킬 때 공기 대신 산소를 주입하여 고농도의 이산화탄소만 배출되게 함으로써 별도의 분리 공정 없이 포집할 수 있는 기술이다. 이 중 연소 후 포집 기술은 현재 가동되고 있는 수많은 이산화탄소 발생원에 직접 적용할 수 있는 방법으로 화력발전소를 중심으로 실용화되기 시작하면서 CCS 기술의 핵심 분야로 떠오르고 있다. 연소 후 포집 기술은 흡수, 재생, 압축, 수송, 저장 등의 다섯 공정으로 나뉘어 진행되며 이를 위해서는 흡수탑, 재생탑, 압축기, 수송 시설, 저장조 등이 마련되어야 한다.

화력발전소에서 배출되는 배기가스에는 물, 질소 그리고 10 ~ 15% 농도의 이산화탄소가 포함되어 있다. 이 배기가스는 먼저 흡수탑 하단으로 들어가게 되고, 흡수탑 상단에서 주입되는 흡수제와 접촉하게 된다. 흡수제에는 미세 구멍, 즉 기공이 무수히 많이 뚫려 있는데 이 기공에 이산화탄소가 유입되면 화학반응을 일으키면서 달라붙게 된다. 흡수제가 배기가스에서 이산화탄소만을 선택적으로 포집하면 물과 질소는 그대로 굴뚝을 통해 대기 중으로 배출된다. 흡수제가 이산화탄소를 포집할 수 있는 한계, 즉 흡수 포화점에 다다르면 흡수제는 연결관을 통해 재생탑 상단으로 이동하게 되고, 여기에서 고온의 열처리 과정을 거치게 된다. 열처리를 하는 이유는 흡수제에 달라붙어 있는 이산화탄소를 분리하기 위해서이다. 흡수제에 달라붙어 있던 이산화탄소는 130℃ 이상의 열에너지를 받으면 기공 밖으로 빠져나오게 되고, 이산화탄소와 분리된 흡수제는 다시 이산화탄소를 포집할 수 있는 원래의 상태로 재생된 후, 흡수탑 상단으로 보내져 재사용된다. 이처럼 흡수제가 이산화탄소를 포집하고 흡수제가 다시 재생되는 흡수와 재생 공정을 반복하면 90% 이상 고농도의 이산화탄소를 모을 수 있게 되는데, 이렇게 모아진 이산화탄소는 이송에 편리하도록 압축기에서 압축 공정을 거치게 된다. 압축된 이산화탄소는 파이프라인이나 철도, 선박 등의 수송 시설을 통해 땅속의 저장소로 이송되고, 저장소로 이송된 이산화탄소는 800m 이상의 깊이에 있는 폐유전이나 가스전 등에 주입되어 반영구적으로 저장된다.

오늘날 CCS 기술은 지구온난화를 막을 수 있는 가장 현실적인 대안으로 인정받고 있다. 하지만 공정을 진행하는 과정에서 많은 에너지가 소요되는 것은 극복해야 할 과제이다. 이에 따라 현재 진행되고 있는 연소 후 포집 기술의 핵심적 연구는 ㉠흡수 포화점이 향상된 흡수제를 개발하여 ㉡경제성이 높은 이산화탄소 포집 기술을 구현하는 방향으로 진행되고 있다.

※ 포집 : 물질 속에 있는 미량의 성분을 분리하여 잡아 모으는 일

33 윗글에서 알 수 있는 내용으로 적절하지 않은 것은?

① CCS 기술의 개념
② CCS 기술의 종류
③ CCS 기술의 필요성
④ CCS 기술의 개발 과정
⑤ CCS 기술이 극복해야 할 과제

34 다음 중 ⊙이 ⓒ으로 이어질 수 있는 이유로 가장 적절한 것은?

① 흡수와 재생 공정을 일원화할 수 있기 때문에

② 흡수와 재생 공정의 반복 횟수를 줄일 수 있기 때문에

③ 재생 공정에서 흡수제의 재생률을 높일 수 있기 때문에

④ 재생 공정이 없어도 이산화탄소를 포집할 수 있기 때문에

⑤ 포집한 이산화탄소를 저장소로 옮기는 운송비를 줄일 수 있기 때문에

35 다음 글에서 추론할 수 있는 것은?

> 많은 재화나 서비스는 경합성과 배제성을 지닌 '사유재'이다. 여기서 경합성이란 한 사람이 어떤 재화나 서비스를 소비하면 다른 사람의 소비를 제한하는 특성을 의미하며, 배제성이란 공급자에게 대가를 지불하지 않으면 그 재화를 소비하지 못하는 특성을 의미한다. 반면 '공공재'란 사유재와는 반대로 비경합적이면서도 비배제적인 특성을 가진 재화나 서비스를 말한다.
>
> 그러나 우리 주위에서는 이렇듯 순수한 사유재나 공공재와는 또 다른 특성을 지닌 재화나 서비스도 많이 찾아볼 수 있다. 예를 들어 영화 관람이라는 소비 행위는 비경합적이지만 배제가 가능하다. 왜냐하면 영화는 사람들과 동시에 즐길 수 있으나 대가를 지불하지 않고서는 영화관에 입장할 수 없기 때문이다. 마찬가지로 케이블 TV를 즐기기 위해서는 시청료를 지불해야 한다.
>
> 비배제적이지만 경합적인 재화들도 찾아낼 수 있다. 예를 들어 출퇴근 시간대의 무료 도로를 생각해보자. 자가용으로 집을 출발해서 직장에 도달하는 동안 도로에 진입하는 데에 요금을 지불하지 않으므로 도로의 소비는 비배제적이다. 하지만 출퇴근 시간대의 체증이 심한 도로는 내가 그 도로에 존재함으로 인해서 다른 사람의 소비를 제한하게 된다. 따라서 출퇴근 시간대의 도로 사용은 경합적인 성격을 갖는다. 이러한 내용을 표로 정리하면 다음과 같다.

구분	배제적	비배제적
경합적	a	b
비경합적	c	d

① 체증이 심한 유료 도로 이용은 a에 해당한다.

② 케이블 TV 시청은 b에 해당한다.

③ 사먹는 아이스크림과 같은 사유재는 b에 해당한다.

④ 국방 서비스와 같은 공공재는 c에 해당한다.

⑤ 영화 관람이라는 소비 행위는 d에 해당한다.

36 다음은 A, B기업의 경력사원채용 지원자 특성에 관한 자료이다. 이에 대한 〈보기〉 중 옳은 것을 모두 고르면?

〈경력사원채용 지원자 특성〉

(단위 : 명)

지원자 특성	기업	A기업	B기업
성별	남성	53	57
	여성	21	24
최종 학력	학사	16	18
	석사	19	21
	박사	39	42
연령대	30대	26	27
	40대	25	26
	50대 이상	23	28
관련 업무 경력	5년 미만	12	18
	5년 이상 10년 미만	9	12
	10년 이상 15년 미만	18	17
	15년 이상 20년 미만	16	9
	20년 이상	19	25

※ A기업과 B기업에 모두 지원한 인원은 없음

〈보기〉

ㄱ. A기업 지원자 중 남성 지원자의 비율은 관련 업무 경력이 10년 이상인 지원자의 비율보다 높다.
ㄴ. 최종 학력이 석사 또는 박사인 B기업 지원자 중 관련 업무 경력이 20년 이상인 지원자는 7명 이상이다.
ㄷ. 기업별 여성 지원자의 비율은 A기업이 B기업보다 높다.
ㄹ. A, B기업 전체 지원자 중 40대 지원자의 비율은 35% 미만이다.

① ㄱ, ㄴ   ② ㄱ, ㄷ
③ ㄱ, ㄹ   ④ ㄴ, ㄷ
⑤ ㄴ, ㄹ

다음은 주당배당금 및 배당수익률 산출식에 대한 자료이다. 이를 참고하여 배당금이 많은 사람부터 적은 사람 순으로 올바르게 나열한 것은?(단, 빈칸은 누락된 부분이다)

〈정보〉

- 주당배당금(Dps; Dividend Per Share) : (배당금 총액을 주식 수로 나누는 방식)＝(배당금 총액)÷(발행주식 수)
- 배당수익률(Dividend Yield Ratio, %) : (주당배당금을 주가로 나눈 백분율 값)＝(주당배당금)÷(주가)×100
- 배당금 총액은 통상 당기순이익의 20%이며, 배당금은 주당배당금의 100배이다.

〈개인별 투자 현황〉

구분	투자한 회사의 당기순이익	투자한 회사의 주가	투자한 회사의 배당수익률	투자한 회사의 발행주식 수
갑	20억 원	20,000원		10만 주
을		30,000원	10%	80만 주
병	40억 원	100,000원		10만 주
정		60,000원	20%	20만 주
무	20억 원	40,000원		20만 주

① 무＞을＞갑＞병＞정
② 정＞갑＞병＞을＞무
③ 무＞병＞을＞갑＞정
④ 정＞병＞갑＞을＞무
⑤ 병＞정＞을＞갑＞무

※ K공사는 임직원들의 체력증진과 단합행사 장소를 개선하기 위해 노후된 운동장 및 체육관 개선 공사를 실시하고자 입찰 공고를 하였다. 다음 자료를 보고 이어지는 질문에 답하시오. [38~39]

〈입찰 참여 건설사 정보〉

업체	최근 3년 이내 시공규모	기술력 평가	친환경 설비 도입비중	경영건전성	입찰가격
A	700억 원	A등급	80%	2등급	85억 원
B	250억 원	B등급	72%	1등급	78억 원
C	420억 원	C등급	55%	3등급	60억 원
D	1,020억 원	A등급	45%	1등급	70억 원
E	720억 원	B등급	82%	2등급	82억 원
F	810억 원	C등급	61%	1등급	65억 원

〈항목별 점수 산정 기준〉

• 기술력 평가, 친환경 설비 도입비중, 경영건전성은 등급 혹은 구간에 따라 점수로 환산하여 반영한다.
• 기술력 평가 등급별 점수(기술점수)

등급	A등급	B등급	C등급
점수	30점	20점	15점

• 친환경 설비 도입비중별 점수(친환경점수)

친환경 설비 도입비중	90% 이상 100% 이하	75% 이상 90% 미만	60% 이상 75% 미만	60% 미만
점수	30점	25점	20점	15점

• 경영건전성 등급별 점수(경영점수)

등급	1등급	2등급	3등급	4등급
점수	30점	26점	22점	18점

38 K공사는 다음의 선정 기준에 따라 시공업체를 선정하고자 한다. 다음 중 선정될 업체는?

〈운동장 및 체육관 개선 공사 시공업체 선정 기준〉

• 최근 3년 이내 시공규모가 500억 원 이상인 업체를 대상으로 선정한다.
• 입찰가격이 80억 원 미만인 업체를 대상으로 선정한다.
• 입찰점수는 기술점수, 친환경점수, 경영점수를 1 : 1 : 1의 가중치로 합산하여 산정한다.
• 입찰점수가 가장 높은 업체 1곳을 선정한다.

① A업체　　　　　　　　　　② B업체
③ D업체　　　　　　　　　　④ E업체
⑤ F업체

39 K공사는 더 많은 업체의 입찰 참여를 위해 시공업체 선정 기준을 다음과 같이 변경하였다. 다음 중 선정될 업체는?

〈운동장 및 체육관 개선 공사 시공업체 선정 기준(개정)〉

• 최근 3년 이내 시공규모가 400억 원 이상인 업체를 대상으로 선정한다.
• 입찰가격을 다음과 같이 가격점수로 환산하여 반영한다.

입찰가격	60억 원 이하	60억 원 초과 70억 원 이하	70억 원 초과 80억 원 이하	80억 원 초과
점수	15점	12점	10점	8점

• 입찰점수는 기술점수, 친환경점수, 경영점수, 가격점수를 1 : 1 : 1 : 2의 가중치로 합산하여 산정한다.
• 입찰점수가 가장 높은 업체 1곳을 선정한다.

① A업체　　　　　　　　　　　② C업체
③ D업체　　　　　　　　　　　④ E업체
⑤ F업체

40 A ~ E사원이 강남, 여의도, 상암, 잠실, 광화문 다섯 지역에 각각 출장을 간다. 다음 대화에서 A ~ E 중 한 명은 거짓말을 하고 나머지 네 명은 진실을 말하고 있을 때. 항상 거짓인 것은?

A : B는 상암으로 출장을 가지 않는다.
B : D는 강남으로 출장을 간다.
C : B는 진실을 말하고 있다.
D : C는 거짓말을 하고 있다.
E : C는 여의도, A는 잠실로 출장을 간다.

① A사원은 광화문으로 출장을 가지 않는다.
② B사원은 여의도로 출장을 가지 않는다.
③ C사원은 강남으로 출장을 가지 않는다.
④ D사원은 잠실로 출장을 가지 않는다.
⑤ E사원은 상암으로 출장을 가지 않는다.

안심Touch

오늘날의 지식 기반 경제에서는 정보와 지식이 주요 생산 요소가 된다. 이러한 정보와 지식이 상품으로서의 ⓐ 특성을 결정하는 핵심적 의미를 갖는 상품을 정보재라고 하는데, 책이나 음반, 영화 DVD, 컴퓨터 소프트웨어 등이 여기에 해당된다. 이들은 모두 디지털화가 가능한 재화라는 점에서, 정보재를 '디지털화될 수 있는 모든 것'으로 정의하기도 한다. 정보재의 내용인 정보나 지식은 비경합적이어서 어떤 한 사람이 그것을 소비한다고 해서 다른 사람이 소비할 기회가 줄어들지 않으며, 대가를 치르지 않은 사람이라도 소비에서 배제하기가 어렵다는 점에서 등대, 교량 같은 공공재와 유사하게 비배제성을 띤다. 또 생산량이 증가할수록 평균 비용이 감소하는 '규모의 경제' 특성도 가지고 있다. 이런 점에서 정보재는 생산과 유통, 소비의 과정이 일반적인 상품과는 뚜렷하게 다른 ⓑ 양상을 보인다.

그럼 과연 정보재 시장은 어떤 방식으로 작동할까? 앞서 언급한 대로 정보재의 가장 중요한 특징 중 하나는 생산 초기 단계에서 매우 큰 고정 비용이 들지만 일단 생산이 시작되면 추가적 생산 비용이 거의 들지 않는다는 점이다. 예컨대, 음악 CD를 제작하는 경우 초기 제작 단계에서는 막대한 비용이 투입되지만, 일단 제작을 마치고 나면 추가적으로 드는 것은 공CD 비용뿐이므로 한계 비용이 거의 0에 가깝다고 할 수 있다.

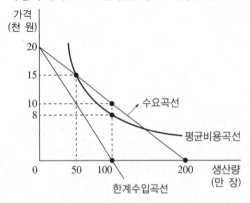

모든 비용이 초기에 발생하는 고정 비용이고, 한계 비용이 0이라고 가정하면 평균 비용 곡선은 〈그림〉에서와 같이 우하향하는 모양을 갖게 된다. 이처럼 생산량이 늘어남에 따라 평균 비용이 계속 줄어드는 상황에서는 경쟁 체제가 성립하기 어렵다. 또한 정보재의 특성상 여러 생산자가 완전하게 동질적인 상품을 생산할 수도 없으므로, 정보재 시장에서는 자연적으로 독점화의 경향이 나타난다. ⓒ 수요와 ⓓ 공급이 균형을 이루는 수준에서 가격이 결정되는 경쟁시장과 달리, 독점 시장에서는 독점 기업이 가격 설정자가 된다. 따라서 가격 설정자인 독점 기업에게, 주어진 가격에서 얼마만큼 생산할지를 묻는 것은 무의미하다. 독점 기업은 가격과 공급량을 수요 곡선상에서 선택하기 때문에 독점 기업의 공급 곡선은 존재하지 않는다.

그렇다면 정보재 상품의 가격은 구체적으로 어떤 수준에서 결정되는 것일까? 예를 들어, 음반 회사 S가 가수 B의 새 음반을 제작한다고 하자. 그 음반 1장의 가격이 1만 5천 원일 때의 수요량은 십만 장으로, 가격이 2만 원일 때의 수요량은 0으로, 가격이 0일 때의 수요량은 2백만 장으로 예상된다고 한다. 이 정보에 기초하여 〈그림〉과 같은 모양의 수요 곡선을 그릴 수 있다.

회사의 ⓔ 이윤은 '한계 수입=한계 비용'이라는 조건이 충족될 때 극대화될 수 있는데, 한계 비용이 0이라고 가정한다면 한계 비용 곡선은 수평축과 일치하게 된다. 한계 수입 곡선은 앞서 그린 수요 곡선으로부터 도출할 수 있는데, 수요 곡선과 수직축상 절편은 똑같고 기울기가 두 배인 반직선이 된다. 〈그림〉을 보면 한계 수입 곡선이 수평축과 교차하는 E점에서 '한계 수입=한계 비용'이 충족된다는 것을 알 수 있다. 그에 따라 이윤의 극대화를 추구하는 S는 1백만 장의 음반을 만들어 한 장당 1만 원의 가격에 팔게 될 것이다. 음반 생산량이 1백만 장일 때의 평균 비용은 8천 원이므로, S는 한 장당 2천 원의 이윤을 얻어 총 20억 원의 이윤을 얻게 된다.

※ 한계 비용 : 상품 생산량을 한 단위 늘리는 데 추가적으로 소요되는 비용
※ 평균 비용 곡선 : 상품 한 단위당 생산 비용을 나타내는 곡선
※ 한계 수입 : 상품 한 단위를 더 팔았을 때 추가적으로 발생하는 수입

41 윗글에 대한 설명으로 적절하지 않은 것은?

① 공공재와 비교하여 정보재의 특성을 드러내고 있다.
② 정보재 상품의 변화 과정을 분석하여 정보재의 개념을 도출하고 있다.
③ 가정적 상황을 설정하여 정보재 상품의 가격 결정 원리를 밝히고 있다.
④ 경쟁 시장과 독점 시장의 차이를 드러내어 정보재 시장의 성격을 밝히고 있다.
⑤ 의문을 제기하고 그에 답하는 형식으로 정보재 시장의 작동 양상을 설명하고 있다.

42 다음 중 ⓐ ~ ⓔ의 뜻으로 적절하지 않은 것은?

① ⓐ : 일정한 사물에만 있는 특수한 성질
② ⓑ : 사물이나 현상의 모양이나 상태
③ ⓒ : 거두어들여 사용함
④ ⓓ : 교환하거나 판매하기 위하여 시장에 재화나 용역을 제공하는 일
⑤ ⓔ : 기업의 총수입에서 임대, 지대, 이자, 감가상각비 따위를 빼고 남는 순이익

43 다음 〈조건〉에 따라 A ~ G 일곱 도시를 인구 순위대로 빠짐없이 배열하려고 할 때, 추가로 필요한 정보는?

─────────〈조건〉─────────

• 인구가 같은 도시는 없다.
• C시의 인구는 D시의 인구보다 적다.
• F시의 인구는 G시의 인구보다 적다.
• C시와 F시는 인구 순위에서 바로 인접해 있다.
• B시의 인구가 가장 많고, E시의 인구가 가장 적다.
• C시의 인구는 A시의 인구와 F시의 인구를 합친 것보다 많다.

① A시의 인구가 F시의 인구보다 많다.
② C시와 D시는 인구 순위에서 바로 인접해 있다.
③ C시의 인구는 G시의 인구보다 적다.
④ D시의 인구는 F시의 인구보다 많고 B시의 인구보다 적다.
⑤ G시의 인구가 A시의 인구보다 많다.

44 다음 글에 대한 반응으로 적절하지 않은 것은?

근대 초기의 여성상은, 가족의 생계 부양자이자 가장으로서의 남성상을 보완하는 모습이었다. 모성, 의존, 감정, 사랑스러움 등이 그 여성상의 내용을 이룬다. 그러나 후기로 가면서 여자들이 고등 교육의 기회를 얻고 경제 활동에 대거 참여하게 되자, 이런 변화는 '근대적 여성성'의 위기로 이어졌다. 여자들은 효율성을 중시하는 일터에서는 여성적이기보다 중성적이기를 요구받으면서도, 가정에 들어가면 남편의 요구를 충실히 들어 주는 종전의 여성성을 그대로 갖추고 있어야 했던 것이다.

이러한 근대적 여성성의 위기는 20세기 말에 들어서면서 크게 완화되었다. 20세기 초반부터 여성 중심의 남녀평등주의자들은 남성과 여성의 차이는 있지만, 그 차이는 대부분 통계적인 차이이지 절대적인 차이는 아님을 강조해 왔다. 만일 성에 따른 생득적 차이가 있다면 그 차이는 그냥 두어도 드러날 것이니, 미리 성별에 따라 다르게 사회화시킬 필요가 없다는 주장이었다. 이렇게 여성들이 여성성을 스스로 규정하는 운동을 펼친 결과, 여성들은 가정과 일터 모두에서 스스로의 자신 있는 모습을 그대로 드러낼 수 있게 되었다. 가장 선진적 조직인 벤처 회사들의 탁월한 최고경영자(CEO) 가운데 상당수가 여성이라는 사실은 이러한 변화를 시사한다.

여성들이 스스로 여성성을 새롭게 규정하기 시작하면서 '여성성의 딜레마'를 나름대로 극복해 갈 즈음, 남자들은 남성성의 위기를 겪게 된다. 영국의 경우, 전통적으로 책임감 있고 용감한 신사들이 급격히 사라지는 한편, 책임을 회피하고 감상적이며 나약한 '신종 남자'들이 생기고 있다는 것이다. 이들 '신세대' 남자는 남자됨을 자랑스러워하기는커녕 기피하거나 거부하려 든다. 사회로부터 분리되고 아늑한 공간인 가정을 더 이상 유지하기 어려운 고(高)실업 시대로 접어들면서, 가장이 되는 꿈을 꾸던 남자들이 위기를 느끼기 시작한 것이다.

새로운 시대에 가장 큰 거부감을 드러내는 집단은 전통적인 남성성에 자존심을 걸고 있는 보수적 남성들이다. 자신의 존재 가치를 여자를 보호하는 '강한 자' 또는 가장이라는 점에서 찾았던 남자들은, 여성이 더 이상 보호의 대상이 되고 싶어 하지 않는 상황에서 큰 혼란을 경험하게 된다. 자존심이 상한 남자는 무리한 방식으로 자신의 남성성을 회복해 보려 하게 되는데, 남성들의 폭력은 상당 부분 이런 근대적 남성성의 붕괴 현상과 관련이 있다.

지금 우리는 여성성보다 남성성에 대한 새로운 정의를 필요로 하고 있는 시점에 살고 있다. 정복과 경쟁의 표상으로서의 남성성이 해체되어야 할 지점에 온 것이다. 상호 협력과 네트워킹이 중요해지는 사회에서 사실상 근대적 남성성의 덕목인 독립성과 경쟁심, 권력 지향성은 오히려 사회적 성공에 걸림돌이 된다. 심각한 위기 상황에 처한 현재 우리 사회에서 이루어지고 있는 선각자적 논의들은 모두 소통과 보살핌의 원리를 강조하고 있다. 최근 눈물을 흘리는 남자, 감정으로 소통할 줄 아는 남자, 평등 의식과 보살핌의 능력을 가진 남자에 대한 이야기들이 소설이나 영화에 자주 등장하는 것도 이러한 변화를 반영한다.

① 보수적인 남성들은 이제 사회가 변화한 사실을 인정하고 전통적 남성성에서 벗어나야 한다.

② 글쓴이는 근대적 남성성의 긍정적인 측면은 도외시하고, 부정적인 측면만 지나치게 강조하고 있다.

③ 글쓴이는 소통과 보살핌의 능력을 갖춘 여성들이 폭력적인 남성조차 포용해야 할 것이라고 주장하고 있다.

④ 글쓴이는 남편과 아내가 가사를 공평하게 분담하는 가정을 여성성과 남성성이 잘 조화된 상태로 평가할 것이다.

⑤ 아직까지 미해결 상태로 남아 있는 사회 현안을 해결하기 위해 여성성의 덕목을 적용해 보는 것도 좋은 방법이 될 수 있다.

45 S공단에서 지방이전에 대한 만족도 설문조사를 직원 1,600명에게 실시한 결과 다음과 같은 결과를 얻었다. 이에 대한 설명으로 옳지 않은 것은?(단, 질문의 대답은 한 개만 선택한다)

〈공단 지방이전 만족도 통계〉

(단위 : %)

구분	매우 그렇다	그렇다	보통이다	그렇지 않다	매우 그렇지 않다
1. 지방이전 후 공단 주변 환경에 대해 만족합니까?	15	10	30	25	20
2. 이전한 사무실 시설에 만족합니까?	21	18	35	15	11
3. 지방이전 후 출·퇴근 교통에 만족합니까?	12	7	11	39	31
4. 새로운 환경에서 그 전보다 업무집중이 더 잘 됩니까?	16 ·	17	37	14	16
5. 지방이전 후 새로운 환경에 잘 적응하고 있습니까?	13	26	33	9	19

① 전체 질문 중 '보통이다' 비율이 가장 높은 질문은 '매우 그렇다'도 가장 높다.

② 사무실 시설 만족에 '매우 그렇다'라고 선택한 직원 수는 '보통이다'로 선택한 직원 수보다 200명 이상 적다.

③ 전체 질문에서 '그렇다'를 선택한 평균 비율보다 '매우 그렇지 않다' 평균 비율이 10% 미만 높다.

④ 마지막 질문에서 '그렇지 않다'를 택한 직원 수는 '매우 그렇지 않다'를 택한 직원 수보다 55% 미만 적다.

⑤ 공단의 지방이전 후 직원들의 가장 큰 불만은 출·퇴근 교통편이다.

46 다음은 갑국의 재생에너지 생산 현황에 관한 자료이다. 이에 대한 〈보기〉 중 옳은 것을 모두 고르면?

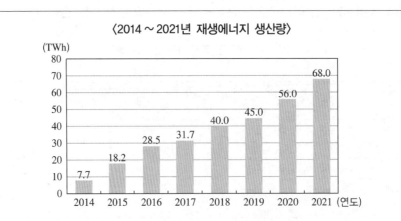

〈2014 ~ 2021년 재생에너지 생산량〉

〈2019 ~ 2021년 에너지원별 재생에너지 생산량 비율〉

(단위 : %)

에너지원 \ 연도	2019년	2020년	2021년
폐기물	61.1	60.4	55.0
바이오	16.6	17.3	17.5
수력	10.3	11.3	15.1
태양광	10.9	9.8	8.8
풍력	1.1	1.2	3.6
계	100.0	100.0	100.0

〈보기〉

ㄱ. 2015 ~ 2021년 재생에너지 생산량은 매년 전년 대비 10% 이상 증가하였다.
ㄴ. 2019 ~ 2021년 에너지원별 재생에너지 생산량 비율의 순위는 매년 동일하다.
ㄷ. 2019 ~ 2021년 태양광을 에너지원으로 하는 재생에너지 생산량은 매년 증가하였다.
ㄹ. 수력을 에너지원으로 하는 재생에너지 생산량은 2021년이 2019년의 3배 이상이다.

① ㄱ, ㄴ
② ㄱ, ㄷ
③ ㄱ, ㄹ
④ ㄴ, ㄷ
⑤ ㄴ, ㄹ

47 다음 중 〈보기〉의 문장이 들어갈 위치로 가장 적절한 것은?

문화가 발전하려면 저작자의 권리 보호와 저작물의 공정 이용이 균형을 이루어야 한다. 저작물의 공정 이용이란 저작권자의 권리를 일부 제한하여 저작권자의 허락이 없어도 저작물을 자유롭게 이용하는 것을 말한다. 비영리적인 사적 복제를 허용하는 것이 그 예이다. (가) 우리나라의 저작권법에서는 오래전부터 공정 이용으로 볼 수 있는 저작권 제한 규정을 두었다.

그런데 디지털 환경에서 저작물의 공정 이용은 여러 장애에 부딪혔다. 디지털 환경에서는 저작물을 원본과 동일하게 복제할 수 있고 용이하게 개작할 수 있다. (나) 그 결과 디지털화된 저작물의 이용 행위가 공정 이용의 범주에 드는 것인지 가늠하기가 더 어려워졌고 그에 따른 처벌 위험도 커졌다. (다)

이러한 문제를 해소하기 위한 시도의 하나로 포괄적으로 적용할 수 있는 '저작물의 공정한 이용' 규정이 저작권법에 별도로 신설되었다. 그리하여 저작권자의 동의가 없어도 저작물을 공정하게 이용할 수 있는 영역이 확장되었다. 그러나 공정 이용 여부에 대한 시비가 자율적으로 해소되지 않으면 예나 지금이나 법적인 절차를 밟아 갈등을 해소해야 한다. (라) 저작물 이용의 영리성과 비영리성, 목적과 종류, 비중, 시장 가치 등이 법적인 판단의 기준이 된다.

저작물 이용자들이 처벌에 대한 불안감을 여전히 느낀다는 점에서 저작물의 자유 이용 허락 제도와 같은 '저작물의 공유' 캠페인이 주목을 받고 있다. 이 캠페인은 저작권자들이 자신의 저작물에 일정한 이용 허락 조건을 표시해서 이용자들에게 무료로 개방하는 것을 말한다. 누구의 저작물이든 개별적인 저작권을 인정하지 않고 모두가 공동으로 소유하자고 주장하는 사람들과 달리, 이 캠페인을 펼치는 사람들은 기본적으로 자신과 타인의 저작권을 존중한다. 캠페인 참여자들은 저작권자와 이용자들의 자발적인 참여를 통해 자유롭게 활용할 수 있는 저작물의 양과 범위를 확대하려고 노력한다. (마) 그러나 캠페인에 참여한 저작물을 이용할 때 허용된 범위를 벗어난 경우 법적 책임을 질 수 있다.

─────〈보기〉─────

ㄱ. 따라서 저작물이 개작되더라도 그것이 원래 창작물인지 이차적 저작물인지 알기 어렵다.

ㄴ. 이들은 저작물의 공유가 확산되면 디지털 저작물의 이용이 활성화되고 그 결과 인터넷이 더욱 창의적이고 풍성한 정보 교류의 장(場)이 될 것이라고 본다.

	ㄱ	ㄴ
①	(가)	(나)
②	(가)	(다)
③	(가)	(마)
④	(나)	(라)
⑤	(나)	(마)

48 다음 중 안전 플랫폼을 효율적으로 운영하기 위해 제시된 방안으로 적절하지 않은 것은?

언제 발생할지 모르는 각종 재해·재난을 완벽하게 막을 수는 없다. 다만, 재해·재난이 발생하기 전이라면 사전예방을 통해 발생위험을 줄이고, 재해·재난이 발생한 뒤라면 초기대응과 체계적인 관리를 통해 피해를 최소화할 수 있다. 재난에 대한 피해를 최소화하기 위해서는 체계화된 플랫폼(Platform)이라는 쉘터(Shelter)가 필요하다. 국가가 안전 플랫폼을 효율적으로 운영하기 위한 방안은 다음과 같다.

(가) 첫째, 재난관리 지휘·명령 표준체계를 통해 컨트롤 타워를 통합적으로 관리할 수 있어야 한다. 재난 현장 지원 및 조정체계를 통해 관계기관의 협업이 가능해야 하며, 안전정책 총괄관리 및 개선체계를 통해 국가안전관리 계획수립과 재난 안전 예산확보 및 안전관리 감독이 가능해야 한다.

(나) 둘째, 지방자치단체의 역량 및 책임성이 강화되어 지역 재난안전을 관리할 수 있어야 한다. 이를 통해 각 지역별 재해·재난으로부터 신속히 대응할 수 있다. 또한, 지방자치단체 주도의 재난대비 교육·훈련으로 재난대응 역량을 강화해야 한다. 아무리 효과적인 대응책을 가지고 있더라도 교육과 훈련을 통해 숙달되지 않으면 위기상황에 제대로 작동되지 않기 때문이다.

(다) 셋째, 모두가 함께 안전을 만들기 위해서는 안전문화가 생활 속에 자리 잡아야 한다. 이를 위해서는 안전문화 증진을 위한 콘텐츠 개발이 필요하고, 주민참여형 거버넌스를 구축하여 민관협력체계가 활성화되어야 한다. 또한, 안전취약계층에 대한 맞춤형 안전대책과 재난피해자 지원 확대방안도 개선되어야 한다.

(라) 넷째, 재난 안전 예방을 위해 공간분석을 통한 과학적 통합 경보 서비스와 피해예측시스템 및 재해 예방사업을 확대하고 안전산업육성을 위한 지원책이 마련되어야 한다. 공간분석은 공간데이터 분석을 통해 유용한 정보를 추출하여 공간적 의사결정을 하는 것을 말한다. 공간분석 시에 공간데이터의 기본단위를 설정하는 것이 공간분석의 기본이라고 할 수 있다.

(마) 다섯째, 대규모 재해·재난으로 확대될 수 있는 에너지 분야에서는 안전기술 개발 및 안전인프라가 구축되어야 하고, 농업 분야에서는 구제역 및 AI 등의 감염병 대책관리가 필요하며, 의료 분야에서는 메르스 등의 전염병 대책관리 및 응급의료서비스가 강화되어야 한다. 화학 분야에서는 불산 유출 등과 같은 화학 물질 안전관리를 위해서 화학 안전관리제도를 구축하여 화학사고 대응체계를 강화해야 한다.

① (가) – 재난관리 지휘·명령 표준체계를 갖춰야 한다.
② (나) – 지방자치단체의 역량이 강화되어야 한다.
③ (다) – 생활 속 안전문화를 확산해야 한다.
④ (라) – 재난 안전 예방 인프라를 확충해야 한다.
⑤ (마) – 각 분야별 적합한 안전관리가 필요하다.

49 다음은 2022년 A ~ C지역의 0 ~ 11세 인구 자료이다. 이에 대한 〈보기〉 중 옳은 것을 모두 고르면?(단, 나이는 만으로 계산한다)

〈A ~ C지역의 0 ~ 11세 인구〉

(단위 : 명)

나이＼지역	A	B	C	합계
0세	104,099	70,798	3,219	178,116
1세	119,264	76,955	3,448	199,667
2세	119,772	74,874	3,397	197,904
3세	120,371	73,373	3,397	197,141
4세	134,576	80,575	3,722	218,873
5세	131,257	76,864	3,627	211,748
6세	130,885	77,045	3,682	211,612
7세	124,285	72,626	3,530	200,441
8세	130,186	76,968	3,551	210,705
9세	136,415	81,236	3,477	221,128
10세	124,326	75,032	3,155	202,513
11세	118,363	72,584	2,905	193,852
합계	1,493,799	908,930	41,110	2,443,700

※ 1) 인구 이동 및 사망자는 없음
  2) (나이)＝(당해연도)－(출생연도)

─────〈보기〉─────

ㄱ. 2020년에 출생한 A, B지역 인구의 합은 2019년에 출생한 A, B지역 인구의 합보다 크다.

ㄴ. C지역의 0 ~ 11세 인구 대비 6 ~ 11세 인구 비율은 2022년이 2021년보다 높다.

ㄷ. 2022년 A ~ C지역 중, 5세 인구가 가장 많은 지역과 0세 인구의 5세 인구 대비 비율이 가장 높은 지역은 동일하다.

ㄹ. 2023년에 C지역의 6 ~ 11세 인구의 합은 전년 대비 증가한다.

① ㄱ, ㄴ
② ㄱ, ㄷ
③ ㄱ, ㄹ
④ ㄴ, ㄷ
⑤ ㄴ, ㄹ

제1회 모의고사

안심Touch

50 다음은 갑국 A ~ J지역의 대형종합소매업 현황에 대한 자료이다. 이에 대한 〈보기〉 중 옳은 것을 고르면?

〈지역별 대형종합소매업 현황〉

지역 \ 구분	사업체 수(개)	종사자 수(명)	매출액(백만 원)	건물 연면적(m²)
A	47	6,731	4,878,427	1,683,092
B	33	4,173	2,808,881	1,070,431
C	35	4,430	3,141,552	1,772,698
D	18	2,247	1,380,511	677,288
E	22	3,152	1,804,262	765,096
F	19	2,414	1,473,698	633,497
G	147	18,287	11,625,278	5,032,741
H	17	1,519	861,094	364,296
I	19	2,086	1,305,468	535,880
J	16	1,565	879,172	326,373
전체	373	46,604	30,158,343	12,861,392

〈보기〉

ㄱ. 사업체당 종사자 수가 100명 미만인 지역은 모두 2곳이다.
ㄴ. 사업체당 매출액은 G지역이 가장 많다.
ㄷ. I지역의 종사자당 매출액은 E지역의 종사자당 매출액보다 많다.
ㄹ. 건물 연면적이 가장 작은 지역이 매출액도 가장 적다.

① ㄱ, ㄷ　　　　　　　　② ㄱ, ㄹ
③ ㄴ, ㄷ　　　　　　　　④ ㄴ, ㄹ
⑤ ㄱ, ㄴ, ㄷ

2권

제2회 직업기초능력평가 고난도 모의고사

www.sdedu.co.kr

〈문항 및 시험시간〉

평가영역	문항 수	시험시간	모바일 OMR 답안채점 / 성적분석 서비스
의사소통능력＋수리능력 ＋문제해결능력＋자원관리능력	50문항	70분	

제2회 모의고사

01 다음 글의 내용과 부합하는 것은?

'청렴(淸廉)'은 현대 사회에서 좁게는 반부패와 동의어로 사용되며, 넓게는 투명성과 책임성 등을 포괄하는 통합적 개념으로 사용되고 있다. 유학자들은 청렴을 효제와 같은 인륜의 덕목보다는 하위에 두었지만 군자라면 마땅히 지켜야 할 일상의 덕목으로 중시하였다. 조선의 대표적 유학자였던 이황과 이이는 청렴을 사회 규율이자 개인 처세의 지침으로 강조하였다. 특히 공적 업무에 종사하는 사람이라면 사회 규율로서의 청렴이 개인의 처세와 직결된다는 점에 유념해야 한다고 보았다.

청렴에 대한 논의는 정약용의 『목민심서』에서 본격적으로 나타난다. 정약용은 청렴이야말로 목민관이 지켜야 할 근본적인 덕목이며, 목민관의 직무는 청렴이 없이는 불가능하다고 강조하였다. 정약용은 청렴을 당위의 차원에서 주장하는 기존의 학자들과 달리, 행위자 자신에게 실질적 이익이 된다는 점을 들어 설득하고자 한다. 그는 청렴은 큰 이득이 남는 장사라고 말하면서, 지혜롭고 욕심이 큰 사람은 청렴을 택하지만 지혜가 짧고 욕심이 작은 사람은 탐욕을 택한다고 설명한다. 정약용은 "지자(知者)는 인(仁)을 이롭게 여긴다."라는 공자의 말을 빌려 "지혜로운 자는 청렴함을 이롭게 여긴다."라고 하였다. 비록 재물을 얻는 데 뜻이 있더라도 청렴함을 택하는 것이 결과적으로는 지혜로운 선택이라고 정약용은 말한다. 목민관의 작은 탐욕은 단기적으로 보면 눈 앞의 재물을 취하여 이익을 얻을 수 있겠지만 궁극에는 개인의 몰락과 가문의 불명예를 가져올 수 있기 때문이다.

정약용은 청렴을 지키는 것은 두 가지 효과가 있다고 보았다. 첫째, 청렴은 다른 사람에게 긍정적 효과를 미친다. 목민관이 청렴할 경우 백성을 비롯한 공동체 구성원에게 좋은 혜택이 돌아갈 것이다. 둘째, 청렴한 행위를 하는 것은 목민관 자신에게도 좋은 결과를 가져다준다. 청렴은 그 자신의 덕을 높이는 것일 뿐 아니라 자신의 가문에 빛나는 명성과 영광을 가져다줄 것이다.

① 정약용은 청렴이 목민관이 반드시 지켜야 할 덕목임을 당위론 차원에서 정당화하였다.
② 정약용은 탐욕을 택하는 것보다 청렴을 택하는 것이 이롭다는 공자의 뜻을 계승하였다.
③ 정약용은 청렴한 사람은 욕심이 작기 때문에 재물에 대한 탐욕에 빠지지 않는다고 보았다.
④ 정약용은 청렴이 백성에게 이로움을 줄 뿐 아니라 목민관 자신에게도 이로운 행위라고 보았다.
⑤ 이황과 이이는 청렴을 개인의 처세에 있어 주요 지침으로 여겼으나 사회 규율로는 보지 않았다.

02 다음 글과 평가 결과를 근거로 판단할 때, 〈보기〉에서 옳은 것을 모두 고르면?

X국에서는 현재 정부 재정지원을 받고 있는 복지시설(A ~ D)을 대상으로 다섯 가지 항목(환경개선, 복지관리, 복지지원, 복지성과, 중장기 발전계획)에 대한 종합적인 평가를 진행하였다.

평가점수의 총점은 각 평가항목에 대해 해당 시설이 받은 점수와 해당 평가항목별 가중치를 곱한 것을 합산하여 구하고, 총점 90점 이상은 1등급, 80점 이상 90점 미만은 2등급, 70점 이상 80점 미만은 3등급, 70점 미만은 4등급으로 한다.

평가 결과, 1등급 시설은 특별한 조치를 취하지 않으며, 2등급 시설은 관리 정원의 5%를, 3등급 이하 시설은 관리 정원의 10%를 감축해야 하고, 4등급을 받으면 정부의 재정지원도 받을 수 없다.

〈평가 결과〉

평가항목(가중치)	A시설	B시설	C시설	D시설
환경개선(0.2)	90	90	80	90
복지관리(0.2)	95	70	65	70
복지지원(0.2)	95	70	55	80
복지성과(0.2)	95	70	60	60
중장기 발전계획(0.2)	90	95	50	65

〈보기〉

ㄱ. A시설은 관리 정원을 감축하지 않아도 된다.
ㄴ. B시설은 관리 정원을 감축해야 하나 정부의 재정지원은 받을 수 있다.
ㄷ. 만약 평가항목에서 환경개선의 가중치를 0.3으로, 복지성과의 가중치를 0.1로 바꾼다면 C시설은 정부의 재정지원을 받을 수 있다.
ㄹ. D시설은 관리 정원을 감축해야 하고, 정부의 재정지원도 받을 수 없다.

① ㄱ, ㄴ
② ㄴ, ㄹ
③ ㄷ, ㄹ
④ ㄱ, ㄴ, ㄷ
⑤ ㄱ, ㄷ, ㄹ

안심Touch

03 다음 중 (가)와 (나)를 종합하여 추론한 내용으로 적절하지 않은 것은?

(가) 모바일 무선 통신에서 상대적으로 주파수가 낮은 전파를 쓰일 때의 이유는 정보의 원거리 전달에 용이하기 때문이다. 3kHz ~ 3GHz 대역의 주파수를 갖는 전파 중 0.3MHz 이하의 초장파, 장파 등은 매우 먼 거리까지 전달될 수 있으므로 해상 통신, 표지 통신, 선박이나 항공기의 유도 등과 같은 공공적 용도에 주로 사용된다. 0.3 ~ 800MHz 대역의 주파수는 단파 방송, 국제 방송, FM 라디오, 지상파 아날로그 TV 방송 등에 사용된다. 800MHz ~ 3GHz 대역인 극초단파가 모바일 무선 통신에 주로 사용되며 '800 ~ 900MHz대', '1.8GHz대', '2.1GHz대', '2.3GHz대'의 네 가지 대역으로 나뉜다. 3GHz 이상 대역의 전파는 인공위성이나 우주 통신 등과 같이 중간에 장애물이 없는 특별한 경우에 사용된다. 모바일 무선 통신에서 극초단파를 사용할 때의 이유는 0.3 ~ 800MHz 대역에 비해 단시간에 더 많은 정보의 전송이 가능하기 때문이다. 예를 들어 1비트의 자료를 전송하는 데 4개의 파동이 필요하다고 하자. 1kHz의 초장파는 초당 1,000개의 파동을 발생시키기 때문에 매초 250비트의 정보만을 전송할 수 있지만, 800MHz 초단파의 경우 초당 8억 개의 파동을 발생시키므로 매초 2억 비트의 정보를, 1.8GHz 극초단파는 초당 4.5억 비트에 해당하는 대량의 정보를 전송할 수 있다.
모바일 무선 통신에서 극초단파를 사용함으로써 통신 기기의 휴대 편의성도 획기적으로 개선되었다. 극초단파와 같은 주파수를 사용하면서 손바닥 크기보다 작은 길이의 안테나만으로도 효율적인 전파의 송수신이 가능해졌기 때문이다.

(나) 초기 모바일 무선 통신 시대에는 800 ~ 900MHz 대역의 주파수가 황금 주파수였으나, 모바일 무선 통신 기술의 발달과 더불어 오늘날의 4세대 스마트폰 시대에는 1.8GHz 대와 2.1GHz 대가 황금 주파수로 자리 잡게 되었다.

※ 1THz=1,000GHz, 1GHz=1,000MHz, 1MHz=1,000kHz, 1kHz=1,000H

① 낮은 주파수가 오히려 높은 주파수보다 정보를 더 멀리 전달할 수 있겠군.
② 인공위성에서의 높은 주파수 사용은 정보의 양과 관련이 있겠군.
③ FM 라디오에 사용되는 주파수보다 모바일 무선 통신의 주파수가 초당 더 많은 정보를 전송할 수 있겠군.
④ 모바일 무선 통신에서의 황금 주파수 변화는 정보의 원거리 전달이 중요해졌음을 의미하는군.
⑤ 해상 통신에 사용되는 통신 기기의 안테나 길이는 모바일 통신 기기보다 길어야겠군.

04 다음 글의 ㉠을 약화하는 증거로 가장 적절한 것은?

1966년 석가탑 해체 보수 작업은 뜻밖에도 엄청난 보물을 발견하는 계기가 되었다. 이때 발견된 다라니경은 한국뿐만 아니라 전세계의 이목을 끌었다. 이 놀라운 발견 이전에는 770년에 목판 인쇄된 일본의 불경이 세계사에서 최고(最古)의 현존 인쇄본으로 여겨졌다. 그러나 이 한국의 경전을 조사한 결과, 일본의 것보다 앞서 만들어진 것으로 밝혀졌다.

불국사가 751년에 완공된 것이 알려져 있으므로 석가탑의 축조는 같은 시기이거나 그 이전일 것임에 틀림없다. 이 경전의 연대 확정에 도움을 준 것은 그 문서가 측천무후가 최초로 사용한 12개의 특이한 한자를 포함하고 있다는 사실이었다. 측천무후는 690년에 제위에 올랐고 705년 11월에 죽었다. 측천무후가 만든 한자들이 그녀의 사후에 중국에서 사용된 사례는 발견되지 않았다. 그러므로 신라에서도 그녀가 죽은 뒤에는 이 한자들을 사용하지 않았을 것이라는 추정이 가능하다. 이러한 증거로 다라니경이 늦어도 705년경에 인쇄되었다고 판단할 수 있다.

그러나 이 특이한 한자들 때문에 몇몇 중국의 학자들은 ㉠ '다라니경이 신라에서 인쇄된 것이 아니라 중국 인쇄물이다.'라고 주장하였다. 그들은 신라가 그 당시 중국과 독립적이었기 때문에 신라인들이 측천무후 치세 동안 사용된 특이한 한자들을 사용하지는 않았을 것이라고 주장한다. 그러나 중국인들의 이 견해는 『삼국사기』에서 얻을 수 있는 명확한 반대 증거로 인해 반박된다. 『삼국사기』는 신라가 695년에 측천무후의 역법을 도입하는 등 당나라의 새로운 정책을 자발적으로 수용하고 있었음을 보여준다. 그러므로 신라인들이 당시에 중국의 역법 개정을 채택했다면, 마찬가지로 측천무후에 의해 도입된 특이한 한자들도 채용했을 것이라고 추정하는 것이 합리적이다.

① 서역에서 온 다라니경 원전을 처음으로 한역(漢譯)한 사람은 측천무후 시대의 중국의 국사(國師)였던 법장임이 밝혀졌다.

② 측천무후 사후에 나온 신라의 문서들에 측천무후가 발명한 한자가 쓰이지 않았음이 밝혀졌다.

③ 측천무후 즉위 이후 중국의 문서에 쓸 수 없었던 글자가 다라니경에서 쓰인 것이 발견되었다.

④ 705년경에 중국에서 제작된 문서들이 다라니경과 같은 종이를 사용한 것이 발견되었다.

⑤ 다라니경의 서체는 705년경부터 751년까지 중국에서 유행하였던 것으로 밝혀졌다.

S공사 신재생사업처의 A대리는 다음 주 분기종합회의를 위해 회의실을 예약하고자 한다. 회의 조건과 세미나실별 다음 주 예약현황, 세미나실별 시설현황이 다음과 같을 때, A대리가 다음 주 분기종합회의를 위해 예약 가능한 세미나실과 요일로 옳은 것은?

〈회의 조건〉

- 회의는 오후 1시부터 오후 4시 사이에 진행되어야 한다.
- 회의는 1시간 30분 동안 연이어 진행되어야 한다.
- 회의 참석자는 24명이다.
- 회의에는 빔프로젝터가 필요하다.

〈세미나실별 다음 주 예약현황〉

구분	월요일	화요일	수요일	목요일	금요일
본관 1세미나실		인재개발원 (10:00 ~ 15:00)		조직개발팀 (13:30 ~ 15:00)	기술전략처 (14:00 ~ 15:00)
본관 2세미나실	환경조사과 (10:00 ~ 11:30)	위기관리실 (14:00 ~ 15:00)	남미사업단 (13:00 ~ 16:00)	데이터관리과 (16:00 ~ 17:00)	–
국제관 세미나실A	–	품질보증처 (10:00 ~ 11:30)	건설기술처 (09:00 ~ 10:00)		성과관리과 (09:30 ~ 10:30)
국제관 세미나실B	회계세무부 (14:00 ~ 16:00)	글로벌전략실 (13:00 ~ 13:30)	내진기술실 (14:00 ~ 15:30)	글로벌전략실 (10:00 ~ 16:00)	
복지동 세미나실	경영관리실 (09:30 ~ 11:00)	–	법무실 (14:00 ~ 16:30)	–	법무실 (10:00 ~ 11:00)

〈세미나실별 시설현황〉

구분	빔프로젝터 유무	최대 수용가능인원
본관 1세미나실	○	28명
본관 2세미나실	○	16명
국제관 세미나실A	○	40명
국제관 세미나실B	○	32명
복지동 세미나실	×	38명

① 본관 1세미나실, 수요일   ② 본관 2세미나실, 금요일
③ 국제관 세미나실B, 화요일   ④ 국제관 세미나실B, 수요일
⑤ 복지동 세미나실, 목요일

06 L공사에서 근무하는 A사원은 경제자유구역사업에 대한 SWOT 분석결과 자료를 토대로, SWOT 분석에 의한 경영전략에 맞추어 〈보기〉와 같이 판단하였다. 다음 〈보기〉 중 SWOT 분석에 의한 경영전략에 따른 내용으로 적절하지 않은 것을 모두 고르면?

〈경제자유구역사업에 대한 SWOT 분석결과〉

구분	분석결과
강점(Strength)	– 성공적인 경제자유구역 조성 및 육성 경험 – 다양한 분야의 경제자유구역 입주희망 국내기업 확보
약점(Weakness)	– 과다하게 높은 외자금액 비율 – 외국계 기업과 국내기업 간의 구조 및 운영상 이질감
기회(Opportunity)	– 국제경제 호황으로 인하여 타국 사업지구 입주를 희망하는 해외시장부문의 지속적 증가 – 국내진출 해외기업 증가로 인한 동형화 및 협업 사례 급증
위협(Threat)	– 국내거주 외국인 근로자에 대한 사회적 포용심 부족 – 대대적 교통망 정비로 인한 기성 대도시의 흡수효과 확대

〈SWOT 분석에 의한 경영전략〉

• SO전략 : 강점을 활용해 기회를 선점하는 전략
• ST전략 : 강점을 활용하여 위협을 최소화하거나 극복하는 전략
• WO전략 : 기회를 활용하여 약점을 보완하는 전략
• WT전략 : 약점을 최소화하고 위협을 회피하는 전략

─────〈보기〉─────

ㄱ. 성공적인 경제자유구역 조성 노하우를 활용하여 타국 사업지구로의 진출을 희망하는 해외기업을 유인 및 유치하는 전략은 SO전략에 해당한다.
ㄴ. 다수의 풍부한 경제자유구역 성공 사례를 바탕으로 외국인 근로자를 국내주민과 문화적으로 동화시킴으로써 원활한 지역발전의 토대를 조성하는 전략은 ST전략에 해당한다.
ㄷ. 기존에 국내에 입주한 해외기업의 동형화 사례를 활용하여 국내기업과 외국계 기업의 운영상 이질감을 해소하여 생산성을 증대시키는 전략은 WO전략에 해당한다.
ㄹ. 경제자유구역 인근 대도시와의 연계를 활성화하여 경제자유구역 내 국내·외 기업 간의 이질감을 해소하는 전략은 WT전략에 해당한다.

① ㄱ, ㄴ   ② ㄱ, ㄷ
③ ㄴ, ㄷ   ④ ㄴ, ㄹ
⑤ ㄷ, ㄹ

프랑스 혁명 초기에 제정된 중간집단 금지에 관한 법들은 개인의 활동에 장애가 된다고 판단되는 동업조합, 상인 조합은 물론 정당 활동까지 금지함으로써 합리적이고 이성적인 주체로서의 개인만을 사회에 남겼다. 루소는 이미 국가에서 특수의지를 표명하는 부분 집단의 존재를 제거하고 각개의 시민들이 자신의 의견만을 말하게 함으로써 일반의지가 자연스럽게 형성될 것으로 기대했다. 하지만 과연 모든 개인이 이성을 가지고 있다고 확신할 수 있는 지에 대한 회의가 있었고, 공공질서의 문제에서 개인들의 산술적 합으로서의 수(數)가 이성적인 결과를 가져오리라는 현실적인 보장도 없었다. 이러한 이성과 수의 긴장은 혁명 시기와 이후 프랑스 정치사에서 이성에 의해 표상되는 자유주의와 수에 의해 표상되는 민주주의의 갈등으로 표현되었다.

우선 혁명 시기 수에 대한 이성의 우위가 드러난 대표적인 예는 수의 정치적 권리에 대한 제한이었다. 자유주의자들은 선거를 개인의 권리가 아니라 공적인 기능으로 간주하였다. 선거권의 제한은 공적인 결정을 합리화하고 민주주의라는 수가 갖는 위험을 제거하기 위한 방안으로 정당화되었다. 그들에게 선거는 시민들의 의지를 해석하고 일반 이익을 잘 인식할 수 있는 능력 있는 사람들을 지명하는 행위였다.

혁명이 급진화되면서 수로 표상되는 인민의 민주주의적 실천이 등장하였다. 외국과의 혁명 전쟁이 시작되면서 조국의 위기가 선언되고, 공적 영역에서 배제되었던 상퀼로트들도 국민방위대에 들어갔다. 나아가 그들은 자신들의 대표자를 선출하여 그들에게 권한을 위임하는 것으로 만족하지 않았으며, 자신들이 승인하지 않은 법을 거부하고 주권을 직접 행사하기를 원했다.

하지만 상퀼로트들의 힘을 통해 권력을 장악한 로베스피에르는 인민의 민주주의적 실천을 덕성의 이름으로 제한하였다. 로베스피에르는 공화국의 안전을 확보하고 인민이 공적 영역에 지나치게 개입하는 것을 막기 위해 덕성을 필요조건으로 제시하면서 공화국의 제도 안에서만 인민의 정치적 실천이 이루어지도록 한정하였다. 덕성이란 조국과 법에 대한 사랑이며, 개인적 이익을 일반 이익에 종속시키는 숭고한 자기희생이었다. 덕성에 대한 강조는 민주주의의 제한과 대표의 절대화를 정당화하기 위한 수단이었다.

19세기 동안 이성, 수 그리고 덕성 사이의 긴장 속에서 프랑스는 정치적 혼란의 위협에 시달렸다. 중간집단의 부재를 그 주요 원인으로 들었던 토크빌이 지적했듯이, 민주주의는 혁명을 통해 절대왕정을 무너뜨렸지만 동시에 중앙집권화에 기반한 거대 권력에 의존함으로써 이성과 덕성이 약화되어 전제정으로 귀결되었다. 토크빌은 중간집단의 역할에 다시 주목하였다. 혁명과 함께 그것들이 사라지면서 개인들은 시민적 덕성을 함양할 기회를 박탈당했고, 국가는 그 권력을 제어할 견제 세력을 잃어버렸다는 것이다. 그러한 의미에서 토크빌은 ㉠ 민주주의 시대의 중간집단이 정치적 자유가 실현될 공간을 제공함으로써 시민적 덕성을 함양하고 권력에 대한 견제 역할을 할 것으로 기대했다.

자유주의와 민주주의의 갈등을 해소하면서 프랑스 혁명을 종결지었던 자유민주주의 체제로서 제3공화국은 새로운 사회적 필요에서 중간집단을 다시 허용하였다. 뒤르켕은 분업이 급속하게 진행된 당시 사회에서 직업적 도덕을 형성하고 나아가 국가와 개인 사이의 의사소통을 위한 대표의 기능을 수행하는 독자적인 직업 집단이 필요함을 강조하였다. 프랑스 혁명이 발생한 후 백여 년의 시간을 거치면서 중간집단이 새로운 역할을 부여받은 것이다. 또한, 19세기 말 정착되기 시작한 정당 체제는 새로운 엘리트 충원 구조이자 여론의 형성자로서 자리매김 된다. 다양한 이데올로기적 색채를 드러내는 정당 체제는 시민과 국가권력을 매개하는 역할을 수행하였고, 그것은 민주주의를 부정하지 않으면서 민주주의를 통제하는 방식이 되었다.

※ 상퀼로트 : 퀼로트(반바지)를 입지 않은 사람이라는 뜻으로, 프랑스 혁명기의 의식적인 민중세력을 지칭한다.

07 윗글에 등장하는 수, 이성, 덕성의 관계에 대한 설명으로 적절하지 않은 것은?

① '이성'과 '덕성'이 '수'를 통제할 장치를 마련하면서 자유민주주의 체제가 성립되었다.

② '이성', '덕성'의 견제 능력이 위축되면서 '수'의 민주주의는 전제정으로 귀결되었다.

③ '이성'과 '덕성'을 갖추게 됨으로써 '수'는 대표 없이 주권의 직접 행사를 통한 자신들의 민주주의를 실현하였다.

④ '이성'이나 '덕성'은 '수'의 공적 영역으로의 진입 여부를 결정함으로써 '수'의 민주주의를 제한하는 역할을 하였다.

⑤ '덕성'을 매개로 하여 '수'와 '이성'을 일치시키려는 시도는 국민과 대표의 동일시를 가져와 절대 권력이 출현하기도 하였다.

08 다음 중 ㉠에 대한 '토크빌'의 기대를 실현시킬 수 있는 중간집단으로 보기 어려운 것은?

① 교육 정책에 대한 비판과 대안 제시를 통해 교육의 질 향상을 도모하는 학부모 단체

② 현대 사회의 문제에 대한 의미 있는 견해들을 수렴하고 정부에 압력을 행사하는 시민 사회 단체

③ 노동자 정당과의 연계 속에서 조합원들의 이익 옹호와 국가 권력에 대한 견제의 역할을 수행하는 노동조합

④ 경제 현안의 해결과 사회 갈등 해소를 위해 담당 공무원과 관련 전문가로 구성된 경제 문제 대책 위원회

⑤ 사회적 영향력의 확대를 통해 공론을 주도하고 시민 의식을 함양하며 권력에 대해 비판하는 지식인·학자들의 독자적 집단

09 다음은 2021년 갑국의 수출입 현황에 대한 자료이다. 이에 대한 설명으로 옳지 않은 것은?

〈보고서〉

- 2021년 갑국의 총 수출액에서 전자제품은 29.9%, 석유제품은 16.2%, 기계류는 11.2%, 농수산물은 6.3%를 차지한다.
- 2021년 갑국의 총 수입액에서 전자제품은 23.7%, 농수산물은 12.5%, 기계류는 11.2%, 플라스틱은 3.8%를 차지한다.

〈갑국의 수출입액 상위 10개 국가 현황〉

(단위 : 억 달러, %)

순위	수출			수입		
	국가명	수출액	갑국의 총 수출액에 대한 비율	국가명	수입액	갑국의 총 수입액에 대한 비율
1	싱가포르	280	14.0	중국	396	18.0
2	중국	260	13.0	싱가포르	264	12.0
3	미국	188	9.4	미국	178	8.1
4	일본	180	9.0	일본	161	7.3
5	태국	114	5.7	태국	121	5.5
6	홍콩	100	5.0	대만	106	4.8
7	인도	82	4.1	한국	97	4.4
8	인도네시아	76	3.8	인도네시아	86	3.9
9	호주	72	3.6	독일	70	3.2
10	한국	64	3.2	베트남	62	2.8

※ 무역수지는 수출액에서 수입액을 뺀 값으로, 이 값이 양(+)이면 흑자, 음(-)이면 적자임

〈갑국의 대(對) 을국 수출입액 상위 5개 품목 현황〉

(단위 : 억 달러, %)

순위	수출			수입		
	품목명	금액	전년 대비 증가율	품목명	금액	전년 대비 증가율
1	천연가스	2,132	33.2	농수산물	1,375	305.2
2	집적회로 반도체	999	14.5	집적회로 반도체	817	19.6
3	농수산물	861	43.0	평판 디스플레이	326	45.6
4	개별소자 반도체	382	40.6	기타정밀 화학원료	302	6.6
5	컴퓨터부품	315	14.9	합성고무	269	5.6

① 2021년 갑국의 수출액 상위 10개 국가 중 2021년 갑국과의 교역에서 무역수지 흑자를 기록한 국가는 4개국이다.

② 2020년 갑국의 대(對) 을국 집적회로 반도체 수출액은 수입액보다 크다.

③ 2021년 갑국의 무역수지는 적자이다.

④ 2021년 갑국의 전체 농수산물 수출액에서 을국에 대한 농수산물 수출액이 차지하는 비율은 2021년 갑국의 전체 농수산물 수입액에서 을국으로부터의 농수산물 수입액이 차지하는 비율보다 작다.

⑤ 2021년 갑국의 전자제품 수출액은 수입액보다 크다.

10 서울관광채용박람회의 해외채용관에는 8개의 부스가 마련되어 있다. A호텔, B호텔, C항공사, D항공사, E여행사, F여행사, G면세점, H면세점이 다음 〈조건〉에 따라 8개의 부스에 각각 위치하고 있을 때, 항상 참이 되는 것은?

─────〈조건〉─────

• 같은 종류의 업체는 같은 라인에 위치할 수 없다.
• A호텔과 B호텔은 복도를 사이에 두고 마주 보고 있다.
• G면세점과 H면세점은 양 끝에 위치하고 있다.
• E여행사 반대편에 위치한 H면세점은 F여행사와 나란히 위치하고 있다.
• C항공사는 제일 앞번호의 부스에 위치하고 있다.

〈부스 위치〉

1	2	3	4
복도			
5	6	7	8

① A호텔은 면세점 옆에 위치하고 있다.

② B호텔은 여행사 옆에 위치하고 있다.

③ C항공사는 여행사 옆에 위치하고 있다.

④ D항공사는 E여행사와 나란히 위치하고 있다.

⑤ G면세점은 B호텔과 나란히 위치하고 있다.

안심Touch

11 다음 글을 통해 알 수 없는 것은?

> 베트남 전쟁에서의 패배와 과도한 군사비 부담에 직면한 미국은 동아시아의 질서를 안정적으로 재편하고자 하였다. 1970년 미국이 발표한 닉슨 독트린은 동아시아의 긴장 완화를 통하여 소련과 베트남을 견제하고 자국의 군비 부담을 줄이고자 하는 의도를 담고 있다. 미국의 이와 같은 바람은 미·중 수교를 위한 중국과의 외교적 접촉으로 이어져, 1971년 중국의 UN가입과 1972년 닉슨의 중국 방문이 성사되었다. '데탕트'라 불리는 이와 같은 국제 정세의 변동은 한반도에도 영향을 미쳤다. 미국과 중국은 남·북한에 긴장 완화를 위한 조치들을 취하도록 촉구하였다. 이에 1971년 대한적십자사가 먼저 이산가족의 재회를 위한 남북 적십자 회담을 제의하였고, 곧바로 북한적십자회가 이를 수락하여 회담을 보내왔다. 이후 여러 차례의 예비회담이 열린 끝에 분단 이후 최초의 남북회담이 개최되었다. 다음은 대한적십자사의 특별성명과 북한적십자회의 회답이다.
>
> **[대한적십자사 특별성명]**
> 4반세기에 걸친 남북 간의 장벽은 온갖 민족 비극의 원천이며, 특히 남북으로 갈린 이산가족들의 비극은 인류의 상징적 비극이라 아니할 수 없습니다. 물론 이러한 이산가족의 비극은 남북 간의 장벽이 해소됨으로써 완전히 종식될 것이나, 이것이 단시일 내에 이룩되기 어려운 현실 아래에서 적어도 1천만 남북 이산가족들의 실태를 확인하고 이들의 소식을 알려주며 재회를 알선하는 가족찾기 운동만이라도 우선 전개해야 하겠습니다. 그러므로 나는 대한적십자사를 대표하여 적십자 정신에 따라 남북 간의 순수한 인도적 문제를 조속히 해결할 목적으로 다음과 같이 제의합니다.
> 첫째, 남북한의 가족찾기 운동을 구체적으로 협의하기 위해 가까운 시일 안에 남북 적십자 대표가 한자리에 마주앉아 회담할 것을 제의한다. 둘째, 본 회담의 절차상의 문제를 협의하기 위하여 늦어도 오는 10월 안으로 제네바에서 예비회담을 개최할 것을 제의한다. 우리는 북한적십자회가 적십자 정신과 그 기본 임무에 입각하여 이러한 순수한 인도적 제의를 호의적으로 받아들일 것을 확신하는 바입니다.
> – 대한적십자사 총재 최○○ –
>
> **[북한적십자회 회답]**
> 귀하가 이번에 처음으로 우리들의 시종일관한 애국적인 호소에 호응하여 북남 접촉을 실현할 용단을 내린 것은 참으로 다행한 일이라고 생각한다. 의제에 대하여 말한다면 우리는 북남에 헤어져 있는 가족과 친척, 친우의 절실한 염원에 비추어 다만 가족찾기 운동만으로는 부족하다고 인정한다. 북남 전체 인민의 공통한 염원과 인도주의적 원칙의 취지에서 적십자단체의 대표회의에 가족찾기 운동을 포함한 다음과 같은 문제를 토의할 것을 정중히 제안한다. 첫째, 북남으로 헤어져 있는 가족과 친척·친우의 재회 및 자유로운 왕래와 상호방문의 실현, 둘째, 북남 간 분단된 가족과 친척·친우의 자유로운 편지 교환 실시, 셋째, 귀하(대한적십자사 총재)가 제안한 바 있는 가족을 찾아 재회시키는 문제. 우리는 북남 적십자단체 대표가 순수한 인도주의적 입장에서 한자리에 모여 진지하고 허심탄회하게 의견을 교환할 수 있다면, 반드시 상호 간에 공통점을 발견하여 민족적인 이익에 부합되도록 모든 문제를 원만히 해결할 것이라고 확신한다. 이에 우리는 9월 말까지 쌍방 대표가 예비회담을 열 것을 제안한다.
> – 북한적십자회 중앙위원회 위원장 손○○ –

① 북측은 남측이 제안한 의제가 충분하지 않다고 답하고 있다.
② 남북 양측은 이산가족 찾기가 현안이라는 데에 공감대를 형성하고 예비회담의 개최를 제안하였다.
③ 남북 양측은 이산가족 문제의 해결을 위해서 군사적 긴장 완화가 추진되어야 한다는 점을 인정하고 있다.
④ 남북 양측의 이산가족 찾기를 위한 적십자 회담은 닉슨 독트린 이후의 미·중 긴장 완화를 배경으로 하고 있다.
⑤ 남북 양측은 이산가족 찾기에 대한 인도주의적 입장을 내세워 한반도 긴장 완화에 관한 미국과 중국의 외교적 요구를 수용하고 있다.

12 다음은 국내 화장품 제조 회사에 대한 SWOT 분석결과 자료이다. 〈보기〉 중 분석에 따른 대응 전략으로 적절한 것을 모두 고르면?

강점(Strength)	약점(Weakness)
• 신속한 제품 개발 시스템 • 차별화된 제조 기술 보유	• 신규 생산 설비 투자 미흡 • 낮은 브랜드 인지도
기회(Opportunity)	위협(Threat)
• 해외시장에서의 한국 제품 선호 증가 • 새로운 해외시장의 출현	• 해외 저가 제품의 공격적 마케팅 • 저임금의 개발도상국과 경쟁 심화

〈보기〉
ㄱ. 새로운 해외시장의 소비자 기호를 반영한 제품을 개발하여 출시한다.
ㄴ. 국내에 화장품 생산 공장을 추가로 건설하여 제품 생산량을 획기적으로 증가시킨다.
ㄷ. 차별화된 제조 기술을 통해 품질 향상과 고급화 전략을 추구한다.
ㄹ. 브랜드 인지도가 낮으므로 해외 현지 기업과의 인수·합병을 통해 해당 회사의 브랜드로 제품을 출시한다.

① ㄱ, ㄴ
② ㄱ, ㄷ
③ ㄴ, ㄷ
④ ㄴ, ㄹ
⑤ ㄷ, ㄹ

13 Q기업의 M대리는 여름휴가를 맞아 가족끼리 태국여행을 가기로 하였는데, 출국 날짜 한 달 전에 예약을 하면 특가로 갈 수 있는 상품들이 있어 알아보는 중이다. 남편과 함께 비즈니스 석 또는 이코노미 석으로 가길 원하며, 한국에서 출발시각은 점심식사를 한 후 오후 1시 30분부터 오후 5시 사이였으면 한다. 다음은 M대리가 조사한 여행사별 상품에 관한 자료이다. 이를 참고하여 M대리 부부가 7월 또는 8월 여행으로 원하는 여행상품을 선택할 때, 한국에서 비행기 출발 시각은 언제이며, 그 총액은 얼마인가?(단, 가장 저렴한 상품을 고르고, 출발 시각은 선택한 여행상품에서 제일 이른 시각으로 선택한다)

〈여행사별 태국여행 상품〉

구분	상품 금액	기간	좌석
A여행사	345,000원		이코노미, 비즈니스
B여행사	300,000원	2박 3일	이코노미, 퍼스트 클래스
C여행사	382,000원		비즈니스, 퍼스트 클래스
D여행사	366,000원		이코노미, 비즈니스

※ 상품 금액은 이코노미 석일 때의 금액이며, 비즈니스 석으로 바꾸면 상품 금액의 3배, 퍼스트 클래스는 4배의 금액이다.
※ 이코노미 석과 비즈니스 석이 해당 여행사에 모두 있을 시, 이코노미 석 상품으로 선택한다.

〈여행사별 출국날짜 및 시각〉

구분	출국 날짜	출발 시각
A여행사	7월 1일 ~ 8월 31일 (매주 월·수·토요일)	오전 10시, 오전 11시, 오후 3시, 오후 4시 30분
B여행사	6월 22일 ~ 9월 25일 (매주 목·금요일)	오후 5시 20분, 오후 7시 15분
C여행사	8월 1일 ~ 9월 14일 (매주 수요일)	오전 9시, 오전 11시, 오후 7시, 오후 8시 30분
D여행사	6월 10일 ~ 8월 22일 (매주 화·수·일요일)	오전 5시, 오전 8시, 오후 2시, 오후 4시 30분

〈여행사별 할인 혜택〉

구분	할인 혜택
A여행사	출국 한 달 전까지 예약 시 10% 할인
B여행사	3인 이상 예약 시 자녀(초등학생) 1명 반값 초등생 없을 시 성인 한 명 20% 할인
C여행사	4인 이상 예약 시 동반 어린이 무료
D여행사	2인 이상 예약 시 상품 금액 5만 원씩 할인

	출발 시각	총액		출발 시각	총액
①	오후 2시	621,000원	②	오후 2시	632,000원
③	오후 3시	621,000원	④	오후 3시	632,000원
⑤	오후 4시 30분	632,000원			

14 다음 글의 서술상 특징으로 가장 적절한 것은?

내가 감각하는 사물들이 정말로 존재하는가? 내가 지금 감각하고 있는 이 책상이 내가 보지 않을 때에도 여전히 존재하는지, 혹시 이것들이 상상의 산물은 아닌지, 내가 꿈을 꾸고 있는 것은 아닌지 어떻게 알 수 있는가? 내 감각을 넘어서 물리적 대상들이 독립적으로 존재한다는 것을 증명할 길은 없다. 데카르트가 방법적 회의를 통해서 보여 주었듯이, 인생이 하나의 긴 꿈에 불과하다는 '꿈의 가설'에서 어떤 논리적 모순도 나오지 않기 때문이다. 그러나 논리적 가능성이 진리를 보장하지는 않으므로, 꿈의 가설을 굳이 진리라고 생각해야 할 이유도 없다.

꿈의 가설보다는, 나의 감각들은 나와 독립적으로 존재하는 대상들이 나에게 작용하여 만들어 낸 것들이라는 '상식의 가설'이 우리가 경험하는 사실들을 더 잘 설명한다. 개 한 마리가 한순간 방 한편에서 보였다가 잠시 후 방의 다른 곳에 나타났다고 해 보자. 이 경우에 그것이 처음 위치에서 일련의 중간 지점들을 차례로 통과하여 나중 위치로 연속적인 궤적을 따라서 이동하였다고 생각하는 것이 자연스럽다. 그러나 그 개가 감각들의 집합에 불과하다면 내게 보이지 않는 동안에는 그것은 존재할 수가 없다. 꿈의 가설에 따르면 그 개는 내가 보고 있지 않은 동안에 존재하지 않다가 새로운 위치에서 갑자기 생겨났다고 해야 한다.

그 개가 내게 보일 때나 보이지 않을 때나 마찬가지로 존재한다면, 내 경우에 미루어 그 개가 한 끼를 먹고 나서 다음 끼니때까지 어떻게 차츰 배고픔을 느끼게 되는지 이해할 수 있다. 그러나 그 개가 내가 보고 있지 않을 때에 존재하지 않는다면, 그것이 존재하지 않는 동안에도 점점 더 배고픔을 느끼게 된다는 것은 이상해 보인다. 따라서 나의 변화하는 감각 경험은, 실재하는 개를 표상하는 것으로 간주하면 아주 자연스럽게 이해되지만, 단지 나에게 감각되는 색깔과 형태들의 변화에 지나지 않는다고 간주하면 전혀 설명할 길이 없다.

사람의 경우 문제는 더 분명하다. 사람들이 말하는 것을 들을 때, 내가 듣는 소리가 어떤 생각, 즉 내가 그러한 소리를 낼 때에 갖는 생각과 비슷한 어떤 생각을 표현하는 것이 아니라고 여기기는 어렵다. 그러므로 '최선의 설명을 제공하는 가설을 택하라.'는 원칙에 따르면, 나 자신과 나의 감각 경험을 넘어서 나의 지각에 의존하지 않는 대상들이 정말로 존재한다는 상식의 가설을 택하는 것이 합당하다.

① 상반된 이론을 제시한 후 절충적 견해를 이끌어내고 있다.
② 구체적인 사례를 통해 독자의 이해를 돕고 있다.
③ 권위 있는 학자의 주장을 인용하여 내용을 전개하고 있다.
④ 정의를 통해 새로운 개념을 소개하고 있다.
⑤ 객관적 자료를 활용하여 자신의 주장을 강화하고 있다.

15 다음은 A~F행정동으로 구성된 갑시의 자치구 개편 및 행정동 간 인접 현황에 관한 자료이다. 이에 대한 〈조건〉을 토대로 옳지 않은 것은?

〈행정동별 인구와 개편 전·후 자치구 현황〉

구분	인구(명)	개편 전 자치구	개편 후 자치구
A	1,500	가	( )
B	2,000	( )	( )
C	1,500	나	( )
D	1,500	( )	라
E	1,000	( )	마
F	1,500	다	( )

※ 자치구 개편 전·후 각 행정동의 인구수는 변화없음

〈행정동 간 인접 현황〉

행정동	A	B	C	D	E	F
A		1	0	1	0	0
B	1		1	1	1	0
C	0	1		0	1	1
D	1	1	0		1	0
E	0	1	1	1		1
F	0	0	1	0	1	

※ 두 행정동이 인접하면 1, 인접하지 않으면 0임

─────────〈조건〉─────────

• 개편 전 자치구는 '가', '나', '다' 3개이며, 개편 후 자치구는 '라', '마' 2개이다.
• 개편 전에는 한 자치구에 2개의 행정동이 속하고, 개편 후에는 3개의 행정동이 속한다.
• 동일 자치구에 속하는 행정동은 서로 인접하고 있으며, 행정동 간 인접 여부는 행정동 간 인접 현황에 따라 판단한다.

① 자치구 개편 전, 행정동 E는 자치구 '다'에 속한다.
② 자치구 개편 후, 행정동 C와 행정동 E는 같은 자치구에 속한다.
③ 자치구 개편 전, 자치구 '가'의 인구가 자치구 '나'의 인구보다 많다.
④ 자치구 개편 후, 자치구 '라'의 인구가 자치구 '마'의 인구보다 많다.
⑤ 행정동 B는 개편 전 자치구 '나'에 속하고, 개편 후 자치구 '라'에 속한다.

16 다음 글을 읽고 추론한 내용으로 옳지 않은 것은?

보건복지부, 우울증 유병률 여성이 남성보다 2배 높아

지난 1년간 한 번 이상 정신질환에 이환된 적이 있는 사람의 비율을 나타내는 일년유병률은 11.9%(남 12.2%, 여 11.5%)로, 지난 1년간 정신건강 문제를 경험한 사람은 470만 명으로 추산됐다. 주요 정신질환별 조사 결과를 살펴보면, 기분장애의 대표 질환인 주요우울장애(우울증) 평생유병률은 5.0%(남 3.0%, 여 6.9%)로 여성의 경우 남성보다 2배 이상 높았다. 일년유병률은 1.5%(남 1.1%, 여 2.0%)로, 지난 1년간 우울증을 경험한 사람은 61만 명으로 추산됐다. 불안장애 평생유병률은 9.3%(남 6.7%, 여 11.7%), 일년유병률 5.7%(남 3.8%, 여 7.5%)로, 지난 1년간 불안장애를 경험한 사람은 224만 명으로 추산됐다. 망상이나 환각, 현실에 대한 판단력 저하로 사회적, 직업적 또는 학업적 영역에서 적응에 상당한 문제를 겪는 상태인 조현병 스펙트럼장애 평생유병률은 0.5%(남 0.5%, 여 0.4%)로 나타났다. 지역사회에서 1년간 조현병 스펙트럼장애를 경험한 적이 있는 사람은 6만 3천 명, 입원·입소해 있는 조현병 스펙트럼장애 환자 수는 5만 명 등 총 11만 3천 명으로 추산된다.

삼성서울병원 홍진표 교수는 "전반적으로 정신질환 유병률이 감소추세다. 정신건강 서비스의 이용률 증가로 인한 예방이나 조기치료의 효과 등이 작용했을 것으로 보인다."면서 "다만 아직도 선진국에 비해서는 정신건강 서비스 이용이 적어 정신질환에 대한 인식개선과 서비스 접근성 확보 등 정책적 노력이 계속되어야 한다."고 설명했다.

정신건강증진센터는 지역별로 위치해 있다. 센터를 이용하기 위해서는 우선 보건복지부 상담 전화 또는 24시간 정신건강상담 전화를 통해 자신이 거주하고 있는 지역에 있는 센터를 찾아야 한다. 거주지에 해당하는 센터에서만 상담과 치료를 받을 수 있다는 점을 유의하자. 서울 및 광역시의 정신건강증진센터는 구 단위로 설치·운영 중이며, 그 외 시·도의 경우에는 시·군 단위로 설치돼 있다.

거주지 관할 센터를 알았다면 전화를 걸어 상담 예약을 해야 한다. 상시 대기 중인 정신보건 전문요원과 상담을 하고, 이후 진단 결과에 따라 내소·방문 상담 여부 및 치료 방향을 논의하게 된다. 정신건강증진센터에서 개인별 상황과 증상의 정도에 따른 치료 계획이 결정되면, 방문자는 정신건강 상태에 대한 기본 문진 및 치료와 지속적인 상담을 통해 마음과 생각을 치료받는다.

이외에도 정신건강증진센터에서는 자살 및 우울증 예방, 약물·PC 등 중독관리, 노인 대상 게이트 키퍼 교육 등 센터별 다양한 프로그램을 운영하고 있으므로 우울증이나 스트레스 증상이 의심될 때는 망설임 없이 상담 및 치료받을 것을 권장한다.

---

① 가장 빈번하게 나타나는 정신건강 문제 유형은 불안장애이다.

② 정신질환 예방과 조기치료는 정신질환 유병률 감소에 효과가 있다.

③ 상담과 치료를 원할 때는 24시간 정신건강상담 전화를 통해 현재 자신의 위치와 가장 가까운 센터로 간다.

④ 개인별 상황과 증상에 대해 상담한 후에 치료계획이 세워져 전문적이다.

⑤ 센터별로 다양한 프로그램이 운영되고 있으므로 우울증에 국한된 것이 아닌 여러 정신질환에 대해서 상담받을 수 있다.

17 다음 글에서 설명하는 총체주의에 대한 비판으로 가장 적절한 것은?

논리실증주의자와 포퍼는 지식을 수학적 지식이나 논리학 지식처럼 경험과 무관한 것과 과학적 지식처럼 경험에 의존하는 것으로 구분한다. 그중 과학적 지식은 과학적 방법에 의해 누적된다고 주장한다. 가설은 과학적 지식의 후보가 되는 것인데, 그들은 가설로부터 논리적으로 도출된 예측을 관찰이나 실험 등의 경험을 통해 맞는지 틀리는지 판단함으로써 그 가설을 시험하는 과학적 방법을 제시한다. 논리실증주의자는 예측이 맞을 경우에, 포퍼는 예측이 틀리지 않는 한, 그 예측을 도출한 가설이 하나씩 새로운 지식으로 추가된다고 주장한다.

하지만 콰인은 가설만 가지고서 예측을 논리적으로 도출할 수 없다고 본다. 예를 들어 새로 발견된 금속 M은 열을 받으면 팽창한다는 가설만 가지고는 열을 받은 M이 팽창할 것이라는 예측을 이끌어낼 수 없다. 먼저 지금까지 관찰한 모든 금속은 열을 받으면 팽창한다는 기존의 지식과 M에 열을 가했다는 조건 등이 필요하다. 이렇게 예측은 가설, 기존의 지식들, 여러 조건 등을 모두 합쳐야만 논리적으로 도출된다는 것이다. 그러므로 예측이 거짓으로 밝혀지면 정확히 무엇 때문에 예측에 실패한 것인지 알 수 없다는 것이다. 이로부터 콰인은 개별적인 가설뿐만 아니라 기존의 지식들과 여러 조건 등을 모두 포함하는 전체 지식이 경험을 통한 시험의 대상이 된다는 총체주의를 제안한다.

논리실증주의자와 포퍼는 수학적 지식이나 논리학 지식처럼 경험과 무관하게 참으로 판별되는 분석 명제와, 과학적 지식처럼 경험을 통해 참으로 판별되는 종합 명제를 서로 다른 종류라고 구분한다. 그러나 콰인은 총체주의를 정당화하기 위해 이 구분을 부정하는 논증을 다음과 같이 제시한다. 논리실증주의자와 포퍼의 구분에 따르면 "총각은 총각이다."와 같은 동어 반복 명제와, "총각은 미혼의 성인 남성이다."처럼 동어 반복 명제로 환원할 수 있는 것은 모두 분석 명제이다. 그런데 후자가 분석 명제인 까닭은 전자로 환원할 수 있기 때문이다. 이러한 환원이 가능한 것은 '총각'과 '미혼의 성인 남성'이 동의적 표현이기 때문인데 그게 왜 동의적 표현인지 물어보면, 이 둘을 서로 대체하더라도 명제의 참 또는 거짓이 바뀌지 않기 때문이라고 할 것이다. 하지만 이것만으로는 두 표현의 의미가 같다는 것을 보장하지 못해서, 동의적 표현은 언제나 반드시 대체 가능해야 한다는 필연성 개념에 다시 의존하게 된다. 이렇게 되면 동의적 표현이 동어 반복 명제로 환원 가능하게 하는 것이 되어, 필연성 개념은 다시 분석 명제 개념에 의존하게 되는 순환론에 빠진다. 따라서 콰인은 종합 명제와 구분되는 분석 명제가 존재한다는 주장은 근거가 없다는 결론에 도달한다.

콰인은 분석 명제와 종합 명제로 지식을 엄격히 구분하는 대신, 경험과 직접 충돌하지 않는 중심부 지식과, 경험과 직접 충돌할 수 있는 주변부 지식을 상정한다. 경험과 직접 충돌하여 참과 거짓이 쉽게 바뀌는 주변부 지식과 달리 주변부 지식의 토대가 되는 중심부 지식은 상대적으로 견고하다. 그러나 이 둘의 경계를 명확히 나눌 수 없기 때문에, 콰인은 중심부 지식과 주변부 지식을 다른 종류라고 하지 않는다. 수학적 지식이나 논리학 지식은 중심부 지식의 한가운데에 있어 경험에서 가장 멀리 떨어져 있지만 그렇다고 경험과 무관한 것은 아니라는 것이다. 그런데 주변부 지식이 경험과 충돌하여 거짓으로 밝혀지면 전체 지식의 어느 부분을 수정해야 할지 고민하게 된다. 주변부 지식을 수정하면 전체 지식의 변화가 크지 않지만 중심부 지식을 수정하면 관련된 다른 지식이 많기 때문에 전체 지식도 크게 변화하게 된다. 그래서 대부분의 경우에는 주변부 지식을 수정하는 쪽을 선택하겠지만 실용적 필요 때문에 중심부 지식을 수정하는 경우도 있다. 그리하여 콰인은 중심부 지식과 주변부 지식이 원칙적으로 모두 수정의 대상이 될 수 있고, 지식의 변화도 더 이상 개별적 지식이 단순히 누적되는 과정이 아니라고 주장한다.

총체주의는 특정 가설에 대해 제기되는 반박이 결정적인 것처럼 보이더라도 그 가설이 실용적으로 필요하다고 인정되면 언제든 그와 같은 반박을 피하는 방법을 강구하여 그 가설을 받아들일 수 있다. 그러나 총체주의는 "A이면서 동시에 A가 아닐 수는 없다."와 같은 논리학의 법칙처럼 아무도 의심하지 않는 지식은 분석 명제로 분류해야 하는 것이 아니냐는 비판에 답해야 하는 어려움이 있다.

① 가설로부터 논리적으로 도출된 예측이 경험과 충돌하더라도 그 충돌 때문에 가설이 틀렸다고 할 수 없다.
② 논리학 지식이나 수학적 지식이 중심부 지식의 한가운데에 위치한다고 해서 경험과 무관한 것은 아니다.
③ 전체 지식은 어떤 결정적인 반박일지라도 피할 수 있기 때문에 수정 대상을 주변부 지식으로 한정하는 것은 잘못이다.
④ 중심부 지식을 수정하면 주변부 지식도 수정해야 하겠지만, 주변부 지식을 수정한다고 해서 중심부 지식을 수정해야 하는 것은 아니다.
⑤ 중심부 지식과 주변부 지식 간의 경계가 불분명하다 해도 중심부 지식 중에는 주변부 지식들과 종류가 다른 지식이 존재한다.

18 다음은 전자인증서 인증수단 방법 중 선호도를 조사한 자료이다. 이에 대한 설명으로 옳지 않은 것은? (단, 평균점수는 소수점 첫째 자리에서 반올림한다)

〈전자인증서 인증수단별 선호도 현황〉

(단위 : 점)

구분	실용성	보안성	간편성	유효기간
공인인증서 방식	16	( )	14	1년
ID / PW 방식	18	10	16	없음
OTP 방식	15	18	14	1년 6개월
이메일 및 SNS 방식	18	8	10	없음
생체인증 방식	20	19	18	없음
I-pin 방식	16	17	15	2년

※ 선호도는 실용성, 보안성, 간편성 점수를 합한 값이다.
※ 유효기간이 1년 이하인 방식은 보안성 점수에 3점을 가산한다.

① 생체인증 방식의 선호도는 OTP 방식과 I-pin 방식 합보다 38점 낮다.
② 실용성 전체 평균점수보다 높은 방식은 총 4가지이다.
③ 유효기간이 '없음'인 인증수단 방식의 간편성 평균점수는 15점이다.
④ 공인인증서 방식의 선호도가 51점일 때, 보안성 점수는 18점이다.
⑤ 유효기간이 '없음'인 인증수단 방식의 실용성 점수는 모두 18점 이상이다.

안심Touch

19 다음 〈조건〉을 근거로 판단할 때, 〈보기〉에서 옳은 것을 모두 고르면?

─〈조건〉─

- 인공지능 컴퓨터와 매번 대결할 때마다, 갑은 A, B, C전략 중 하나를 선택할 수 있다.
- 인공지능 컴퓨터는 대결을 거듭할수록 학습을 통해 각각의 전략에 대응하므로, 동일한 전략을 사용할수록 갑이 승리할 확률은 하락한다.
- 각각의 전략을 사용한 횟수에 따라 각 대결에서 갑이 승리할 확률은 아래와 같고, 갑도 그 사실을 알고 있다.

〈전략별 사용횟수에 따른 갑의 승률〉

(단위 : %)

전략종류 \ 전략별 사용횟수	1회	2회	3회	4회
A전략	60	50	30	0
B전략	70	30	20	0
C전략	90	40	10	0

─〈보기〉─

ㄱ. 갑이 총 3번의 대결을 하면서 각 대결에서 승리할 확률이 가장 높은 전략부터 순서대로 선택한다면, 3가지 전략을 각각 1회씩 사용해야 한다.

ㄴ. 갑이 총 5번의 대결을 하면서 각 대결에서 승리할 확률이 가장 높은 전략부터 순서대로 선택한다면, 5번째 대결에서는 B전략을 사용해야 한다.

ㄷ. 갑이 1개의 전략만을 사용하여 총 3번의 대결을 하면서 3번 모두 승리할 확률을 가장 높이려면, A전략을 선택해야 한다.

ㄹ. 갑이 1개의 전략만을 사용하여 총 2번의 대결을 하면서 2번 모두 패배할 확률을 가장 낮추려면, A전략을 선택해야 한다.

① ㄱ, ㄴ
② ㄱ, ㄷ
③ ㄴ, ㄹ
④ ㄱ, ㄷ, ㄹ
⑤ ㄴ, ㄷ, ㄹ

20 다음은 국내 입지별 지식산업센터 수에 대한 자료이다. 이에 대한 설명으로 옳지 않은 것은?

〈국내 입지별 지식산업센터 수〉

(단위 : 개)

지역 \ 구분		개별입지	계획입지	합
서울		54	73	127
6대 광역시	부산	3	6	9
	대구	2	2	4
	인천	7	11	( )
	광주	0	2	2
	대전	( )	4	6
	울산	1	0	1
경기		100	( )	133
강원		1	0	1
충북		0	0	0
충남		0	1	1
전북		0	1	1
전남		1	1	2
경북		2	0	2
경남		2	15	( )
제주		0	0	0
전국 합계		175	149	324

※ 지식산업센터가 조성된 입지는 개별입지와 계획입지로 구분됨

① 국내 지식산업센터는 60% 이상이 개별입지에 조성되어 있다.
② 수도권(서울, 인천, 경기)의 지식산업센터 수는 전국 합계의 80%가 넘는다.
③ 경기지역의 지식산업센터는 계획입지보다 개별입지에 많이 조성되어 있다.
④ 동남권(부산, 울산, 경남)의 지식산업센터 수는 대경권(대구, 경북)의 4배 이상이다.
⑤ 6대 광역시 중 계획입지에 조성된 지식산업센터 수가 개별입지에 조성된 지식산업센터 수보다 적은 지역은 울산광역시뿐이다.

21 다음은 A요리대회 참가자의 종합점수 및 항목별 득점기여도 산정 방법과 항목별 득점 결과이다. 이에 대한 〈보기〉 중 옳은 것을 모두 고르면?

〈참가자의 종합점수 및 항목별 득점기여도 산정 방법〉

- (종합점수)= [(항목별 득점)×(품목별 가중치)의 합계]

- (항목별 득점기여도)= $\dfrac{(항목별\ 득점)×(항목별\ 가중치)}{(종합점수)}$

항목	가중치
맛	6
향	4
색상	4
식감	3
장식	3

〈전체 참가자의 항목별 득점 결과〉

(단위 : 점)

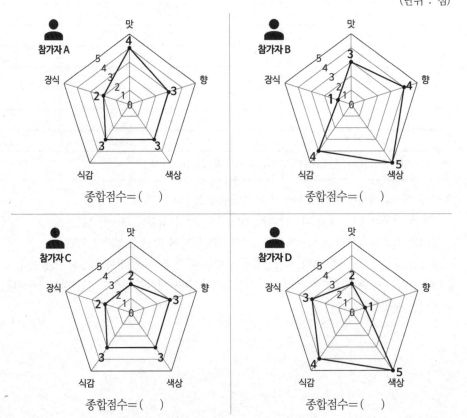

※ 종합점수가 클수록 순위가 높음

─────〈보기〉─────

ㄱ. 참가자 A의 '색상' 점수와 참가자 D의 '장식' 점수가 각각 1점씩 상승하여도 전체 순위에는 변화가 없다.
ㄴ. 참가자 B의 '향' 항목 득점기여도는 참가자 A의 '색상' 항목 득점기여도보다 높다.
ㄷ. 참가자 C는 모든 항목에서 1점씩 더 득점하더라도 가장 높은 순위가 될 수 없다.
ㄹ. 순위가 높은 참가자일수록 '맛' 항목 득점기여도가 높다.

① ㄱ, ㄴ   ② ㄱ, ㄷ
③ ㄱ, ㄹ   ④ ㄴ, ㄷ
⑤ ㄴ, ㄹ

22 다음 정렬 방법을 근거로 판단할 때, 정렬 대상에서 두 번째로 위치를 교환해야 하는 두 수로 옳은 것은?

〈정렬 방법〉

다음은 정렬되지 않은 여러 개의 서로 다른 수를 작은 것에서 큰 것 순으로 정렬하는 방법이다.
(1) 가로로 나열된 수 중 가장 오른쪽의 수를 피벗(Pivot)이라 하며, 나열된 수에서 제외시킨다.
　　예 나열된 수가 5, 3, 7, 1, 2, 6, 4라고 할 때, 4가 피벗이고 남은 수는 5, 3, 7, 1, 2, 6이다.
(2) 피벗보다 큰 수 중 가장 왼쪽의 수를 찾는다.
　　예 5, 3, 7, 1, 2, 6에서는 5이다.
(3) 피벗보다 작은 수 중 가장 오른쪽의 수를 찾는다.
　　예 5, 3, 7, 1, 2, 6에서는 2이다.
(4) (2)와 (3)에서 찾은 두 수의 위치를 교환한다.
　　예 5와 2를 교환하여(첫 번째 위치 교환) 2, 3, 7, 1, 5, 6이 된다.
(5) 피벗보다 작은 모든 수가 피벗보다 큰 모든 수보다 왼쪽에 위치할 때까지 (2) ~ (4)의 과정을 반복한다.
　　예 2, 3, 7, 1, 5, 6에서 7은 피벗 4보다 큰 수 중 가장 왼쪽의 수이며, 1은 피벗 4보다 작은 수 중 가장 오른쪽의 수이다. 이 두 수를 교환하면(두 번째 위치 교환) 2, 3, 1, 7, 5, 6이 되어 피벗 4보다 작은 모든 수는 피벗 4보다 큰 모든 수보다 왼쪽에 있다.
(후략)

〈정렬 대상〉

15, 22, 13, 27, 12, 10, 25, 20

① 15와 10   ② 20과 13
③ 22와 10   ④ 25와 20
⑤ 27과 12

23 다음 글을 근거로 판단할 때, 평가대상기관(A ~ D) 중 최종순위 최상위기관과 최하위기관을 고르면?

〈공공시설물 내진보강대책 추진실적 평가기준〉

• 평가요소 및 점수부여

- $(내진성능평가지수) = \dfrac{(내진성능평가실적건수)}{(내진보강대상건수)} \times 100$

- $(내진보강공사지수) = \dfrac{(내진보강공사실적건수)}{(내진보강대상건수)} \times 100$

- 산출된 지수 값에 따른 점수는 아래 표와 같이 부여한다.

구분	지수 값 최상위 1개 기관	지수 값 중위 2개 기관	지수 값 최하위 1개 기관
내진성능평가점수	5점	3점	1점
내진보강공사점수	5점	3점	1점

• 최종순위 결정
- 내진성능평가점수와 내진보강공사점수의 합이 큰 기관에 높은 순위를 부여한다.
- 합산 점수가 동점인 경우에는 내진보강대상건수가 많은 기관을 높은 순위로 한다.

〈평가대상기관의 실적〉

(단위 : 건)

구분	A	B	C	D
내진성능평가실적	82	72	72	83
내진보강공사실적	91	76	81	96
내진보강대상	100	80	90	100

	최상위기관	최하위기관
①	A	B
②	B	C
③	B	D
④	C	D
⑤	D	C

24 다음은 11개 전통 건축물에 대해 조사한 자료이다. 이에 대한 보고서의 내용 중 옳은 것을 모두 고르면?

〈11개 전통 건축물의 공포양식과 주요 구조물 치수〉

(단위 : 척)

명칭	현 소재지	공포양식	기둥 지름	처마 서까래 지름	부연	
					폭	높이
숭례문	서울	다포	1.80	0.60	0.40	0.50
관덕정	제주	익공	1.50	0.50	0.25	0.30
봉정사 화엄강당	경북	주심포	1.50	0.55	0.40	0.50
문묘 대성전	서울	다포	1.75	0.55	0.35	0.45
창덕궁 인정전	서울	다포	2.00	0.70	0.40	0.60
남원 광한루	전북	익공	1.40	0.60	0.55	0.55
화엄사 각황전	전남	다포	1.82	0.70	0.50	0.60
창의문	서울	익공	1.40	0.50	0.30	0.40
장곡사 상대웅전	충남	주심포	1.60	0.60	0.40	0.60
무량사 극락전	충남	다포	2.20	0.80	0.35	0.50
덕수궁 중화전	서울	다포	1.70	0.70	0.40	0.50

〈보고서〉

문화재연구소는 11개 전통 건축물의 공포양식과 기둥 지름, 처마서까래 지름, 그리고 부연의 치수를 조사하였다. 건축물 유형은 궁궐, 사찰, 성문, 누각 등으로 구분된다.

㉠ 11개 전통 건축물을 공포양식별로 구분하면 다포양식 6개, 주심포양식 2개, 익공양식 3개이다. 건축물의 현 소재지는 서울이 5곳으로 가장 많다.

㉡ 11개 전통 건축물의 기둥 지름은 최소 1.40척, 최대 2.00척이고, 처마서까래 지름은 최소 0.50척, 최대 0.80척이다. 각 건축물의 기둥 지름 대비 처마서까래 지름 비율은 0.30보다 크고 0.50보다 작다.

㉢ 11개 전통 건축물의 부연은 폭이 최소 0.25척, 최대 0.55척이고, 높이는 최소 0.30척, 최대 0.60척으로, 모든 건축물의 부연은 높이가 폭보다 크다.

㉣ 기둥 지름 대비 부연 폭의 비율은 0.15보다 크고 0.40보다 작다.

① ㉠, ㉡
② ㉠, ㉣
③ ㉡, ㉢
④ ㉠, ㉢, ㉣
⑤ ㉡, ㉢, ㉣

25 다음 글에서 추론할 수 있는 것은?

조선왕조실록은 조선 시대 국왕의 재위 기간에 있었던 중요 사건들을 정리한 기록물로 역사적인 가치가 크다. 이에 유네스코는 태조부터 철종까지의 시기에 있었던 사건들이 담긴 조선왕조실록 총 1,893권, 888책을 세계 기록 유산으로 등재하였다.

실록의 간행 과정은 상당히 길고 복잡했다. 먼저, 사관이 국왕의 공식적 언행과 주요 사건을 매일 기록하여 사초를 만들었다. 그 국왕의 뒤를 이어 즉위한 새 왕은 전왕(前王)의 실록을 만들기 위해 실록청을 세웠다. 이 실록청은 사초에 담긴 내용을 취사선택해 실록을 만든 후 해산하였다. 이렇게 만들어진 실록은 전왕의 묘호(廟號)를 붙여 '○○실록'이라고 불렀다. 이런 식으로 일이 진행되다보니 『철종실록』이 고종 때에 간행되었던 것이다.

한편 정변으로 왕이 바뀌었을 때에는 그 뒤를 이은 국왕이 실록청 대신 일기청을 설치하여 물러난 왕의 재위 기간에 있었던 일을 '○○○일기(日記)'라는 명칭으로 정리해 간행했다. 인조 때 『광해군실록』이 아니라 『광해군일기』가 간행된 것은 바로 이 때문이다. '일기'는 명칭만 '실록'이라고 부르지 않을 뿐 간행 과정은 그와 동일했다. 그렇기 때문에 '일기'도 세계 기록 유산으로 등재된 조선왕조실록에 포함된 것이다. 『단종실록』은 특이한 사례에 해당된다. 단종은 계유정난으로 왕위에서 쫓겨난 후에 노산군으로 불렸고, 그런 이유로 세조 때 『노산군일기』가 간행되었다. 그런데 숙종 24년(1698)에 노산군이 단종으로 복위된 후로 『노산군일기』를 『단종실록』으로 고쳐 부르게 되었다.

조선 후기 붕당 간의 대립은 실록 내용에도 영향을 미쳤다. 선조 때 동인과 서인이라는 붕당이 등장한 이래, 선조의 뒤를 이은 광해군과 인조 때까지만 해도 붕당 간 대립이 심하지 않았다. 그러나 인조의 뒤를 이어 효종, 현종, 숙종이 연이어 왕위에 오르는 과정에서 붕당 간 대립이 심해졌다. 효종 때부터는 집권 붕당이 다른 붕당을 폄훼하기 위해 이미 만들어져 있는 실록을 수정해 간행하는 일이 벌어졌다. 수정된 실록에는 원래의 실록과 구분해 '○○수정실록'이라는 명칭을 따로 붙였다.

---

① 『효종실록』은 현종 때 설치된 실록청이 간행했을 것이다.
② 『노산군일기』는 숙종 때 설치된 일기청이 간행했을 것이다.
③ 『선조수정실록』은 광해군 때 설치된 실록청이 간행했을 것이다.
④ 『고종실록』은 세계 기록 유산으로 등재된 조선왕조실록에 포함되어 있을 것이다.
⑤ 『광해군일기』는 세계 기록 유산으로 등재된 조선왕조실록에 포함되어 있지 않을 것이다.

다음 글을 근거로 판단할 때, 〈보기〉에서 옳은 것을 모두 고르면?

사슴은 맹수에게 계속 괴롭힘을 당하자 자신을 맹수로 바꾸어 달라고 산신령에게 빌었다. 사슴을 불쌍하게 여긴 산신령은 사슴에게 남은 수명 중 n년(n은 자연수)을 포기하면 여생을 다음 5가지의 맹수 중 하나로 살 수 있게 해주겠다고 했다.

사슴으로 살 경우의 1년당 효용은 40이며, 다른 맹수로 살 경우의 1년당 효용과 그 맹수로 살기 위해 사슴이 포기해야 하는 수명은 다음과 같다. 예를 들어 사슴의 남은 수명이 12년일 경우 사슴으로 계속 산다면 12×40=480의 총 효용을 얻지만, 독수리로 사는 것을 선택한다면 (12−5)×50=350의 총 효용을 얻는다. 사슴은 여생의 총 효용이 줄어드는 선택은 하지 않으며, 포기해야 하는 수명이 사슴의 남은 수명 이상인 맹수는 선택할 수 없다. 1년당 효용이 큰 맹수일수록, 사슴은 그 맹수가 되기 위해 더 많은 수명을 포기해야 한다. 사슴은 자신의 남은 수명과 표의 '?'로 표시된 수를 알고 있다.

맹수	1년당 효용	포기해야 하는 수명(년)
사자	250	14
호랑이	200	?
곰	170	11
악어	70	?
독수리	50	5

〈보기〉

ㄱ. 사슴의 남은 수명이 13년이라면, 사슴은 곰을 선택할 것이다.

ㄴ. 사슴의 남은 수명이 20년이라면, 사슴은 독수리를 선택하지는 않을 것이다.

ㄷ. 호랑이로 살기 위해 포기해야 하는 수명이 13년이라면, 사슴의 남은 수명에 따라 사자를 선택했을 때와 호랑이를 선택했을 때 여생의 총 효용이 같은 경우가 있다.

① ㄴ
② ㄷ
③ ㄱ, ㄴ
④ ㄴ, ㄷ
⑤ ㄱ, ㄴ, ㄷ

〈임직원 복지 혜택 세부사항〉

구분	내용	대상	금액
명절상여금	설날·추석 명절상여금으로 매년 1월과 9월에 월급여의 일정비율만큼 월급여에 합하여 지급함	해당 월 입사 2년 차 이상에 해당하는 자	월급여의 10%
경조사비	부모, 배우자, 자녀의 경조사의 경우 직급에 따라 일정금액을 경조사일이 속한 달의 다음 달 급여에 월급여와 합하여 지급함(결혼, 돌, 장례식 등)	제한없음	사원·주임·대리 : 부모·배우자(200,000원), 자녀(100,000원) 과장 이상 : 300,000원
여름·겨울 휴가비	여름·겨울 휴가비로 매년 7월과 12월에 직급에 따라 일정금액을 월급여와 합하여 지급함	해당 월 입사 1년 차 이상에 해당하는 자	[여름] 사원·주임 : 250,000원 대리 : 350,000원 과장 이상 : 500,000원 [겨울] 사원·주임 : 150,000원 대리 : 250,000원 과장 이상 : 500,000원
문화생활비	임직원 문화생활 활성화를 위해 입사일 다음 해부터 매년 입사일이 속한 달의 월급여에 합하여 지급함	해당 월 입사 1년 차 이상에 해당하는 자	100,000원
자기계발비	임직원 자기계발을 위해 직급에 따라 일정금액을 매년 3월 급여에 합하여 지급함	제한없음	사원·주임 : 300,000원 대리 이상 : 200,000원
출산축하금 (경조사비와는 별개)	재직기간 중 출산했을 경우 휴가 1년(남성은 3개월)과는 별개로 추가 휴가 6개월(남성은 2개월) 또는 출산축하금 중 택1하여 지원함(출산축하금의 경우 출산일이 속한 달 월급여에 합하여 지급함).	제한없음	여성 : 5,000,000원 남성 : 2,000,000원 부부 모두 회사 재직 시, 부부합산 7,000,000원을 여성 월급여 통장에 입금
자녀학자금	대학생 자녀가 있을 경우, 매년 4월과 10월에 월급여에 합하여 지원함	직급 과장 이상	등록금에서 장학금을 제외한 금액의 70%를 지원함

27 다음은 2022년 1월 2일에 N직원이 회계팀에 문의한 내용이다. 상반기에 혜택까지 포함된 N직원의 총 급여는 얼마인가?(단, 상반기는 1 ~ 6월이며, 출산예정일은 변동이 없다)

〈문의 내용〉

안녕하세요? 재작년 3월 2일에 입사한 영업팀 주임 N입니다. 올 상반기에 제가 받을 급여가 총 얼마인지 알고 싶어 문의하게 되었습니다. 현재 월 급여는 320만 원이고요, 5월부터는 대리로 진급함과 동시에 350만 원으로 인상될 것이라고 전달 받았습니다. 작년 12월 저희 아버님이 돌아가셨고, 올해 6월에 타 회사에 근무중인 아내가 첫 아이를 출산할 예정입니다. 그리고 출산축하금으로 받을 겁니다.

① 1,940만 원
② 2,120만 원
③ 2,240만 원
④ 2,460만 원
⑤ 2,620만 원

28 임직원 복지 혜택 세부사항의 일부내용이 다음과 같이 변경되었다면, 27번 문제의 N직원의 상반기 복지 혜택까지 포함한 총 급여는 얼마인가?

〈변경 후 내용〉

• 명절상여금 : 입사 1년 차 이상, 월급여의 5%
• 경조사비 : 직급·사유 관계없이 200,000원
• 여름·겨울 휴가비 : 입사 2년 차 이하 100,000원, 입사 3년 차 이상은 기존 내용과 동일
• 문화생활비 : 항목 삭제
• 자기계발비 : 사원 직급에게만 매년 3월 500,000원 한도 내에서 업무 관련 자기계발비 증명자료 제출 시 지급
• 출산축하금 : 여성·남성 관계없이 3,000,000원 지급 및 부부 모두 재직 시에도 각각 지급
• 자녀학자금 : 매년 3월 2,000,000원 지급

① 1,985만 원
② 2,104만 원
③ 2,255만 원
④ 2,316만 원
⑤ 2,562만 원

안심Touch

29 다음 글의 ㉠과 ㉡에 들어갈 말을 〈보기〉에서 골라 적절하게 나열한 것은?

갈릴레오는 망원경으로 목성을 항상 따라다니는 네 개의 위성을 관찰하였다. 이 관찰 결과는 지동설을 지지해 줄 수 있는 것이었다. 당시 지동설에 대한 반대 논증 중 하나는 다음과 같은 타당한 논증이었다.

(가) ＿＿＿＿＿＿＿㉠＿＿＿＿＿＿＿
(나) 달은 지구를 항상 따라다닌다.
따라서 (다) 지구는 공전하지 않는다.

갈릴레오의 관찰 결과는 이 논증의 (가)를 반박할 수 있는 것이었다. 왜냐하면 목성이 공전한다는 것은 당시 천동설 학자들도 받아들이고 있었고 그의 관찰로 인해 위성들이 공전하는 목성을 따라다닌다는 것이 밝혀지는 셈이기 때문이다. 그런데 문제는 당시의 학자들이 망원경을 통한 관찰을 신뢰하지 않는다는 데 있었다. 당시 학자들 대부분은 육안을 통한 관찰로만 실제 존재를 파악할 수 있다고 믿었다. 따라서 갈릴레오는 망원경을 통한 관찰이 육안을 통한 관찰만큼 신뢰할 만하다는 것을 입증해야 했다. 이를 보이기 위해 그는 '빛 번짐 현상'을 활용하였다.

빛 번짐 현상이란, 멀리 떨어져 있는 작고 밝은 광원을 어두운 배경에서 볼 때 실제 크기보다 광원이 크게 보이는 현상이다. 육안으로 금성을 관찰할 경우, 금성이 주변 환경에 비해 더 밝게 보이는 밤에 관찰하는 것보다 낮에 관찰하는 것이 더 정확하다. 그런데 낮에 관찰한 결과는 연중 금성의 외견상 크기가 변한다는 것을 보여준다.

그렇다면 망원경을 통한 관찰이 신뢰할 만하다는 것은 어떻게 보일 수 있었을까? 갈릴레오는 밤에 금성을 관찰할 때 망원경을 사용하면 빛 번짐 현상을 없앨 수 있다는 것을 강조하면서 다음과 같은 논증을 펼쳤다.

(라) ＿＿＿＿＿＿㉡＿＿＿＿＿＿면, 망원경에 의한 관찰 자료를 신뢰할 수 있다.
(마) ＿＿＿＿＿＿㉡＿＿＿＿＿＿
따라서 (바) 망원경에 의한 관찰 자료를 신뢰할 수 있다.

결국 갈릴레오는 (마)를 입증함으로써, (바)를 보일 수 있었다.

─────〈보기〉─────
ㄱ. 지구가 공전한다면, 달은 지구를 따라다니지 못한다.
ㄴ. 달이 지구를 따라다니지 못한다면, 지구는 공전한다.
ㄷ. 낮에 망원경을 통해 본 금성의 크기 변화와 낮에 육안으로 관찰한 금성의 크기 변화가 유사하다.
ㄹ. 낮에 망원경을 통해 본 금성의 크기 변화와 밤에 망원경을 통해 본 금성의 크기 변화가 유사하다.
ㅁ. 낮에 육안으로 관찰한 금성의 크기 변화와 밤에 망원경을 통해 본 금성의 크기 변화가 유사하다.

	㉠	㉡
①	ㄱ	ㄷ
②	ㄱ	ㅁ
③	ㄴ	ㄷ
④	ㄴ	ㄹ
⑤	ㄴ	ㅁ

30 다음 글에서 알 수 없는 것은?

휴대전화를 뜻하는 '셀룰러폰'은 이동 통신 서비스에서 하나의 기지국이 담당하는 지역을 셀이라고 말한 것에서 유래하였다. 이동 통신은 주어진 총 주파수 대역폭을 다수의 사용자가 이용하므로 통화 채널당 할당된 주파수 대역을 재사용하는 기술이 무엇보다 중요하다. 이동 통신 회사들은 제한된 주파수 자원을 보다 효율적으로 사용하기 위하여 넓은 지역을 작은 셀로 나누고, 셀의 중심에 기지국을 만든다. 각 기지국마다 특정 주파수 대역을 사용해 서비스를 제공하는데, 일정 거리 이상 떨어진 기지국은 동일한 주파수 대역을 다시 사용함으로써 주파수 재사용률을 높인다. 예를 들면, 아래 그림은 특정 지역에 이동 통신 서비스를 제공하기 위하여 네 종류의 주파수 대역(F1, F2, F3, F4)을 사용하고 있다. 주파수 간섭 문제를 피하기 위해 인접한 셀들은 서로 다른 주파수 대역을 사용하지만, 인접하지 않은 셀에서는 이미 사용하고 있는 주파수 대역을 다시 사용하는 것을 볼 수 있다. 이렇게 셀을 구성하여 방대한 지역을 제한된 몇 개의 주파수 대역으로 서비스할 수 있다.

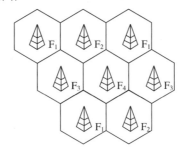

하나의 기지국이 감당할 수 있는 최대 통화량은 일정하다. 평지에서 기지국이 전파를 발사하면 전파의 장은 기지국을 중심으로 한 원 모양이지만, 서비스 지역에 셀을 배치하는 시스템 설계자는 해당 지역을 육각형의 셀로 디자인하여 중심에 기지국을 배치한다. 기지국의 전파 강도를 조절하여 셀의 반지름을 반으로 줄이면 면적은 약 1/4로 줄어들게 된다. 따라서 셀의 반지름을 반으로 줄일 경우 동일한 지역에는 셀의 수가 약 4배가 되고, 수용 가능한 통화량도 약 4배로 증가하게 된다. 이를 이용하여 시스템 설계자는 평소 통화량이 많은 곳은 셀의 반지름을 줄이고 통화량이 적은 곳은 셀의 반지름을 늘려 서비스 효율성을 높인다.

① 주파수 재사용률을 높이기 위해 기지국의 전파 강도를 높여 이동 통신 서비스를 제공한다.
② 제한된 수의 주파수 대역으로 넓은 지역에 이동 통신 서비스를 제공할 수 있다.
③ 인접 셀에서 같은 주파수 대역을 사용하면 주파수 간섭 문제가 발생할 수 있다.
④ 시스템 설계자는 서비스 지역의 통화량에 따라 셀의 반지름을 정한다.
⑤ 기지국 수를 늘리면 수용 가능한 통화량이 증가한다.

31 다음은 연도별 의약품 국내시장 현황과 세계 지역별 의약품 시장규모에 관한 자료이다. 이에 대한 〈보기〉중 옳은 것을 모두 고르면?

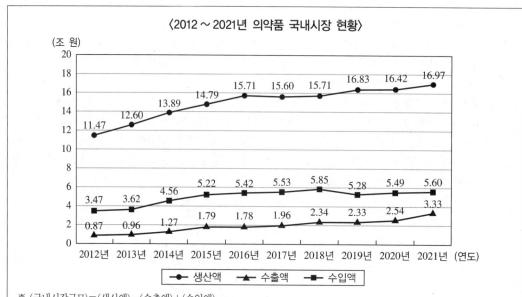

〈2012 ~ 2021년 의약품 국내시장 현황〉

※ (국내시장규모)＝(생산액)－(수출액)＋(수입액)

〈2019 ~ 2020년 세계 지역별 의약품 시장규모〉

(단위 : 십억 달러, %)

구분	2019년		2020년	
	시장규모	비중	시장규모	비중
북미	362.8	38.3	405.6	39.5
유럽	219.8	( )	228.8	22.3
아시아(일본 제외), 호주, 아프리카	182.6	19.3	199.2	19.4
일본	80.5	8.5	81.6	7.9
라틴 아메리카	64.5	( )	72.1	7.0
기타	37.4	3.9	39.9	3.9
전체	947.6	100.0	( )	100.0

〈보기〉

ㄱ. 2019년 의약품 국내시장규모에서 수입액이 차지하는 비중은 전년 대비 감소하였다.
ㄴ. 2013 ~ 2021년 동안 의약품 국내시장규모는 전년 대비 매년 증가하였다.
ㄷ. 2020년 의약품 세계 전체 시장규모에서 유럽이 차지하는 비중은 전년 대비 감소하였다.
ㄹ. 2020년 의약품 세계 전체 시장규모는 전년 대비 5% 이상 증가하였다.

① ㄱ, ㄴ
② ㄱ, ㄹ
③ ㄱ, ㄴ, ㄷ
④ ㄱ, ㄷ, ㄹ
⑤ ㄴ, ㄷ, ㄹ

32 다음 글에서 추론할 수 있는 것을 〈보기〉에서 모두 고르면?

'공립학교 인종차별 금지 판결의 준수를 종용하면서, 어떤 법률에 대해서는 의도적으로 그 준수를 거부하니 이는 기괴하다.'라고 할 수 있습니다. '어떤 법률은 준수해야 한다고 하면서도 어떤 법률에 대해서는 그를 거부하라 할 수 있습니까?'라고 물을 수도 있습니다. 하지만 이에는 '불의한 법률은 결코 법률이 아니다.'라는 아우구스티누스의 말을 살펴 답할 수 있습니다. 곧, 법률에는 정의로운 법률과 불의한 법률, 두 가지가 있습니다.

이 두 가지 법률 간 차이는 무엇입니까? 법률이 정의로운 때가 언제이며, 불의한 때는 언제인지 무엇을 보고 결정해야 합니까? 우리 사회에서 통용되는 법률들을 놓고 생각해 봅시다. 우리 사회에서 지켜야 할 법률이라는 점에서 정의로운 법률과 불의한 법률 모두 사람에게 적용되는 규약이기는 합니다. 하지만 정의로운 법률은 신의 법, 곧 도덕법에 해당한다는 데에 동의할 것으로 믿습니다. 그렇다면 불의한 법률은 그 도덕법에 배치되는 규약이라 할 것입니다. 도덕법을 자연법이라 표현한 아퀴나스의 말을 빌리면, 불의한 법률은 결국 사람끼리의 규약에 불과합니다. 사람끼리의 규약이 불의한 이유는 그것이 자연법에 기원한 것이 아니기 때문입니다.

인간의 성품을 고양하는 법률은 정의롭습니다. 인간의 품성을 타락시키는 법률은 물론 불의한 것입니다. 인종차별을 허용하는 법률은 모두 불의한 것인데 그 까닭은 인종차별이 영혼을 왜곡하고 인격을 해치기 때문입니다. 가령 인종을 차별하는 자는 거짓된 우월감을, 차별당하는 이는 거짓된 열등감을 느끼게 되는데 여기서 느끼는 우월감과 열등감은 영혼의 본래 모습이 아니라서 올바른 인격을 갖추지 못하도록 합니다. 따라서 인종차별은 정치·사회·경제적으로 불건전할 뿐 아니라 죄악이며 도덕적으로 그른 것입니다. 분리는 곧 죄악이라 할 것인데, 인간의 비극적인 분리를 실존적으로 드러내고, 두려운 소외와 끔찍한 죄악을 표출하는 상징이 인종차별 아니겠습니까? 공립학교 인종차별 금지 판결이 올바르기에 그 준수를 종용할 수 있는 한편, 인종차별을 허용하는 법률은 결단코 그르기에 이에 대한 거부에 동참해 달라고 호소하는 바입니다.

〈보기〉

ㄱ. 인간의 성품을 고양하는 법률은 도덕법에 해당한다.
ㄴ. 사람끼리의 규약에 해당하는 법률은 자연법이 아니다.
ㄷ. 인종차별적 내용을 포함하지 않는 모든 법률은 신의 법에 해당한다.

① ㄱ
② ㄷ
③ ㄱ, ㄴ
④ ㄴ, ㄷ
⑤ ㄱ, ㄴ, ㄷ

※ K주임은 신입사원 선발을 위해 면접자들의 면접순서를 배정하는 업무를 담당하게 되었다. 다음 자료를 보고 이어지는 질문에 답하시오. [33~34]

〈면접자 정보〉

구분	성별	인턴경력	유학경험	해외봉사	지원직무	최종학력
A	남자	O	X	X	마케팅	석사
B	여자	X	X	O	인사	석사
C	남자	O	X	O	인사	박사
D	여자	X	X	O	생산관리	학사
E	남자	O	O	X	재무	학사
F	여자	X	O	X	마케팅	석사

〈면접순서 지정 규칙〉

• 면접은 4월 5일과 6일에 걸쳐 2일 간 진행된다.
• 다음 표에 따라 각 면접자가 해당되는 항목의 질의시간만큼 면접을 진행한다.

구분	공통사항	인턴경력	유학경험	해외봉사	석·박사학위
질의시간	5분	8분	6분	3분	10분

• 모든 면접자는 공통사항에 대한 질의를 받는다.

33 K주임이 면접자 정보와 면접순서 지정 규칙에 따라 면접자들의 면접에 소요되는 시간을 계산할 때, 다음 중 면접을 오래 진행하는 면접자부터 순서대로 나열한 내용으로 적절한 것은?

① A - C - F - E - B - D
② A - F - C - E - B - D
③ B - A - C - F - E - D
④ C - A - F - E - B - D
⑤ C - A - F - B - E - D

34 면접순서 지정 규칙과 다음 〈조건〉을 바탕으로 할 때, 4월 5일에 면접을 실시할 사람과 4월 6일에 면접을 실시할 사람이 바르게 연결된 것은?

〈조건〉

- 인사팀에 지원한 면접자는 같은 날 연달아 면접을 실시한다.
- 같은 성별인 면접자들끼리 연달아 면접을 실시할 수 없다.
- 인턴경력이 있는 면접자들끼리 연달아 면접을 실시할 수 없다.
- 학사 → 석사 → 박사 순서로 면접을 본다.
- 유학경험이 있는 면접자들끼리 연달아 면접을 실시한다.
- 면접은 4월 5일 오전 10시에 시작하여 오전 11시까지 진행하며, 면접을 완료하지 못한 면접자는 다음날 면접을 보게 된다.
- 4월 5일 오전 11시에 면접이 종료되는 면접자들만 5일에 면접을 실시한다.
- 앞선 면접자의 면접이 끝난 직후, 바로 다음 순번의 면접자의 면접이 시작된다.

	4월 5일	4월 6일
①	A, D, C	B, E, F
②	A, D, C, F	B, E
③	B, C, F	A, D, E
④	D, E, F	A, B, C
⑤	D, E, F, A	B, C

35 다음 글과 선정방식을 근거로 판단할 때, 〈보기〉에서 옳은 것을 모두 고르면?

K기업은 3개 신문사(갑 ~ 병)를 대상으로 광고비를 지급하기 위해 3가지 선정 방식을 논의 중이다. 3개 신문사의 정보는 다음과 같다.

신문사	발행부수(부)	유료부수(부)	발행기간(년)
갑	30,000	9,000	5
을	30,000	11,500	10
병	20,000	12,000	12

※ (발행부수)＝(유료부수)＋(무료부수)

〈선정방식〉

• 방식 1 : 항목별 점수를 합산하여 고득점순으로 500만 원, 300만 원, 200만 원을 광고비로 지급하되, 80점 미만인 신문사에는 지급하지 않는다.

평가항목	항목별 점수			
발행부수(부)	20,000 이상	15,000 ~ 19,999	10,000 ~ 14,999	10,000 미만
	50점	40점	30점	20점
유료부수(부)	15,000 이상	10,000 ~ 14,999	5,000 ~ 9,999	5,000 미만
	30점	25점	20점	15점
발행기간(년)	15 이상	12 ~ 14	9 ~ 11	6 ~ 8
	20점	15점	10점	5점

※ 항목별 점수에 해당하지 않을 경우 해당 항목을 0점으로 처리한다.

• 방식 2 : A등급에 400만 원, B등급에 200만 원, C등급에 100만 원을 광고비로 지급하되, 등급별 조건을 모두 충족하는 경우에만 해당 등급을 부여한다.

등급	발행부수(부)	유료부수(부)	발행기간(년)
A	20,000 이상	10,000 이상	10 이상
B	10,000 이상	5,000 이상	5 이상
C	5,000 이상	2,000 이상	2 이상

※ 하나의 신문사가 복수의 등급에 해당할 경우, 그 신문사에게 가장 유리한 등급을 부여한다.

• 방식 3 : 1,000만 원을 발행부수 비율에 따라 각 신문사에 광고비로 지급한다.

─── 〈보기〉 ───

ㄱ. 을은 방식 3이 가장 유리하다.
ㄴ. 병은 방식 1이 가장 유리하다.
ㄷ. 방식 1로 선정할 경우, 갑은 200만 원의 광고비를 지급받는다.
ㄹ. 방식 2로 선정할 경우, 병은 갑보다 두 배의 광고비를 지급받는다.

① ㄱ, ㄴ
② ㄱ, ㄷ
③ ㄴ, ㄷ
④ ㄴ, ㄹ
⑤ ㄷ, ㄹ

36 다음 글의 빈칸에 들어갈 내용으로 가장 적절한 것은?

다른 사람의 증언은 얼마나 신뢰할 만할까? 증언의 신뢰성은 두 가지 요인에 의해서 결정된다. 첫 번째 요인은 증언하는 사람이다. 만약 증언하는 사람이 거짓말을 자주 해서 신뢰하기 어려운 사람이라면 그의 말의 신뢰성은 떨어질 수밖에 없다. 두 번째 요인은 증언 내용이다. 만약 증언 내용이 우리의 상식과 상당히 동떨어져 있어 보인다면 증언의 신뢰성은 떨어질 수밖에 없다. 그렇다면 이 두 요인이 서로 대립하는 경우는 어떨까? 가령 매우 신뢰할 만한 사람이 기적이 일어났다고 증언하는 경우에 우리는 그 증언을 얼마나 신뢰해야 하는가?

이 질문에는 _____는 원칙을 적용해서 답할 수 있다. 이 원칙을 기적에 대한 증언에 적용시키기 위해서는 먼저 기적에 대해서 생각해볼 필요가 있다. 기적이란 자연법칙을 위반한 사건이다. 여기서 자연법칙이란 지금까지 우주의 전체 역사에서 일어났던 모든 사건들이 따랐던 규칙이다. 그렇다면 자연법칙을 위반하는 사건 즉 기적은 아직까지 한 번도 일어나지 않은 사건이다. 한편 우리는 충분히 신뢰할 만한 사람이 자신의 의지와 무관하게 거짓을 말하는 경우를 이따금 관찰할 수 있다. 따라서 그런 사건이 일어날 확률은 매우 신뢰할 만한 사람이 거짓 증언을 할 확률보다 작을 수밖에 없다. 결국 우리는 기적이 일어났다는 증언을 신뢰해서는 안 된다.

① 어떤 사람이 참인 증언을 할 확률이 그 증언 내용이 실제로 일어날 확률보다 작은 경우에만 증언을 신뢰해야 한다.

② 어떤 사람이 거짓 증언을 할 확률이 그 증언 내용이 실제로 일어날 확률보다 작은 경우에만 증언을 신뢰해야 한다.

③ 어떤 사람이 거짓 증언을 할 확률이 그 증언 내용이 실제로 일어나지 않을 확률보다 작은 경우에만 증언을 신뢰해야 한다.

④ 어떤 사람이 제시한 증언 내용이 일어날 확률이 그것이 일어나지 않을 확률보다 더 큰 경우에만 그 증언을 신뢰해야 한다.

⑤ 어떤 사람이 제시한 증언 내용이 일어날 확률이 그것이 일어나지 않을 확률보다 더 작은 경우에만 그 증언을 신뢰해야 한다.

곤충이 유충에서 성체로 발생하는 과정에서 단단한 외골격은 더 큰 것으로 주기적으로 대체된다. 곤충이 유충, 번데기, 성체로 변화하는 동안, 이러한 외골격의 주기적 대체는 몸 크기를 증가시키는 것과 같은 신체 형태 변화에 필수적이다. 이러한 외골격의 대체를 '탈피'라고 한다. 성체가 된 이후에 탈피하지 않는 곤충들의 경우, 그것들의 최종 탈피는 성체의 특성이 발현되고 유충의 특성이 완전히 상실될 때 일어난다. 이런 유충에서 성체로의 변태 과정을 조절하는 호르몬에는 탈피호르몬과 유충호르몬이 있다.

탈피호르몬은 초기 유충기에 형성된 유충의 전흉선에서 분비된다. 탈피 시기가 되면, 먹이 섭취 활동과 관련된 자극이 유충의 뇌에 전달된다. 이 자극은 이미 뇌의 신경분비세포에서 합성되어 있던 전흉선자극호르몬의 분비를 촉진하여 이 호르몬이 순환계로 방출될 수 있게끔 만든다. 분비된 전흉선자극호르몬은 순환계를 통해 전흉선으로 이동하여, 전흉선에서 허물벗기를 촉진하는 탈피호르몬이 분비되도록 한다. 그리고 탈피호르몬이 분비되면 탈피의 첫 단계인 허물벗기가 시작된다. ⊙성체가 된 이후에 탈피하지 않는 곤충들의 경우, 성체로의 마지막 탈피가 끝난 다음에 탈피호르몬은 없어진다.

유충호르몬은 유충 속에 있는 알라타체라는 기관에서 분비된다. 이 유충호르몬은 탈피 촉진과 무관하며, 유충의 특성이 남아 있게 하는 역할만을 수행한다. 따라서 각각의 탈피 과정에서 분비되는 유충호르몬의 양에 의해서, 탈피 이후 유충으로 남아 있을지, 유충의 특성이 없는 성체로 변태할지가 결정된다. 유충호르몬의 방출량은 유충호르몬의 분비를 억제하는 알로스테틴과 분비를 촉진하는 알로트로핀에 의해 조절된다. 이 알로스테틴과 알로트로핀은 곤충의 뇌에서 분비된다. 한편, 유충호르몬의 방출량이 정해져 있을 때 그 호르몬의 혈중 농도는 유충호르몬에스터라제와 같은 유충호르몬 분해 효소와 유충호르몬결합단백질에 의해 조절된다. 유충호르몬결합단백질은 유충호르몬에스터라제 등의 유충호르몬 분해 효소에 의해서 유충호르몬이 분해되어 혈중 유충호르몬의 농도가 낮아지는 것을 막으며, 유충호르몬을 유충호르몬 작용 조직으로 안전하게 수송한다.

37 윗글에서 추론할 수 있는 것을 〈보기〉에서 모두 고르면?

〈보기〉

ㄱ. 유충의 전흉선을 제거하면 먹이 섭취 활동과 관련된 자극이 유충의 뇌에 전달될 수 없다.
ㄴ. 변태 과정 중에 있는 곤충에게 유충기부터 알로트로핀을 주입하면, 그것은 성체로 발생하지 않을 수 있다.
ㄷ. 유충호르몬이 없더라도 변태 과정 중 탈피호르몬이 분비되면 탈피가 시작될 수 있다.

① ㄱ
② ㄴ
③ ㄱ, ㄷ
④ ㄴ, ㄷ
⑤ ㄱ, ㄴ, ㄷ

38 윗글을 토대로 할 때, 실험 결과에 대한 분석으로 적절한 것을 〈보기〉에서 모두 고르면?

〈실험 결과〉

성체가 된 이후에 탈피하지 않는 곤충의 유충기부터 성체로 이어지는 발생 단계별 유충호르몬과 탈피호르몬의 혈중 농도 변화를 관찰하였더니 다음과 같았다.

결과 1 : 유충호르몬 혈중 농도는 유충기에 가장 높으며 이후 성체가 될 때까지 점점 감소한다.

결과 2 : 유충에서 성체로의 최종 탈피가 일어날 때까지 탈피호르몬은 존재하였고, 그 구간 탈피호르몬 혈중 농도에는 변화가 없었다.

〈보기〉

ㄱ. 결과 1은 "혈중 유충호르몬에스터라제의 양은 유충기에 가장 많으며 성체기에서 가장 적다."는 가설에 의해서 설명된다.

ㄴ. "성체가 된 이후에 탈피하지 않는 곤충들의 경우, 최종 탈피가 끝난 다음에 전흉선은 파괴되어 사라진다."는 것은 결과 2와 ㉠이 동시에 성립하는 이유를 제시한다.

ㄷ. 결과 1과 결과 2는 함께 "변태 과정에 있는 곤충의 탈피호르몬 대비 유충호르몬의 비율이 작아질수록 그 곤충은 성체의 특성이 두드러진다."는 가설을 지지한다.

① ㄱ
② ㄷ
③ ㄱ, ㄴ
④ ㄴ, ㄷ
⑤ ㄱ, ㄴ, ㄷ

39 다음은 2021년 우리나라의 전자상거래물품 수입통관 현황에 대한 자료이다. 이에 대한 보고서의 내용으로 옳지 않은 것은?

〈1회당 구매금액별 전자상거래물품 수입통관 현황〉

(단위 : 천 건)

1회당 구매금액	수입통관 건수
50달러 이하	3,885
50달러 초과 100달러 이하	5,764
100달러 초과 150달러 이하	4,155
150달러 초과 200달러 이하	1,274
200달러 초과 1,000달러 이하	400
1,000달러 초과	52
합계	15,530

〈품목별 전자상거래물품 수입통관 현황〉

(단위 : 천 건)

구분	일반·간이 신고	목록통관	합계
의류	524	2,438	2,962
건강식품	2,113	0	2,113
신발	656	1,384	2,040
기타식품	1,692	0	1,692
화장품	883	791	1,674
핸드백	869	395	1,264
완구인형	249	329	578
가전제품	89	264	353
시계	195	132	327
서적류	25	132	157
기타	1,647	723	2,370
전체	8,942	6,588	15,530

<〈보고서〉>

〈보고서〉

2021년 우리나라의 전자상거래물품 수입통관 현황을 ㉠ 1회당 구매금액별로 보았을 때, 50달러 초과 100 달러 이하인 수입통관 건수의 비중이 전체의 35% 이상으로 가장 크고, 50달러 이하가 25%, 100달러 초과 150달러 이하가 27%, 150달러 초과 200달러 이하가 8%였다. 그리고 ㉡ 1회당 구매금액이 200달러 이하인 전자상거래물품의 수입통관 총 건수가 200달러 초과인 수입통관 총 건수의 30배 이상으로, 국내 소비자들은 대부분 200달러 이하의 소액물품 위주로 구입하고 있는 것으로 나타났다. 1,000달러 초과 고가물품의 경우, 전체의 0.3% 정도로 비중은 작았으나 총 5만 2천 건 규모로 2020년 대비 767% 증가하며 전체해외 직접 구매 증가 수준(330%)에 비해 상대적으로 2020년에 비해 크게 증가한 것으로 나타났다. 이는 최근 세금을 내더라도 가격차이 및 제품 다양성 등으로 인해 고가의 물품을 구매하는 경우가 증가하고 있기 때문으로 분석된다.

㉢ 품목별 수입통관 건수의 비중은 의류가 전체 수입통관 건수의 15% 이상으로 가장 크고, 그 다음으로 기타를 제외하고 건강식품, 신발 순서였다. ㉣ 핸드백, 가전제품, 시계의 3가지 품목의 수입통관 건수의 합은 전체의 12% 이상을 차지하였다. ㉤ 수입통관을 일반·간이 신고로 한 물품 중에서 식품류(건강식품과 기타식품) 건수는 절반 이상을 차지하였다.

① ㉠

② ㉡

③ ㉢

④ ㉣

⑤ ㉤

40 S공단 직원 10명이 부산으로 1박 2일 세미나에 가려고 한다. 부산에는 목요일 점심 전에 도착하고, 다음 날 점심을 먹고 3시에 서울로 돌아오기로 계획했다. 다음은 호텔별 비용 현황과 호텔 선호도에 관한 자료 이다. 〈조건〉을 토대로 남직원과 여직원에게 사용되는 출장비용은 각각 얼마인가?

〈호텔별 비용 현황〉

구분	K호텔		M호텔		H호텔		W호텔	
	평일	주말	평일	주말	평일	주말	평일	주말
숙박비	17만 원/실	30만 원/실	12만 원/실	23만원/실	15만 원/실	29만 원/실	15만 원/실	22만 원/실
식비	1만 원(중・석식, 조식은 숙박비에 포함)		7,000원(조・중식) 9,000원 (석식)		8,000원(조・중・석식)		7,500원(조・중・석식)	
거리	20분		12분		30분		10분	
비고	1인실 또는 2인실 가능		1인실만 가능		2인실 이상 가능		2인실 이상 가능	

※ 거리는 역에서 호텔까지의 버스로 이동시간이다.

〈호텔 선호도〉

구분	K호텔	M호텔	H호텔	W호텔
남성	B	B	C	A
여성	A	B	B	C

※ A ~ C등급에서 A등급이 제일 높다.

〈조건〉
- 방은 2인 1실로 사용한다.
- 남자는 6명, 여자는 4명이다.
- 남자와 여자는 제공되는 식사를 가능한 모두 한다.
- 남자는 선호도가 B등급 이상이고, 숙박비용과 식비가 저렴한 호텔로 정한다.
- 여자는 선호도가 B등급 이상이고, 역에서 거리가 가장 가까운 호텔로 정한다.

	남자	여자
①	540,000원	428,000원
②	630,000원	428,000원
③	630,000원	460,000원
④	690,000원	460,000원
⑤	690,000원	510,000원

41 다음 글을 읽고 이해한 내용으로 적절하지 않은 것은?

미국의 유명 사진작가는 북태평양의 미드웨이 섬에서 촬영한 바닷새 앨버트로스의 사진을 홈페이지에 게시했다. 죽은 새의 배 속에는 병뚜껑, 일회용 라이터 등 쓰레기가 가득했다. 이처럼 사람들이 버리는 플라스틱 쓰레기는 앨버트로스와 같은 바닷새뿐만 아니라 바다표범, 바다거북 등 바다를 터전으로 삼고 있는 모든 생명체들에게 고통을 주고 있다.

우리는 생수병, 일회용 그릇, 수저 등 플라스틱으로 만든 생필품을 사용하며 살아간다. 전 세계의 플라스틱 생산량은 연간 3억t이며, 이 중 500만t이 매년 바다로 흘러 들어간다. 태평양 바다 한가운데 썩지 않는 비닐과 플라스틱이 뒤엉켜 있는 '거대 쓰레기 섬'은 그 면적이 우리나라 영토의 14배에 달한다.

해양쓰레기를 수거하려는 노력은 전 세계적으로 나타나고 있다. 국제사회는 올해부터 육상 폐기물의 해양 투기를 전면 금지했다. 네덜란드의 한 비영리단체는 바다에 대형 망을 설치해 쓰레기를 수거할 계획이며, 북대서양 해역에 시범 사업을 실시할 예정이다. 하와이의 비영리단체는 플라스틱 쓰레기를 분쇄·압축해 벽돌을 만들기도 한다.

우리 정부도 연간 500억 원을 투입해 해양쓰레기 수거 사업을 실시하고 있다. 2008년부터는 연안 오염 총량 관리제를 통해 오염이 심각한 '특별관리해역'에서 바다로 배출되는 오염물질의 총량을 통제하고 있다. 2012년부터는 플라스틱 해양쓰레기의 오염 실태를 파악하고 대응 방안을 모색하고 있다.

해양쓰레기는 바다로 한 번 들어가면 빠르게 확산되어 수거가 어렵기 때문에 예방이 최선이다. 평소에 쓰레기가 생기지 않도록 노력하고, 조업 활동 등을 통해 바다에서 생기는 쓰레기는 다시 육지로 가져와야 한다.

바다는 지구의 인류와 생명체를 하나로 연결하는 거대한 버팀목이다. 개개인의 '플라스틱 분리배출'과 같은 실천과 노력이 모인다면 후손들에게 살아 숨 쉬는 바다를 물려줄 수 있을 것이다.

① 바다로 버려진 플라스틱 쓰레기가 바다 생명체들의 목숨을 위협하기도 한다.
② 한 해에 전 세계에서 생산된 플라스틱의 3% 이상이 바다로 흘러 들어간다.
③ 국제사회의 비영리단체들은 해양쓰레기를 수거하기 위해 다양한 노력을 기울이고 있다.
④ 현재 우리나라의 특별관리해역에서는 연안 오염 총량 관리제가 시행되고 있다.
⑤ 바다로 흘러 들어간 해양쓰레기는 수거가 어려우므로 쓰레기가 바다로 흘러 들어가지 않도록 예방에 힘써야 한다.

42 다음은 성별, 연령대별 전자금융서비스 인증수단 선호도에 관한 자료이다. 이에 대한 설명으로 옳지 않은 것은?

<표 제목>

〈성별, 연령대별 전자금융서비스 인증수단 선호도 조사결과〉

(단위 : %)

구분		휴대폰 문자인증	공인 인증서	아이핀	이메일	전화 인증	신용카드	바이오 인증
성별	남성	72.2	69.3	34.5	23.1	22.3	21.1	9.9
	여성	76.6	71.6	27.0	25.3	23.9	20.4	8.3
연령	10대	82.2	40.1	38.1	54.6	19.1	12.0	11.9
	20대	73.7	67.4	36.0	24.1	25.6	16.9	9.4
	30대	71.6	76.2	29.8	15.7	28.0	22.3	7.8
	40대	75.0	77.7	26.7	17.8	20.6	23.3	8.6
	50대	71.9	79.4	25.7	21.1	21.2	26.0	9.4
전체		74.3	70.4	30.9	24.2	23.1	20.8	9.2

※ 1) 응답자 1인당 최소 1개에서 최대 3개까지의 선호하는 인증수단을 선택했음
  2) 인증수단 선호도는 전체 응답자 중 해당 인증수단을 선호한다고 선택한 응답자의 비율임
  3) 전자금융서비스 인증수단은 제시된 7개로만 한정됨

① 연령대별 인증수단 선호도를 살펴보면, 30대와 40대 모두 아이핀이 3번째로 높다.
② 전체 응답자 중 선호 인증수단을 3개 선택한 응답자 수는 40% 이상이다.
③ 선호하는 인증수단으로, 신용카드를 선택한 남성 수는 바이오인증을 선택한 남성 수의 3배 이하이다.
④ 20대와 50대간의 인증수단별 선호도 차이는 공인인증서가 가장 크다.
⑤ 선호하는 인증수단으로 이메일을 선택한 20대 모두가 아이핀과 공인인증서를 동시에 선택했다면, 신용카드를 선택한 20대 모두가 아이핀을 동시에 선택한 것이 가능하다.

43 다음은 A시 가 ~ 다 지역의 아파트 실거래 가격 지수를 나타낸 자료이다. 이에 대한 설명으로 옳은 것은?

〈A시 가 ~ 다 지역의 아파트 실거래 가격 지수〉

월 \ 지역	가	나	다
1	100.0	100.0	100.0
2	101.1	101.6	99.9
3	101.9	103.2	100.0
4	102.6	104.5	99.8
5	103.0	105.5	99.6
6	103.8	106.1	100.6
7	104.0	106.6	100.4
8	105.1	108.3	101.3
9	106.3	110.7	101.9
10	110.0	116.9	102.4
11	113.7	123.2	103.0
12	114.8	126.3	102.6

※ (N월 아파트 실거래 가격 지수) = $\dfrac{(해당\ 지역의\ N월\ 아파트\ 실거래\ 가격)}{(해당\ 지역의\ 1월\ 아파트\ 실거래\ 가격)} \times 100$

① '가' 지역의 12월 아파트 실거래 가격은 '다' 지역의 12월 아파트 실거래 가격보다 높다.
② '나' 지역의 아파트 실거래 가격은 다른 두 지역의 아파트 실거래 가격보다 매월 높다.
③ '다' 지역의 1월 아파트 실거래 가격과 3월 아파트 실거래 가격은 같다.
④ '가' 지역의 1월 아파트 실거래 가격이 1억 원이면 '가' 지역의 7월 아파트 실거래 가격은 1억 4천만 원이다.
⑤ 7 ~ 12월 동안 아파트 실거래 가격이 각 지역에서 매월 상승하였다.

44 다음은 2021년 5 ~ 6월 A군의 휴대폰 모바일 앱별 데이터 사용량에 관한 자료이다. 이에 대한 설명으로 옳은 것은?

〈2021년 5 ~ 6월 모바일 앱별 데이터 사용량〉

앱 이름 \ 월	5월	6월
G인터넷	5.3GB	6.7GB
HS쇼핑	1.8GB	2.1GB
톡톡	2.4GB	1.5GB
앱가게	2.0GB	1.3GB
뮤직플레이	94.6MB	570.0MB
위튜브	836.0MB	427.0MB
쉬운지도	321.0MB	337.0MB
JJ멤버십	45.2MB	240.0MB
영화예매	77.9MB	53.1MB
날씨정보	42.8MB	45.3MB
가계부	–	27.7MB
17분운동	–	14.8MB
NEC뱅크	254.0MB	9.7MB
알람	10.6MB	9.1MB
지상철	5.0MB	7.8MB
어제뉴스	2.7MB	1.8MB
S메일	29.7MB	0.8MB
JC카드	–	0.7MB
카메라	0.5MB	0.3MB
일정관리	0.3MB	0.2MB

※ 1) '–'는 해당 월에 데이터 사용량이 없음을 의미함
   2) 제시된 20개의 앱 외 다른 앱의 데이터 사용량은 없음
   3) 1GB(기가바이트)는 1,024MB(메가바이트)에 해당함

① 5월과 6월에 모두 데이터 사용량이 있는 앱 중 5월 대비 6월 데이터 사용량의 증가량이 가장 큰 앱은 뮤직플레이이다.

② 5월과 6월에 모두 데이터 사용량이 있는 앱 중 5월 대비 6월 데이터 사용량이 감소한 앱은 9개이고 증가한 앱은 8개이다.

③ 6월에만 데이터 사용량이 있는 모든 앱의 총 데이터 사용량은 '날씨정보'의 6월 데이터 사용량보다 많다.

④ G인터넷과 HS쇼핑의 5월 데이터 사용량의 합은 나머지 앱의 5월 데이터 사용량의 합보다 많다.

⑤ 5월과 6월에 모두 데이터 사용량이 있는 앱 중 5월 대비 6월 데이터 사용량 변화율이 가장 큰 앱은 S메일이다.

45 다음 글의 연구결과에 대한 평가로 적절한 것을 〈보기〉에서 모두 고르면?

> 콩 속에는 식물성 단백질과 불포화 지방산 등 건강에 이로운 물질들이 풍부하다. 약콩, 서리태 등으로 불리는 검은 콩 껍질에는 황색 콩 껍질에서 발견되지 않는 특수한 항암물질이 들어 있다. 검은 콩은 항암 효과는 물론 항산화 작용 및 신장 기능과 시력 강화에도 좋은 것으로 알려져 있다. A~C팀은 콩의 효능을 다음과 같이 연구했다.
>
> 〈연구결과〉
>
> - A팀 연구진 : 콩 속 제니스틴의 성인병 예방 효능을 실험을 통해 세계 최초로 입증했다. 또한 제니스틴은 발암 물질에 노출된 비정상 세포가 악성 종양 세포로 진행되지 않도록 억제하는 효능을 갖고 있다는 사실을 흰쥐 실험을 통해 밝혔다. 암이 발생하는 과정은 세포 내의 유전자가 손상되는 개시 단계와 손상된 세포의 분열이 빨라지는 촉진 단계로 나뉘는데 제니스틴은 촉진 단계에서 억제효과가 있다는 것이다.
> - B팀 연구진 : 200명의 여성을 조사해 본 결과, 매일 흰 콩 식품을 섭취한 사람은 한 달에 세 번 이하로 섭취한 사람에 비해 폐암에 걸릴 위험이 절반으로 줄었다.
> - C팀 연구진 : 식이요법으로 원형탈모증을 완치할 수 있을 것으로 보고 원형탈모증을 가지고 있는 쥐에게 콩기름에서 추출된 화합물을 투여해 효과를 관찰하는 실험을 했다. 실험 결과 콩기름에서 추출된 화합물을 각각 0.1ml, 0.5ml, 2.0ml씩 투여한 쥐에서 원형탈모증 완치율은 각각 18%, 39%, 86%를 기록했다.

> ───────────〈보기〉───────────
> ㄱ. A팀의 연구결과는 콩이 암의 발생을 억제하는 효과가 있다는 것을 뒷받침한다.
> ㄴ. C팀의 연구결과는 콩기름 함유가 높은 음식을 섭취할수록 원형탈모증 발생률이 높게 나타난다는 것을 뒷받침한다.
> ㄷ. 세 팀의 연구결과는 검은 콩이 성인병, 폐암의 예방과 원형탈모증 치료에 효과가 있다는 것을 뒷받침한다.

① ㄱ   ② ㄴ
③ ㄱ, ㄷ   ④ ㄴ, ㄷ
⑤ ㄱ, ㄴ, ㄷ

46 다음 글을 근거로 판단할 때, 〈보기〉에서 옳은 것을 모두 고르면?

조선시대 지방행정제도는 기본적으로 8도(道) 아래 부(府), 대도호부(大都護府), 목(牧), 도호부(都護府), 군(郡), 현(縣)을 두는 체제였다. 이들 지방행정기관은 6조(六曹)를 중심으로 한 중앙행정기관의 지시를 받았으나, 중앙행정기관의 완전한 하부 기관은 아니었다. 지방행정기관도 중앙행정기관과 같이 왕에 직속되어 있었기 때문에 중앙행정기관과 의견이 다르거나 쟁의가 있을 때는 왕의 재결을 바로 품의(稟議)할 수 있었다.

지방행정기관의 장으로는 도에 관찰사(觀察使), 부에 부윤(府尹), 대도호부에 대도호부사(大都護府使), 목에 목사(牧使), 도호부에 도호부사(都護府使), 군에 군수(郡守), 그리고 현에 현감(縣監)을 두었다. 관찰사는 도의 행정·군사·사법에 관한 전반적인 사항을 다스리고, 관내의 지방행정기관장을 지휘·감독하는 일을 하였다. 제도 시행 초기에 관찰사는 순력(巡歷)이라 하여 일정한 사무소를 두지 않고 각 군·현을 순례하면서 지방행정을 감시하였으나, 나중에는 고정된 근무처를 가지게 되었다. 관찰사를 제외한 지방행정기관장은 수령(首領)으로 통칭되었는데, 이들 역시 행정업무와 함께 일정한 수준의 군사·사법업무를 같이 담당하였다.

중앙에서는 파견한 지방행정기관장에 대한 관리와 감독을 철저히 했다. 권력남용 등의 부조리나 지방세력과 연합하여 독자세력으로 발전하는 것을 막기 위한 조치였다. 일례로 관찰사의 임기를 360일로 제한하여 지방토호나 지방영주로 변질되는 것을 막고자 하였다.

──────〈보기〉──────

ㄱ. 조선시대 지방행정기관은 왕의 직속기관이었을 것이다.
ㄴ. 지방행정기관의 우두머리라는 의미에서 관찰사를 수령이라고 불렀을 것이다.
ㄷ. 군수와 현감은 행정업무뿐만 아니라 군사업무와 사법업무도 담당했을 것이다.
ㄹ. 관찰사의 임기를 제한한 이유 중 하나는 지방세력과 연합하여 독자세력으로 발전하는 것을 막으려는 것이었다.

① ㄱ, ㄴ
② ㄱ, ㄹ
③ ㄴ, ㄷ
④ ㄱ, ㄷ, ㄹ
⑤ ㄴ, ㄷ, ㄹ

47 다음 글을 읽고 추론할 수 <u>없는</u> 것은?

과학자들은 알코올이 뇌에 흡수됐을 때에도 유사한 상황이 전개된다고 보고 있다. 알코올이 뇌의 보상중추 안의 신경세포를 자극해 신경전달물질인 도파민을 분출하게 한다는 것. 도파민은 보상을 담당하고 있는 화학물질이다. 이 '기쁨의 화학물질'은 술을 마시고 있는 사람의 뇌에 지금 보상을 받고 있다는 신호를 보내 음주 행위를 계속하도록 만든다. 이 신호가 직접 전달되는 곳이 뇌의 보상중추인 복측 피개영역(VTA; Ventral Tefmental Area)이다. 과학자들은 VTA에 도파민이 도달하면 신경세포 활동이 급격히 증가하면서 활발해지는 것을 발견했다. 그러나 도파민이 '어떤 경로'를 거쳐 VTA에 도달하는지는 아직 밝혀내지 못하고 있었다. 이 경로를 일리노이대 후성유전학 알코올 연구센터에서 밝혀냈다. 연구팀은 쥐 실험을 통해 VTA에 있는 칼륨채널과 같은 기능이 작동하는 것을 알아냈다. 칼륨채널이란 세포막에 있으면서 칼륨이온을 선택적으로 통과시키는 일을 하고 있는 것으로 생각되고 있는 경로를 말한다. 연구 결과에 따르면 뇌에 들어간 알코올 성분이 'KNOCK13'이란 명칭이 붙여진 이 채널에 도달해 도파민 분비를 촉진하도록 압박을 가하는 것으로 밝혀졌다. 일리노이 의과대학의 마크 브로디 교수는 "알코올에 의해 강하게 압력을 받은 'KCNK13채널'이 신경세포들로 하여금 더 많은 도파민을 분비하도록 촉진하는 일을 하고 있었다."며 "이 활동을 차단할 수 있다면 폭음을 막을 수 있을 것"이라고 말했다. 일리노이대 연구팀은 이번 연구를 위해 'KCNK13 채널'의 크기와 활동량을 보통 쥐보다 15% 축소한 쥐를 유전자 복제했다. 그리고 알코올을 제공한 결과 보통의 쥐보다 30%나 더 많은 양의 알코올을 폭음하기 시작했다. 브로디 교수는 "이 동물 실험을 통해 'KCNK13 채널'의 활동량이 작은 쥐일수록 도파민 분비로 인한 더 많은 보상을 획득하기 위해 더 많은 알코올을 원하고 있다는 사실을 확인할 수 있었다."라고 말했다.

① 뇌는 알코올을 보상으로 인식한다.
② KCNK13채널의 크기와 활동량을 15% 축소하면 쥐가 더 많은 알코올을 폭음한다.
③ 일리노이대에서 밝혀내기 이전에는 도파민이 VTA에 도달하는 경로를 알지 못했다.
④ VTA에 도파민이 도달하면 음주 행위를 계속할 가능성이 높다.
⑤ KCNK13채널이 도파민을 촉진하는 활동을 차단할 수 있는 약을 개발하였다.

※ L공사의 총무팀 K대리는 회사 내 복합기 교체를 위해 제조업체별 복합기 정보를 다음과 같이 조사하였다. 이어지는 질문에 답하시오. [48~49]

구분	C회사	F회사	S회사
제품명	IR2204F	3060CFPS	D430CFPS
정가	970,000원 (양면 복사 기능 추가 시 200,000원 추가)	1,900,000원	3,050,000원
성능 (A4기준)	분당 22매 출력	분당 25매 출력	분당 25매 출력
특징	흑백 출력 복사 / 컬러 스캔 / 팩스 단면 복사	흑백 출력 복사 / 컬러 스캔 / 팩스 양면 복사	컬러 출력 복사 / 컬러 스캔 / 팩스 양면 복사

48 총무팀의 P팀장은 K대리에게 다음과 같은 업무지시를 내렸을 때, K대리가 복합기 구매에 사용할 금액은 얼마인가?

> P팀장 : K대리, 구매할 복합기에 대해서는 알아보았나요? 일단 2층부터 5층까지 층마다 2대씩 새롭게 교체할 예정이에요. 인사팀이 있는 3층에는 반드시 컬러 출력이 가능한 복합기가 1대 이상 있어야 해요. 그리고 4층과 5층에서는 양면 복사가 가능한 복합기로 모두 교체해달라는 요청이 있었어요. 근무 인원이 가장 많은 2층에서는 아무래도 2대 모두 빠른 출력 속도가 가장 중요하다고 하더군요. 각 요청사항을 모두 반영하여 최대한 저렴한 가격으로 구매할 수 있도록 노력해 주세요.

① 7,760,000원
② 11,700,000원
③ 12,500,000원
④ 15,420,000원
⑤ 16,350,000원

49 K대리는 48번에서 결정한 복합기를 주문하기 위해 사무용품 판매점과 인터넷 쇼핑몰을 찾아본 결과 다음과 같은 정보를 알게 되었고, 더 많은 금액을 할인받을 수 있는 곳에서 복합기를 주문하려고 한다. 다음 중 K대리가 복합기를 주문할 곳과 할인 받을 수 있는 금액이 바르게 연결된 것은?

〈정보〉

• 사무용품 판매점
  – 이달의 행사로 전 품목 10% 할인
    (단, S회사 제품 할인 대상에서 제외)
  – 전국 무료 배송
  – 설치비용 1대당 30,000원 별도
• 인터넷 쇼핑몰
  – S회사 제품 단독 15% 할인
  – 전국 무료 배송
  – 기기 수와 관계없이 전 제품 무료 설치

① 사무용품 판매점 – 457,500원
② 사무용품 판매점 – 945,000원
③ 인터넷 쇼핑몰 – 457,500원
④ 인터넷 쇼핑몰 – 705,000원
⑤ 인터넷 쇼핑몰 – 945,000원

50 다음은 A ~ D국의 성별 평균소득과 대학진학률의 격차지수만으로 계산한 간이 성평등지수에 관한 자료이다. 이에 대한 〈보기〉 중 옳은 것을 모두 고르면?

〈A ~ D국의 성별 평균소득, 대학진학률 및 간이 성평등지수〉

(단위 : 달러, %)

국가 \ 항목	평균소득			대학진학률			간이 성평등지수
	여성	남성	격차지수	여성	남성	격차지수	
A	8,000	16,000	0.50	68	48	1.00	0.75
B	36,000	60,000	0.60	( )	80	( )	( )
C	20,000	25,000	0.80	70	84	0.83	0.82
D	3,500	5,000	0.70	11	15	0.73	0.72

※ 1) 격차지수는 남성 항목값 대비 여성 항목값의 비율로 계산하며, 그 값이 1을 넘으면 1로 함
　 2) '간이 성평등지수'는 평균소득 격차지수와 대학진학률 격차지수의 산술 평균임
　 3) '격차지수'와 '간이 성평등지수'는 소수점 셋째 자리에서 반올림한 값임

─────〈보기〉─────

ㄱ. A국의 여성 평균소득과 남성 평균소득이 각각 1,000달러씩 증가하면 A국의 '간이 성평등지수'는 0.80 이상이 된다.

ㄴ. B국의 여성 대학진학률이 85%이면 '간이 성평등지수'는 B국이 C국보다 높다.

ㄷ. D국의 여성 대학진학률이 4%p 상승하면 D국의 '간이 성평등지수'는 0.80 이상이 된다.

① ㄱ　　　　　　　　　　　　② ㄴ

③ ㄷ　　　　　　　　　　　　④ ㄱ, ㄴ

⑤ ㄱ, ㄷ

3권

제3회
직업기초능력평가
고난도 모의고사

www.sdedu.co.kr

〈문항 및 시험시간〉

평가영역	문항 수	시험시간	모바일 OMR 답안채점 / 성적분석 서비스
의사소통능력＋수리능력 ＋문제해결능력＋자원관리능력	50문항	70분	

제3회 모의고사

문항 수 : 50문항
시험시간 : 70분

01 다음 글의 ⓐ와 ⓑ에 들어가기에 적절한 내용을 〈보기〉에서 골라 알맞게 짝지은 것은?

귀납주의란 과학적 탐구 방법의 핵심이 귀납이라는 입장이다. 즉, 과학적 이론은 귀납을 통해 만들어지고, 그 정당화 역시 귀납을 통해 이루어진다는 것이다. 그러나 실제 과학의 역사를 고려하면 귀납주의는 문제에 처하게 된다. 이러한 문제 상황은 다음과 같은 타당한 논증을 통해 제시될 수 있다.

만약 귀납이 과학의 역사에서 사용된 경우가 드물다면, 과학의 역사는 바람직한 방향으로 발전하지 않았거나, 귀납주의는 실제로 행해진 과학적 탐구 방법의 특징을 드러내는 데 실패했다고 보아야 한다. 과학의 역사가 바람직한 방향으로 발전하지 않았다면, 귀납주의에서는 수많은 과학적 지식을 정당화되지 않은 것으로 간주해야 한다. 그리고 귀납주의가 실제로 행해진 과학적 탐구 방법의 특징을 드러내는 데 실패했다면, 귀납주의는 과학적 탐구 방법에 대한 잘못된 이론이다. 그런데 우리는 과학의 역사가 바람직한 방향으로 발전하지 않았거나, 귀납주의가 실제로 행해진 과학적 탐구 방법의 특징을 드러내는 데 실패했다고 보아야 한다. 그 이유는 _____ⓐ_____ 는 것이다. 그리고 이로부터 우리는 다음 결론을 도출하게 된다. _____ⓑ_____

〈보기〉

ㄱ. 과학의 역사에서 귀납이 사용된 경우는 드물다.

ㄴ. 과학의 역사에서 귀납 외에도 다양한 방법들이 사용되었다.

ㄷ. 귀납주의는 과학적 탐구 방법에 대한 잘못된 이론이고, 귀납주의에서는 수많은 과학적 지식을 정당화되지 않은 것으로 간주해야 한다.

ㄹ. 귀납주의가 과학적 탐구 방법에 대한 잘못된 이론이라면, 귀납주의에서는 수많은 과학적 지식을 정당화되지 않은 것으로 간주해야 한다.

ㅁ. 귀납주의가 과학적 탐구 방법에 대한 잘못된 이론이 아니라면, 귀납주의에서는 수많은 과학적 지식을 정당화되지 않은 것으로 간주해야 한다.

	ⓐ	ⓑ			ⓐ	ⓑ
①	ㄱ	ㄷ		②	ㄱ	ㄹ
③	ㄱ	ㅁ		④	ㄴ	ㄹ
⑤	ㄴ	ㅁ				

02 다음 글에서 추론할 수 있는 것은?

> 두뇌 연구는 지금까지 뉴런을 중심으로 진행되어 왔다. 뉴런 연구로 노벨상을 받은 카알은 뉴런이 '생각의 전화선'이라는 이론을 확립하여 사고와 기억 등 두뇌에서 일어나는 모든 현상을 뉴런의 연결망과 뉴런 간의 전기 신호로 설명했다. 그러나 두뇌에는 뉴런 외에도 신경교 세포가 존재한다. 신경교 세포는 뉴런처럼 그 수가 많지만 전기 신호를 전달하지 못한다. 이 때문에 과학자들은 신경교 세포가 단지 두뇌 유지에 필요한 영양 공급과 두뇌 보호를 위한 전기 절연의 역할만을 가진다고 여겼다.
>
> 최근 과학자들은 신경교 세포에서 그 이상의 기능을 발견했다. 신경교 세포 중에도 '성상세포'라 불리는 별 모양의 세포는 자신만의 화학적 신호를 가진다는 것이 밝혀졌다. 성상세포는 뉴런처럼 전기를 이용하지는 않지만, '뉴런송신기'라고 불리는 화학물질을 방출하고 감지한다. 과학자들은 이러한 화학적 신호의 연쇄반응을 통해 신경교 세포가 전체 뉴런을 조정한다고 추론했다.
>
> A연구팀은 신경교 세포가 전체 뉴런을 조정하면서 기억력과 사고력을 향상시킨다고 예상하고서, 이를 확인하기 위해 인간의 신경교 세포를 갓 태어난 생쥐의 두뇌에 주입했다. 쥐가 자라면서 주입된 인간의 신경교 세포도 성장했다. 이 세포들은 쥐의 뉴런들과 완벽하게 결합되어 쥐의 두뇌 전체에 걸쳐 퍼지게 되었다. 심지어 어느 두뇌 영역에서는 쥐의 뉴런의 숫자를 능가하기도 했다. 뉴런과 달리 쥐와 인간의 신경교 세포는 비교적 쉽게 구별된다. 인간의 신경교 세포는 매우 길고 무성한 섬유질을 가지기 때문이다. 쥐에 주입된 인간의 신경교 세포는 그 기능을 그대로 간직한다. 그렇게 성장한 쥐들은 다른 쥐들과 잘 어울렸고, 다른 쥐들의 관심을 끄는 것에 흥미를 보였다. 이 쥐들은 미로를 통과해 치즈를 찾는 테스트에서 더 뛰어났다. 보통의 쥐들은 네다섯 번의 시도 끝에 올바른 길을 배웠지만, 인간의 신경교 세포를 주입받은 쥐들은 두 번 만에 학습했다.

① 인간의 신경교 세포를 쥐에게 주입하면, 쥐의 뉴런은 전기 신호를 전달하지 못할 것이다.

② 인간의 뉴런 세포를 쥐에게 주입하면, 쥐의 두뇌에는 화학적 신호의 연쇄 반응이 더 활발해질 것이다.

③ 인간의 뉴런 세포를 쥐에게 주입하면, 그 뉴런 세포는 쥐의 두뇌 유지에 필요한 영양을 공급할 것이다.

④ 인간의 신경교 세포를 쥐에게 주입하면, 그 신경교 세포는 쥐의 뉴런을 보다 효과적으로 조정할 것이다.

⑤ 인간의 신경교 세포를 쥐에게 주입하면, 그 신경교 세포는 쥐의 신경교 세포의 기능을 갖도록 변화할 것이다.

03 다음 글을 근거로 판단할 때, 갑이 구매하게 될 차량은?

갑은 아내 그리고 자녀 둘과 함께 총 4명이 장거리 이동이 가능하도록 배터리 완전충전 시 주행거리가 200km 이상인 전기자동차 1대를 구매하려고 한다. 구매와 동시에 집 주차장에 배터리 충전기를 설치하려고 하는데, 배터리 충전시간(완속 기준)이 6시간을 초과하지 않으면 완속 충전기를, 6시간을 초과하면 급속 충전기를 설치하려고 한다.

한편 정부는 전기자동차 활성화를 위하여 전기자동차 구매 보조금을 구매와 동시에 지원하고 있는데, 승용차는 2,000만 원, 승합차는 1,000만 원을 지원하고 있다. 승용차 중 경차는 1,000만 원을 추가로 지원한다. 배터리 충전기에 대해서는 완속 충전기에 한하여 구매 및 설치 비용을 구매와 동시에 전액 지원하며, 2,000만 원이 소요되는 급속 충전기의 구매 및 설치 비용은 지원하지 않는다.

이러한 상황을 감안하여 갑은 A ~ E차량 중에서 실구매 비용(충전기 구매 및 설치 비용 포함)이 가장 저렴한 차량을 선택하려고 한다. 단, 실구매 비용이 동일할 경우에는 아래의 '점수 계산 방식'에 따라 점수가 가장 높은 차량을 구매하려고 한다.

차량	A	B	C	D	E
최고속도(km/h)	130	100	120	140	120
완전충전 시 주행거리(km)	250	200	250	300	300
충전시간(완속 기준)	7시간	5시간	8시간	4시간	5시간
승차 정원	6명	8명	2명	4명	5명
차종	승용	승합	승용(경차)	승용	승용
가격(만 원)	5,000	6,000	4,000	8,000	8,000

• 점수 계산 방식
 – 최고속도가 120km/h 미만일 경우에는 120km/h를 기준으로 10km/h가 줄어들 때마다 2점씩 감점
 – 승차 정원이 4명을 초과할 경우에는 초과인원 1명당 1점씩 가점

① A차량
② B차량
③ C차량
④ D차량
⑤ E차량

04 퇴직을 앞둔 회사원 L씨는 1년 뒤 샐러드 도시락 프랜차이즈 가게를 운영하고자 한다. 다음은 L씨가 회사 근처 샐러드 도시락 프랜차이즈 가게에 대해 SWOT 분석을 실시한 결과이다. 〈보기〉 중 분석에 따른 대응 전략으로 적절한 것을 모두 고르면?

강점(Strength)	약점(Weakness)
• 다양한 연령층을 고려한 메뉴 • 월별 새로운 메뉴 제공	• 부족한 할인 혜택 • 홍보 및 마케팅 전략의 부재
기회(Opportunity)	**위협(Threat)**
• 건강한 식단에 대한 관심 증가 • 회사원들의 간편식 점심 수요 증가	• 경기 침체로 인한 외식 소비 위축 • 주변 음식점과의 경쟁 심화

〈보기〉
ㄱ. 다양한 연령층이 이용할 수 있도록 새로운 한식 도시락을 출시한다.
ㄴ. 계절 채소를 이용한 샐러드 런치 메뉴를 출시한다.
ㄷ. 제품의 가격 상승을 유발하는 홍보 방안보다 먼저 품질 향상 방안을 마련해야 한다.
ㄹ. 주변 회사와 제휴하여 이용 고객에 대한 할인 서비스를 제공한다.

① ㄱ, ㄴ
② ㄱ, ㄷ
③ ㄴ, ㄷ
④ ㄴ, ㄹ
⑤ ㄷ, ㄹ

05 A ~ E는 부산에 가기 위해 서울역에서 저녁 7시에 출발하여 대전역과 울산역을 차례로 정차하는 부산행 KTX 열차를 타기로 했다. 이들 중 2명은 서울역에서 승차하였고, 다른 2명은 대전역에서, 나머지 1명은 울산역에서 각각 승차하였다. 다음 중 항상 옳은 것은?(단, 같은 역에서 승차한 경우 서로의 탑승 순서는 알 수 없다)

A : 나는 B보다 먼저 탔지만, C보다 먼저 탔는지는 알 수 없어.
B : 나는 C보다 늦게 탔어.
C : 나는 가장 마지막에 타지 않았어.
D : 나는 대전역에서 탔어.
E : 나는 내가 몇 번째로 탔는지 알 수 있어.

① A는 대전역에서 승차하였다.
② B는 C와 같은 역에서 승차하였다.
③ C와 D는 같은 역에서 승차하였다.
④ D는 E와 같은 역에서 승차하였다.
⑤ E는 울산역에서 승차하였다.

06 다음은 우리나라의 직장어린이집 수에 대한 자료이다. 이에 대한 설명으로 옳은 것은?

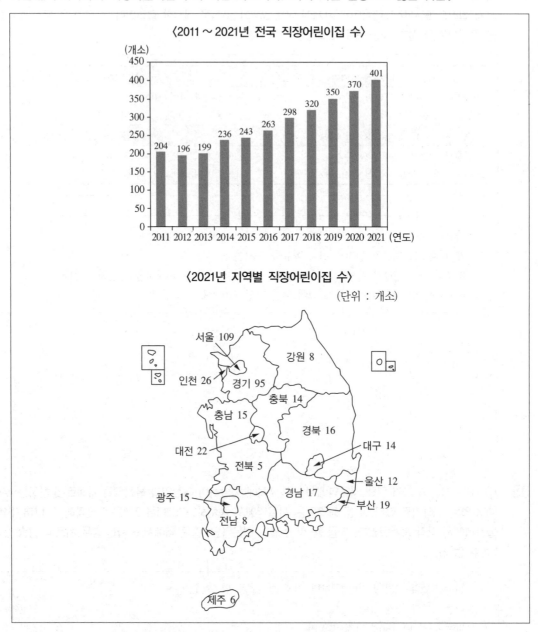

〈2011 ~ 2021년 전국 직장어린이집 수〉

〈2021년 지역별 직장어린이집 수〉

(단위 : 개소)

① 2011 ~ 2021년 동안 전국 직장어린이집 수는 매년 증가하였다.
② 2019년 전국 직장어린이집 수는 2017년 대비 20% 이상 증가하였다.
③ 2021년 인천 지역 직장어린이집 수는 2021년 전국 직장어린이집 수의 5% 이하이다.
④ 2011 ~ 2021년 동안 전국 직장어린이집 수의 전년 대비 증가율이 10% 이상인 연도는 2014년뿐이다.
⑤ 2021년 서울과 경기 지역 직장어린이집 수의 합은 2021년 전국 직장어린이집 수의 절반 이상이다.

07 다음은 A ～ E지역으로만 이루어진 어떤 나라의 어린이 사망률에 대한 자료이다. 이에 대한 〈보기〉 중 옳은 것을 모두 고르면?

〈표 1〉 연도별 어린이 사망률

(단위 : 명)

구분 ＼ 연도	2017년	2018년	2019년	2020년	2021년
총 사망률	85.8	37.5	18.9	17.9	16.7
사고 사망률	30.3	19.7	8.7	7.5	6.7

※ 어린이 사망률은 전체 인구 10만 명당 어린이 사망자 수를 의미함

〈표 2〉 2021년 지역별 어린이 사고 사망률

(단위 : 명)

지역	사고 사망률	운수사고 사망률
A	4.5	2.0
B	5.0	2.5
C	12.0	6.0
D	15.0	8.0
E	12.0	8.0

─〈보기〉─

ㄱ. 2021년의 경우, 사고로 인한 어린이 사망자 중 운수사고 이외의 사고로 인한 사망자의 비율은 A지역이 가장 높고, E지역이 가장 낮다.

ㄴ. 2021년 A, B지역의 인구의 합계는 C, D, E지역 인구의 합계보다 많다.

ㄷ. 2018년 이후, 사고 이외의 이유로 사망한 어린이 수는 점차 증가하였다.

ㄹ. 총 어린이 사망자 수는 2018년 이후 지속적으로 감소하였다.

① ㄱ, ㄴ   ② ㄱ, ㄷ

③ ㄷ, ㄹ   ④ ㄱ, ㄴ, ㄹ

⑤ ㄴ, ㄷ, ㄹ

인과 관계를 나타내는 인과 진술 '사건 X는 사건 Y의 원인이다.'를 우리는 어떻게 이해해야 할까? '사건 X는 사건 Y의 원인이다.'라는 진술은 곧 '사건 X는 사건 Y보다 먼저 일어났고, X로부터 Y를 예측할 수 있다.'를 뜻한다. 여기서 'X로부터 Y를 예측할 수 있다.'는 것은 '관련된 자료와 법칙을 모두 동원하여 X로부터 Y를 논리적으로 도출할 수 있다.'를 뜻한다.

하지만 관련 자료와 법칙을 우리가 어떻게 모두 알 수 있겠는가? 만일 우리가 그 자료나 법칙을 알 수 없다면, 진술 'X는 Y의 원인이다.'를 입증하지도 반증하지도 못하는 것이 아닐까? 경험주의자들이 이미 주장했듯이, 입증하거나 반증하는 증거를 원리상 찾을 수 없는 진술은 무의미하다. 예컨대 '역사는 절대정신의 발현 과정이다.'라는 진술은 입증 증거도 반증 증거도 아예 찾을 수 없고 이 때문에 이 진술은 무의미하다. 그렇다면 관련 자료와 법칙을 모두 알아낼 수 없거나 거짓 자료나 틀린 법칙을 갖고 있다면, 우리가 'X는 Y의 원인이다.'를 유의미하게 진술할 방법이 없는 것처럼 보일 것이다.

하지만 꼭 그렇다고 말할 수는 없다. 다음과 같은 상황을 생각해 보자. 오늘날 우리는 관련된 참된 법칙과 자료를 써서 A로부터 B를 논리적으로 도출함으로써 A가 B의 원인이라는 것을 입증했다. 하지만 1600년에 살았던 갑은 지금은 틀린 것으로 밝혀진 법칙을 써서 A로부터 B를 논리적으로 도출함으로써 '사건 A는 사건 B의 원인이다.'를 주장했다. 이 경우 갑의 진술이 무의미하다고 주장할 필요가 없다. 왜냐하면 갑의 진술 'A는 B의 원인이다.'는 오늘날 참이고 1600년에도 참이었기 때문이다.

따라서 우리는 갑의 진술 'A는 B의 원인이다.'가 1600년 당시에 무의미했다고 말해서는 안 되고, 입증할 수 있는 진술을 그 당시에 갑이 입증하지는 못했다고 말하는 것이 옳다. 갑이 거짓 법칙을 써서라도 A로부터 B를 도출할 수 있다면, 그의 진술은 입증할 수 있는 진술이고, 이 점에서 그의 진술은 유의미하다. 이처럼 우리가 관련 법칙과 자료를 모르거나 틀린 법칙을 썼다고 해서, 우리의 인과 진술이 무의미하다고 주장해서는 안 된다. 우리가 관련 법칙과 자료를 지금 모두 알 수 없다고 하더라도 우리는 여전히 유의미하게 인과 관계를 주장할 수 있다. 'A는 B의 원인이다.'의 참 또는 거짓 여부가 오늘 결정될 수 없다는 이유에서 그 진술이 무의미하다고 주장해서는 안 된다. 미래의 어느 시점에 그 진술을 입증 또는 반증하는 증거가 나타날 여지가 있다면 그 진술은 유의미하다. 이 진술이 단지 유의미한 진술을 넘어서 참된 진술로 입증되려면, 지금이 아니더라도 언젠가 참인 법칙과 자료로부터 논리적으로 도출할 수 있어야 하겠지만 말이다.

08 윗글을 통해 알 수 있는 것은?

① 관련 법칙을 명시할 수 없다면 인과 진술은 무의미하다.

② 반증할 수 있는 인과 진술은 입증할 수 있는 인과 진술과 마찬가지로 유의미한 진술이다.

③ 논리적 도출을 통해 입증된 인과 진술들 가운데 나중에 일어난 사건이 원인이 되는 경우가 있다.

④ 가까운 미래에는 입증될 수 없는 진술 '지구와 가장 가까운 항성계에도 지적 생명체가 산다.'는 무의미하다.

⑤ 관련된 자료들이 현재 알려지지 않아서 앞선 사건으로부터 나중 사건을 논리적으로 도출할 수 없다면, 두 사건 사이에는 인과 관계가 있을 수 없다.

09 다음 사례에 대한 평가로 옳은 것을 〈보기〉에서 모두 고르면?

〈사례〉

과학자 병호는 사건 A로부터 사건 B를 예측한 다음 'A는 B의 원인이다.'라고 주장했다. 반면에 과학자 정호는 사건 C로부터 사건 D를 예측한 다음 'C는 D의 원인이다.'라고 주장했다. 그런데 병호가 A로부터 B를 논리적으로 도출하기 위해 사용한 법칙과 자료는 거짓인 반면 정호가 C로부터 D를 논리적으로 도출하기 위해 사용한 법칙과 자료는 참이다.

〈보기〉

ㄱ. 'A는 B의 원인이다.'와 'C는 D의 원인이다.'는 둘 다 유의미하다.

ㄴ. 'A는 B의 원인이다.'는 거짓이다.

ㄷ. 'C는 D의 원인이다.'는 참이다.

---

① ㄱ
② ㄴ
③ ㄱ, ㄷ
④ ㄴ, ㄷ
⑤ ㄱ, ㄴ, ㄷ

10 다음은 중학생의 주당 운동시간 현황을 조사한 자료이다. 이에 대한 〈보기〉 중 옳은 것을 모두 고르면?

〈중학생의 주당 운동시간 현황〉

(단위 : %, 명)

구분		남학생			여학생		
		1학년	2학년	3학년	1학년	2학년	3학년
1시간 미만	비율	10.0	5.7	7.6	18.8	19.2	25.1
	인원수	118	66	87	221	217	281
1시간 이상 2시간 미만	비율	22.2	20.4	19.7	26.6	31.3	29.3
	인원수	261	235	224	312	353	328
2시간 이상 3시간 미만	비율	21.8	20.9	24.1	20.7	18.0	21.6
	인원수	256	241	274	243	203	242
3시간 이상 4시간 미만	비율	34.8	34.0	23.4	30.0	27.3	14.0
	인원수	409	392	266	353	308	157
4시간 이상	비율	11.2	19.0	25.2	3.9	4.2	10.0
	인원수	132	219	287	46	47	112
합계	비율	100.0	100.0	100.0	100.0	100.0	100.0
	인원수	1,176	1,153	1,138	1,175	1,128	1,120

※ 평균 : 조사기간 중 전년 대비 경제성장률의 평균값

〈보기〉

㉠ 1시간 미만 운동하는 3학년 남학생 수는 4시간 이상 운동하는 1학년 여학생 수보다 많다.

㉡ 동일 학년의 남학생과 여학생을 비교하면, 남학생 중 1시간 미만 운동하는 남학생의 비율이 여학생 중 1시간 미만 운동하는 여학생의 비율보다 각 학년에서 모두 낮다.

㉢ 남학생과 여학생 각각 학년이 높아질수록 3시간 이상 운동하는 학생의 비율이 낮아진다.

㉣ 모든 학년별 남학생과 여학생 각각에서 3시간 이상 4시간 미만 운동하는 학생의 비율이 4시간 이상 운동하는 학생의 비율보다 높다.

① ㉠, ㉡
② ㉠, ㉣
③ ㉡, ㉢
④ ㉢, ㉣
⑤ ㉠, ㉡, ㉢

다음은 6개 대학교의 신입생 정원에 관한 자료이다. 이에 대한 〈보기〉 중 옳은 것을 모두 고르면?

〈표 1〉 계열별 신입생 정원

(단위 : 명)

구분	전체	인문·사회	자연·공학
A대학교	5,691	2,400	3,291
B대학교	4,123	2,290	1,833
C대학교	5,112	2,732	2,380
D대학교	7,860	3,528	4,332
E대학교	1,331	823	508
F대학교	3,228	1,534	1,694

※ 각 대학교의 계열은 인문·사회와 자연·공학 두 가지로만 구성됨

〈표 2〉 모집전형별 계열별 신입생 정원

(단위 : 명)

구분	수시전형		정시전형	
	인문·사회	자연·공학	인문·사회	자연·공학
A대학교	1,200	1,677	1,200	1,614
B대학교	561	427	1,729	1,406
C대학교	707	663	2,025	1,717
D대학교	2,356	2,865	1,172	1,467
E대학교	344	240	479	268
F대학교	750	771	784	923

〈보기〉

ㄱ. 전체 신입생 정원에서 인문·사회 계열 정원의 비율이 가장 높은 대학교는 B대학교이다.

ㄴ. 자연·공학 계열 신입생 정원이 전체 신입생 정원의 50%를 초과하는 대학교는 A, D, F대학교이다.

ㄷ. 수시전형으로 선발하는 신입생 정원이 정시전형으로 선발하는 신입생 정원보다 많은 대학교는 D대학교뿐이다.

ㄹ. 수시전형으로 선발하는 신입생 정원과 정시전형으로 선발하는 신입생 정원의 차이가 가장 작은 대학교는 A대학교이다.

① ㄱ, ㄴ
② ㄱ, ㄷ
③ ㄱ, ㄹ
④ ㄴ, ㄷ
⑤ ㄴ, ㄹ

※ Y씨는 해외여행을 떠나기 전에 평소 생각해왔던 명품 향수를 면세품목으로 사려고 한다. 이어지는 질문에 답하시오. [12~13]

12 Y씨가 조사한 결과 다음과 같은 정보로 주어질 때, 지금 Y씨의 가장 합리적인 선택은 무엇인가?

〈Z향수 - 100mL 기준〉

- 선택 1 : 인터넷 최저가로 구매하면 현재 134,000원에 판매하고 있으며 배송비는 3,000원이다.
- 선택 2 : ○○면세점에서 구매하면 120$에 구매할 수 있다. Y씨는 현재 ○○면세점 Silver 회원이다.
- 선택 3 : △△면세점에서 구매하면 100EUR에 구매할 수 있다. 총금액이 120EUR를 넘으면 20% 할인 행사를 진행하고 있다.
- 선택 4 : 인터넷 면세점에서 미리 신청하면 130$에 구매할 수 있다. 여기에 기존에 쌓아놓았던 마일리지 를 이용하면 15$를 차감한다.

〈정보〉

- Y씨는 면세점에서 구매하면 여행 때 계속 들고 다녀야 하기 때문에 되도록 인터넷으로 주문하기를 원한 다. 만약 인터넷 가격보다 면세점에서 구입가격이 10,000원 이상 저렴하다면 Y씨는 면세점에서 구입할 예정이며, 아닐 경우 귀국 후 인터넷 주문을 할 것이다.
- ○○면세점은 회원제에 따라 실버, 골드, 플래티넘 순서로 등급을 부여하고 있으며, 실버등급에서 기본 5%에 추가로 등급이 상승할 때마다 5%씩 가산하여 할인 혜택을 주고 있다.
- 현재 환율은 1,150원/달러, 1,300원/유로를 기준으로 계산하고 있다.
- 현재 Y씨는 인터넷 면세점의 마일리지 30$를 보유하고 있다.

① 선택 1   ② 선택 2
③ 선택 3   ④ 선택 4
⑤ 선택 2 또는 3

13 Y씨는 기내 탑승을 한 이후 새로운 조건을 알게 되었다. 〈조건〉이 다음과 같을 때, Y씨의 선택 및 선택에 따른 향수 금액을 올바르게 짝지은 것은?

─〈조건〉─

• Y씨가 탑승한 A항공사에서는 최근 기내면세품목 할인행사를 진행한다.
• Z향수도 이에 포함이 되어 있으며 정가 110EUR에 20% 할인 행사를 진행하고 있다.
• Y씨는 A항공사 왕복탑승권을 소유하고 있다.
• 기타 정보 및 선택할 수 있는 사항은 14번과 동일하다.
• 여행 기간은 행사 기간에 속한다.

① 출발하는 기내에서 구입, 114,400원
② 선택 2, 132,250원
③ 귀국하는 기내에서 구입, 114,400원
④ 선택 3, 137,000원
⑤ 선택 1, 130,000원

14 다음은 2017 ~ 2021년 갑국의 사회간접자본(SOC) 투자규모에 관한 자료이다. 이에 대한 설명으로 옳지 않은 것은?

〈갑국의 사회간접자본(SOC) 투자규모〉

(단위 : 조 원, %)

연도 구분	2017년	2018년	2019년	2020년	2021년
SOC 투자규모	20.5	25.4	25.1	24.4	23.1
총지출 대비 SOC 투자규모 비중	7.8	8.4	8.6	7.9	6.9

① 2021년 총지출은 300조 원 이상이다.
② 2018년 'SOC 투자규모'의 전년 대비 증가율은 30% 이하이다.
③ 2018 ~ 2021년 동안 'SOC 투자규모'가 전년에 비해 가장 큰 비율로 감소한 해는 2021년이다.
④ 2018 ~ 2021년 동안 'SOC 투자규모'와 '총지출 대비 SOC 투자규모 비중'의 전년 대비 증감방향은 동일하다.
⑤ 2022년 'SOC 투자규모'의 전년 대비 감소율이 2021년과 동일하다면, 2022년 'SOC 투자규모'는 20조 원 이상이다.

15 다음은 양성평등정책에 대한 의견을 성별 및 연령별로 정리한 자료이다. 이에 대한 〈보기〉 중 옳은 것을 모두 고르면?

〈양성평등정책에 대한 성별 및 연령별 의견〉

(단위 : 명)

구분	30세 미만		30세 이상	
	여성	남성	여성	남성
찬성	90	78	60	48
반대	10	22	40	52
계	100	100	100	100

〈보기〉

ㄱ. 30세 미만 여성이 30세 이상 여성보다 양성평등정책에 찬성하는 비율이 높다.
ㄴ. 30세 이상 여성이 30세 이상 남성보다 양성평등정책에 찬성하는 비율이 높다.
ㄷ. 양성평등정책에 찬성하는 비율의 성별 차이는 연령별 차이보다 크다.
ㄹ. 남성의 절반 이상이 양성평등정책에 찬성하고 있다.

① ㄱ, ㄷ
② ㄴ, ㄹ
③ ㄱ, ㄴ, ㄷ
④ ㄱ, ㄴ, ㄹ
⑤ ㄴ, ㄷ, ㄹ

16 다음은 2017 ~ 2021년 A ~ E국의 건강보험 진료비에 관한 자료이다. 이에 대한 〈보기〉 중 옳은 것을 모두 고르면?

〈A국의 건강보험 진료비 발생 현황〉

(단위 : 억 원)

구분		2017년	2018년	2019년	2020년	2021년
의료기관	소계	341,410	360,439	390,807	419,353	448,749
	입원	158,365	160,791	178,911	190,426	207,214
	외래	183,045	199,648	211,896	228,927	241,534
약국	소계	120,969	117,953	118,745	124,897	130,844
	처방	120,892	117,881	118,678	124,831	130,775
	직접조제	77	72	67	66	69
합계		462,379	478,392	509,552	544,250	579,593

〈A국의 건강보험 진료비 부담 현황〉

(단위 : 억 원)

구분	2017년	2018년	2019년	2020년	2021년
공단부담	345,652	357,146	381,244	407,900	433,448
본인부담	116,727	121,246	128,308	136,350	146,145
합계	462,379	478,392	509,552	544,250	579,593

〈국가별 건강보험 진료비의 전년 대비 증가율〉

(단위 : %)

구분	2017년	2018년	2019년	2020년	2021년
B	16.3	3.6	5.2	4.5	5.2
C	10.2	8.6	7.8	12.1	7.3
D	4.5	3.5	1.8	0.3	2.2
E	5.4	−0.6	7.6	6.3	5.5

〈보기〉

ㄱ. 2020년 건강보험 진료비의 전년 대비 증가율은 A국이 C국보다 크다.

ㄴ. 2018 ~ 2021년 동안 A국의 건강보험 진료비 중 약국의 직접조제 진료비가 차지하는 비중은 전년 대비 매년 감소한다.

ㄷ. 2018년 B국의 2016년 대비 건강보험 진료비의 비율은 1.2 이상이다.

① ㄱ

② ㄴ

③ ㄱ, ㄴ

④ ㄱ, ㄷ

⑤ ㄴ, ㄷ

17 다음은 2021년 지역별 외국인 소유 토지면적에 대한 자료이다. 이에 대한 〈보기〉 중 옳은 것을 모두 고르면?

〈2021년 지역별 외국인 소유 토지면적〉

(단위 : 천m²)

지역	면적	전년 대비 증감면적
서울	3,918	332
부산	4,894	−23
대구	1,492	−4
인천	5,462	−22
광주	3,315	4
대전	1,509	36
울산	6,832	37
경기	38,999	1,144
강원	21,747	623
충북	10,215	340
충남	20,848	1,142
전북	11,700	289
전남	38,044	128
경북	29,756	603
경남	13,173	530
제주	11,813	103
계	223,717	5,262

〈보기〉

ㄱ. 2020년 외국인 소유 토지면적이 가장 큰 지역은 경기이다.
ㄴ. 2021년 외국인 소유 토지면적의 전년 대비 증가율이 가장 큰 지역은 서울이다.
ㄷ. 2021년에 외국인 소유 토지면적이 가장 작은 지역이 2020년에도 외국인 소유 토지면적이 가장 작다.
ㄹ. 2020년 외국인 소유 토지면적이 세 번째로 큰 지역은 경북이다.

① ㄱ, ㄷ
② ㄴ, ㄷ
③ ㄴ, ㄹ
④ ㄱ, ㄴ, ㄹ
⑤ ㄱ, ㄷ, ㄹ

18 다음 글에서 설명한 '즉흥성'과 관련 있는 것을 〈보기〉에서 모두 고르면?

우리나라의 전통 음악은 대체로 정악과 속악으로 나뉜다. 정악은 왕실이나 귀족들이 즐기던 음악이고, 속악은 일반 민중들이 가까이 하던 음악이다. 개성을 중시하고 자유분방한 감정을 표출하는 한국인의 예술 정신은 정악보다는 속악에 잘 드러나 있다. 우리 속악의 특징은 한 마디로 즉흥성이라는 개념으로 집약될 수 있다. 판소리나 산조에 '유파(流派)'가 자꾸 형성되는 것은 모두 즉흥성이 강하기 때문이다. 즉흥으로 나왔던 것이 정형화되면 그 사람의 대표 가락이 되는 것이고, 그것이 독특한 것이면 새로운 유파가 형성되기도 하는 것이다.

물론 즉흥이라고 해서 음악가가 제멋대로 하는 것은 아니다. 곡의 일정한 틀은 유지하면서 그 안에서 변화를 주는 것이 즉흥 음악의 특색이다. 판소리 명창이 무대에 나가기 전에 "오늘 공연은 몇 분으로 할까요?" 하고 묻는 것이 그런 예다. 이때 창자는 상황에 맞추어 얼마든지 곡의 길이를 조절할 수 있는 것이다. 이것은 서양 음악에서는 어림없는 일이다. 그나마 서양 음악에서 융통성을 발휘할 수 있다면 4악장 가운데 한 악장만 연주하는 것 정도이지 각 악장에서 조금씩 뽑아 한 곡을 만들어 연주할 수는 없다. 그러나 한국 음악에서는, 특히 속악에서는 연주 장소나 주문자의 요구 혹은 연주자의 상태에 따라 악기도 하나면 하나로만, 둘이면 둘로 연주해도 별문제가 없다. 거문고나 대금 하나만으로도 얼마든지 연주할 수 있다. 전혀 이상하지도 않다. 그렇지만 베토벤의 운명 교향곡을 바이올린이나 피아노만으로 연주하는 경우는 거의 없을 뿐만 아니라, 연주를 하더라도 어색하게 들릴 수밖에 없다.

즉흥과 개성을 중시하는 한국의 속악 가운데 대표적인 것이 시나위다. 현재의 시나위는 19세기 말에 완성되었으나 원형은 19세기 훨씬 이전부터 연주되었을 것으로 추정된다. 시나위의 가장 큰 특징은 악보 없는 즉흥곡이라는 것이다. 연주자들이 모여 아무 사전 약속도 없이 "시작해 볼까."하고 연주하기 시작한다. 그러니 처음에는 서로가 맞지 않는다. 불협음 일색이다. 그렇게 진행되다가 중간에 호흡이 맞아 떨어지면 협음을 낸다. 그러다가 또 각각 제 갈 길로 가서 혼자인 것처럼 연주한다. 이게 시나위의 묘미다. 불협음과 협음이 오묘하게 서로 들어맞는 것이다.

그런데 이런 음악은 아무나 하는 게 아니다. 즉흥곡이라고 하지만 '초보자(初步者)'들은 꿈도 못 꾸는 음악이다. 기량이 뛰어난 경지에 이르러야 가능한 음악이다. 그래서 요즈음은 시나위를 잘 할 수 있는 사람들이 별로 없다고 한다. 요즘에는 악보로 정리된 시나위를 연주하는 경우가 대부분인데, 이것은 시나위 본래의 취지에 어긋난다. 악보로 연주하면 박제된 음악이 되기 때문이다.

요즘 음악인들은 시나위 가락을 보통 '허튼 가락'이라고 한다. 이 말은 말 그대로 '즉흥 음악'으로 이해된다. 미리 짜 놓은 일정한 형식이 없이 주어진 장단과 연주 분위기에 몰입해 그때그때의 감흥을 자신의 음악성과 기량을 발휘해 연주하는 것이다. 이럴 때 즉흥이 튀어 나온다. 시나위는 이렇듯 즉흥적으로 흐드러져야 맛이 난다. 능청거림, 이것이 시나위의 음악적 모습이다.

〈보기〉

㉠ 주어진 상황에 따라 임의로 곡의 길이를 조절하여 연주한다.
㉡ 장단과 연주 분위기에 몰입해 새로운 가락으로 연주한다.
㉢ 연주자들 간에 사전 약속 없이 연주하지만 악보의 지시는 따른다.
㉣ 감흥을 자유롭게 표현하기 위해 일정한 틀을 철저히 무시한 채 연주한다.

① ㉠, ㉡
② ㉠, ㉢
③ ㉡, ㉢
④ ㉠, ㉣
⑤ ㉢, ㉣

※ 다음은 2021년 국내 에너지 수출입 및 소비량에 대한 자료이다. 이어지는 질문에 답하시오. [19~20]

〈국내 월별 에너지 수출입 현황〉

(단위 : 천 TOE)

구분	에너지원 구분	5월	6월	7월	8월
수입	합계	28,106	27,092	29,914	31,763
	석탄	6,981	6,251	7,790	8,276
	석유	17,255	16,629	18,174	18,792
	천연가스	3,870	4,212	3,950	4,695
수출	석유	5,803	5,658	6,390	6,263
순수입		22,303	21,434	23,524	25,500

〈국내 최종에너지원별 소비량〉

(단위 : 천 TOE)

구분	4월	5월	6월	7월	8월
합계	19,051	17,902	17,516	18,713	19,429
석탄	2,661	2,694	2,641	2,655	2,747
석유	9,520	9,115	9,045	10,028	10,305
천연가스	179	156	181	209	206
도시가스	2,135	1,580	1,311	1,244	1,157
전력	3,650	3,501	3,493	3,695	4,090
열	193	100	73	75	65
신재생	713	756	772	807	859

19 다음 〈보기〉 중 국내의 에너지 수출입 현황 및 최종에너지원별 소비량에 대한 설명으로 옳지 않은 것을 모두 고르면?

―〈보기〉―

ㄱ. 수입에너지원 중 석유가 차지하는 비중은 2021년 5월보다 8월에 증가하였다.

ㄴ. 2021년 4월부터 8월까지 국내의 최종에너지원별 소비량 순위는 동일하다.

ㄷ. 2021년 6월부터 8월까지 중 전월 대비 석유 수출량이 증가한 달에는 전월 대비 천연가스 수입량은 감소하였다.

ㄹ. 2021년 5월부터 7월까지 국내의 최종에너지원으로서 석탄과 도시가스의 전월 대비 증감량 추이는 동일하다.

① ㄱ, ㄴ
② ㄱ, ㄷ
③ ㄷ, ㄹ
④ ㄱ, ㄴ, ㄹ
⑤ ㄴ, ㄷ, ㄹ

20 석유 정제업을 하는 S기업의 신사업추진위원회는 유망한 새로운 에너지 부문으로 진출할 계획을 세우고 있다. 각 에너지 부문들에 대하여 잠재성을 평가를 위해 필요자금, 규제 적실성, 1위 기업의 시장점유율 그리고 진입 수 흑자전환 소요기간 네 가지 항목의 세부현황을 조사하였다. 그중 '규제의 적실성'은 위원회가 자체적으로 측정한 값이며, 점수가 높을수록 현실적이고 적절한 사업 추진에 제도적 장애물이 적음을 의미한다고 할 때, 다음 중 S기업에 대한 설명으로 옳지 않은 것은?

〈S기업의 에너지 신사업추진 평가 결과〉

부문	진입 시 추가확충 필요자금	규제의 적실성	1위 기업의 현재 시장점유율	진입 후 흑자전환 소요기간
석탄	600억 원	84점	55%	4년
천연가스	1,240억 원	37점	72%	5년
열	360억 원	22점	66%	3년
신재생	430억 원	48점	35%	6년

① 열에너지 부문으로 진출하는 경우, 신재생 에너지로 진출하는 경우에 비해서는 시장규모가 작을 것이다.

② 진입 시 제도적 장애물에 가장 자주 부딪히게 될 부문은 열 에너지이다.

③ 진입 시 S기업이 추가로 확충해야 하는 자금의 규모가 작을수록 흑자전환에 소요되는 기간도 짧을 것이다.

④ 신재생 에너지 부문보다 천연가스 에너지 부문에 진입 시 초기 점유율을 확보하기 더 어려울 것이다.

⑤ S기업이 신사업으로 제도적 규제를 가장 적게 받을 수 있는 에너지 부문은 국내 최종에너지원 소비량에서 5월부터 7월까지 3위를 기록했다.

21 다음은 2019 ~ 2021년도의 지방자치단체 재정력지수에 대한 자료이다. 이에 대한 설명으로 옳은 것은?

〈지방자치단체 재정력지수〉

지방자치단체＼연도	2019년	2020년	2021년	평균
서울	1.106	1.088	1.010	1.068
부산	0.942	0.922	0.878	0.914
대구	0.896	0.860	0.810	0.855
인천	1.105	0.984	1.011	1.033
광주	0.772	0.737	0.681	0.730
대전	0.874	0.873	0.867	0.871
울산	0.843	0.837	0.832	0.837
경기	1.004	1.065	1.032	1.034
강원	0.417	0.407	0.458	0.427
충북	0.462	0.446	0.492	0.467
충남	0.581	0.693	0.675	0.650
전북	0.379	0.391	0.408	0.393
전남	0.319	0.330	0.320	0.323
경북	0.424	0.440	0.433	0.432
경남	0.653	0.642	0.664	0.653

※ 1) 매년 지방자치단체의 기준재정수입액이 기준재정수요액에 미치지 않는 경우, 중앙정부는 그 부족분만큼의 지방교부세를 당해년도에 지급함

2) (재정력지수)$=\dfrac{(기준재정수입액)}{(기준재정수요액)}$

① 3년간 지방교부세를 지원받은 적이 없는 지방자치단체는 서울, 인천, 경기 3곳이다.
② 3년간 충북은 전남보다 기준재정수입액이 매년 많았다.
③ 3년간 재정력지수가 지속적으로 상승한 지방자치단체는 전북이 유일하다.
④ 3년간 지방교부세를 가장 많이 지원받은 지방자치단체는 전남이다.
⑤ 3년간 대전과 울산의 기준재정수입액이 매년 서로 동일하다면 기준재정수요액은 대전이 울산보다 항상 크다.

22 다음 글에서 알 수 있는 것은?

'인간'이란 말의 의미는 '호모 속(屬)에 속하는 동물'이고, 호모 속에는 사피엔스 외에도 여타의 종(種)이 존재했다. 불을 가졌던 사피엔스는 선조들에 비해 치아와 턱이 작았고 뇌의 크기는 우리와 비슷한 수준이었다. 사피엔스는 7만 년 전 아라비아 반도로 퍼져나갔고, 이후 다른 지역으로 급속히 퍼져나가 번성했다. 기술과 사회성이 뛰어난 사피엔스는 이미 그 지역에 정착해 있었던 다른 종의 인간들을 멸종시키기 시작하였다.

사피엔스의 확산은 인지혁명 덕분이었다. 이 혁명은 약 7만 년 전부터 3만 년 전 사이에 출현한 사고방식의 변화와 의사소통 방식의 변화를 가리킨다. 이와 같은 변화의 중심에는 그들의 언어가 있었다. 그렇다면, 사피엔스의 언어에 어떤 특별한 점이 있었기에 그들이 세계를 정복할 수 있었을까?

사피엔스는 제한된 개수의 소리와 기호를 연결해 각기 다른 의미를 지닌 무한한 개수의 문장을 만들 수 있었다. 곧 그들의 언어는 유연성을 지녔다. 이로써 그들은 자기 주변 환경에 대한 막대한 양의 정보를 공유할 수 있었다. 사피엔스가 다른 종의 인간들을 내몰 수 있었던 까닭이 공유된 정보의 양 때문이었다는 이론이 널리 알려져 있기는 하다. 그러나 공유된 정보의 양이 성공의 직접적 원인은 아니라는 이론 또한 존재한다. 이에 따르면 사피엔스가 세계를 정복할 수 있었던 원인은 오히려 그들의 언어가 사회적 협력을 다른 언어보다 더 원활하게 해주었다는 데 있다. 사피엔스는 주변 환경에 대한 담화를 할 수 있었을 뿐 아니라 다른 사회 구성원에 대한 담화도 할 수 있었다. 그런 담화는 상호 간의 관계를 더욱 긴밀하게 했고 협력을 증진시켰다. 작은 무리의 사피엔스는 이렇게 더욱 긴밀한 협력 관계를 유지할 수 있었다.

위의 두 이론, 곧 유연성 이론과 담화 이론은 사피엔스의 정복을 부분적으로는 설명해 줄 수 있을 것이다. 하지만 그 직접적 원인은 그들이 사용한 언어만이 존재하지도 않는 것에 대한 정보를 공유할 수 있게끔 해주었다는 데 있다. 직접 보거나 만지거나 냄새 맡지 못한 것에 대해 이야기할 수 있었던 존재는 사피엔스뿐이었다. 그들이 지닌 언어의 이와 같은 특성 때문에 사피엔스는 개인적인 상상을 집단적으로 공유할 수 있게 되었으며 공통의 신화들을 짜낼 수 있었다. 그 덕분에 그들의 사회는 서로 모르는 구성원들 사이에서도 협력 관계를 유지하고 복잡한 거대 사회로 발전될 수 있었다.

① 사피엔스의 뇌 크기는 인지혁명 이후에야 현재 인류의 그것과 비슷해졌다.
② 유연성 이론과 담화 이론에 따르면 공유한 정보의 양이 사피엔스 성공의 직접적 원인이었다.
③ 사피엔스가 다른 인간 종을 몰아내기 시작한 것은 그들이 이주를 시도한 때부터 약 4만 년 후였다.
④ 담화 이론에 따르면, 자기 주변 환경에 대한 정보가 사회 구성원들에 대한 정보보다 사피엔스에게 더 중요하였다.
⑤ 사피엔스가 다른 인간 종을 멸종시킬 수 있었던 원인은 상상이나 신화와 같은 허구를 사회적으로 공유할 수 있는 능력에 있었다.

23 다음 글을 근거로 판단할 때, 〈보기〉에서 옳은 것을 모두 고르면?

건축은 자연으로부터 인간을 보호하기 위한 인위적인 시설인 지붕을 만들기 위한 구축술(構築術)에서 시작되었다고 할 수 있다. 우리가 중력의 법칙이 작용하는 곳에 살고 있는 이상 지붕은 모든 건축에서 고려해야 할 필수적인 요소이다. 건축은 바닥과 벽 그리고 지붕의 세 요소로 이루어진다. 하지만 인류 최초의 건축 바닥은 지면이었고 별도의 벽은 없었다. 뿔형이나 삼각형 단면 구조에 의해 이루어지는 지붕이 벽의 기능을 하였을 뿐이다.

그러나 지붕만 있는 건축으로는 넓은 공간을 만들 수 없다. 천장도 낮아서 공간의 효율성이 떨어지고 불편했다. 따라서 공간에 대한 욕구가 커지고 건축술이 발달하면서 건축은 점차 수직으로 선 구조체가 지붕을 받치는 구조로 발전하였다. 그로 인해 지붕의 처마는 지면에서 떨어질 수 있게 되었고, 수직의 벽도 출현하게 되었다. 수직 벽체의 출현은 건축의 발달 과정에서 획기적인 전환이었다. 이후 수직 벽체는 건축구조에서 가장 중요한 부분의 하나가 되었고, 그것을 만드는 재료와 방법에 따라서 다양한 구조와 형태의 건축이 출현하였다.

흙을 사용하여 수직 벽체를 만드는 건축 방식에는 항토(夯土)건축과 토담, 전축(塼築) 등의 방식이 있다. 항토건축은 거푸집을 대고 흙 또는 흙에 강회(생석회)와 짚여물 등을 섞은 것을 넣고 다져 벽을 만든 것이다. 토담 방식은 햇볕에 말려 만든 흙벽돌을 쌓아올려 벽을 만든 것이다. 그리고 전축은 흙벽돌을 고온의 불에 구워 만든 전돌을 이용해 벽을 만든 것이다.

항토건축은 기단이나 담장, 혹은 성벽을 만드는 구조로 사용되었을 뿐 대형 건축물의 구조방식으로는 사용되지 않았고, 토담 방식으로 건물을 지은 예는 많지 않았다. 한편 전축은 전탑, 담장, 굴뚝 등에 많이 활용되었고 조선 후기에는 화성(華城)의 건설에 이용되었다. 여름철에 비가 많고 겨울이 유난히 추운 곳에서는 수분의 침투와 동파를 막기 위해서 높은 온도에서 구워낸 전돌을 사용해야 했는데, 경제적인 부담이 커서 대량생산을 할 수 없었다.

〈보기〉

ㄱ. 수직 벽체를 만들게 됨에 따라서 지붕만 있는 건축물보다는 더 넓은 공간의 건축물을 지을 수 있게 되었다.
ㄴ. 항토건축 방식은 대형 건축물의 수직 벽체로 활용되었을 뿐 성벽에는 사용되지 않았다.
ㄷ. 토담 방식은 흙을 다져 전체 벽을 만든 것으로 당시 대부분의 건축물에 활용되었다.
ㄹ. 화성의 건설에 이용된 전축은 높은 온도에서 구워낸 전돌을 사용한 것이다.

① ㄱ, ㄴ
② ㄱ, ㄹ
③ ㄴ, ㄷ
④ ㄱ, ㄷ, ㄹ
⑤ ㄴ, ㄷ, ㄹ

24 다음은 S공단 상조회의 상조비 항목별 지급액 및 직급별 상조회비에 관한 자료이다. 작년에 입사한 A사원은 올해 5월에 둘째 돌잔치가 있었다. 또한, B과장은 3월에 세 번째 자녀가 결혼을 하였고, 9월에 부모님 한 분이 돌아가셨다고 한다. 지금이 10월 말이라고 할 때, 다음 〈조건〉을 토대로 올해 상조회에서 A사원과 B과장에게 지급한 총 금액과 A사원과 B과장이 낸 총 상조회비는 얼마인가?

〈상조비 항목별 지급액〉

(단위 : 원)

항목	축의금	항목	조의금
본인결혼	1,000,000	본인	1,000,000
자녀출산축하	850,000	배우자	1,000,000
자녀돌잔치	500,000	부모님	500,000
자녀결혼	700,000	배우자 부모님	500,000

〈직급별 상조회비〉

(단위 : 원)

구분	사원	대리	과장 이상	부장 이상
회비	12,000	15,000	20,000	30,000

〈조건〉

- B과장은 결혼하기 전에 입사하였다.
- B과장의 3명의 자녀 중 첫째와 둘째는 결혼을 하였으며, 두 자녀에 대한 축의금을 지급받았다.
- 자녀관련 축의금은 2명까지 적용한다.
- 급여는 매달 초에 지급하며, 상조회비는 월급에서 일괄 공제된다.

	상조회 지급액	상조회비
①	1,500,000원	320,000원
②	1,000,000원	320,000원
③	2,550,000원	350,000원
④	1,000,000원	350,000원
⑤	2,550,000원	270,000원

다음은 확정급여형과 확정기여형 2가지의 퇴직연금제도에 대한 자료이다. A의 근무정보 및 예상투자수익률 등에 대한 정보가 〈보기〉와 같을 때, 퇴직연금제도별로 A가 수령할 것으로 예상되는 퇴직금 총액으로 바르게 연결된 것은?

〈퇴직연금제도〉

○ 확정급여형(DB형)
- 근로자가 받을 퇴직금 급여의 수준이 사전에 결정되어 있는 퇴직연금제도로서, 회사는 금융기관을 통해 근로자의 퇴직금을 운용하고 근로자는 정해진 퇴직금을 받는 제도이다.
- (퇴직금)＝(직전 3개월 평균임금)×(근속년수)

○ 확정기여형(DC형)
- 회사가 부담해야 할 부담금 수준이 사전에 결정되어 있는 제도로서, 회사가 회사부담금을 금융기관에 납부하고, 회사부담금 및 근로자부담금을 근로자가 직접 운용해서 부담금(원금) 및 그 운용 손익을 퇴직금으로 받는 제도이다.
- (퇴직금)＝[(연 임금총액)÷12]×[1+(운용수익률)]

〈보기〉

- A는 퇴직하려는 회사에 2013년 5월 7일에 입사하여 2023년 8월 2일에 퇴직할 예정이다.
- A가 퇴직하려는 해의 A의 예상 월급은 900만 원이다.
- A의 월급은 매년 1월 1일에만 50만 원씩 인상되었다.
- A의 예상 운용수익률은 매년 10%이다.
- 매년 회사의 퇴직금 부담률은 A의 당해 연도 평균월급의 50%이다.

	확정급여형	확정기여형
①	1억 원	7,425만 원
②	1억 원	6,750만 원
③	9,000만 원	7,425만 원
④	9,000만 원	6,750만 원
⑤	8,500만 원	7,425만 원

26 다음 중 〈보기〉의 문장이 들어갈 위치로 가장 적절한 것은?

현대 사회가 다원화되고 복잡해지면서 중앙 정부는 물론, 지방 자치 단체 또한 정책 결정 과정에서 능률성과 효과성을 우선시하는 경향이 커져 왔다. 이로 인해 전문적인 행정 담당자를 중심으로 한 정책 결정이 빈번해지고 있다. 그러나 지방 자치 단체의 정책 결정은 지역 주민의 의사와 무관하거나 배치되어서는 안 된다는 점에서 이러한 정책 결정은 지역 주민의 의사에 보다 부합하는 방향으로 보완될 필요가 있다. __(가)__
행정 담당자 주도로 이루어지는 정책 결정의 문제점을 극복하기 위해 그동안 지방 자치 단체 자체의 개선 노력이 없었던 것은 아니다. __(나)__ 이 둘은 모두 행정 담당자 주도의 정책 결정을 보완하기 위해 시장 경제의 원리를 부분적으로 받아들였다는 점에서는 공통되지만, 운영 방식에는 차이가 있다. 민간화는 지방 자치 단체가 담당하는 특정 업무의 운영권을 민간 기업에 위탁하는 것으로, 기업 선정을 위한 공청회에 주민들이 참여하는 등의 방식으로 주민들의 요구를 반영하는 것이다. __(다)__ 하지만 민간화를 통해 수용되는 주민들의 요구는 제한적이므로 전체 주민의 이익이 반영되지 못하는 경우가 많고, 민간 기업의 특성상 공익의 추구보다는 기업의 이익을 우선한다는 한계가 있다. 경영화는 민간화와는 달리, 지방 자치 단체가 자체적으로 민간 기업의 운영 방식을 도입하는 것을 말한다. 주민들을 고객으로 대하며 주민들의 요구를 충족하고자 하는 것이다. __(라)__
이러한 한계를 해소하고 지방 자치 단체의 정책 결정 과정에서 지역 주민 전체의 의견을 보다 적극적으로 반영하기 위해서는 주민 참여 제도의 활성화가 요구된다. __(마)__ 현재 우리나라의 지방 자치 단체가 채택하고 있는 간담회, 설명회 등의 주민 참여 제도는 주민들의 의사를 간접적으로 수렴하여 정책에 반영하는 방식인데, 주민들의 의사를 더욱 직접적으로 반영하기 위해서는 주민 투표, 주민 소환, 주민 발안 등의 직접 민주주의 제도를 활성화하는 방향으로 주민 참여 제도가 전환될 필요가 있다.

───────〈보기〉───────

ㄱ. 지역 주민의 요구를 수용하기 위해 도입한 '민간화'와 '경영화'가 대표적인 사례이다.

ㄴ. 그러나 주민 감시나 주민자치위원회 등을 통한 외부의 적극적인 견제가 없으면 행정 담당자들이 기존의 관행에 따라 업무를 처리하는 경향이 나타나기도 한다.

	ㄱ	ㄴ
①	(가)	(다)
②	(나)	(다)
③	(다)	(라)
④	(나)	(라)
⑤	(마)	(라)

27 다음은 특정분야의 기술에 대한 정보검색 건수를 연도별로 나타낸 자료이다. 이에 대한 〈보기〉 중 옳은 것을 모두 고르면?

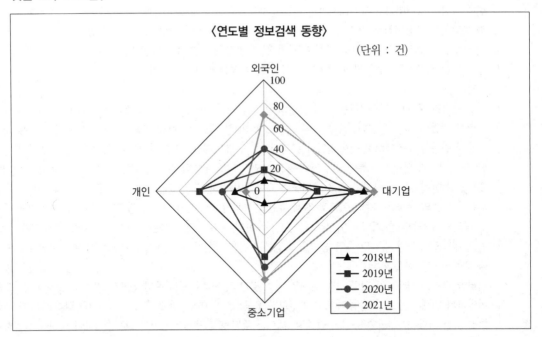

〈보기〉

ㄱ. 전체 검색 건수는 2019년에 가장 적었다.

ㄴ. 중소기업의 검색 건수는 2018년부터 2021년까지 계속 증가하고 있다.

ㄷ. 2018년부터 2021년까지 검색 건수 총합은 대기업이 가장 많았다.

ㄹ. 2020년에는 외국인과 개인의 검색 건수가 가장 적었고, 중소기업의 검색 건수가 가장 많았다.

① ㄱ, ㄴ
② ㄴ, ㄷ
③ ㄷ, ㄹ
④ ㄱ, ㄴ, ㄷ
⑤ ㄴ, ㄷ, ㄹ

28 다음 중 기사의 제목으로 적절하지 않은 것은?

서울 지하철 2호선 열차가 29일(화) 오후 3시 10분부터 약 10분간 운행을 멈춘다. 테러·화재 등 재난 상황에 대비하기 위한 안전한국훈련에 호응하기 위해서이다.

S공사는 29일 오후 3시부터 4시까지 2호선 신도림역과 인근 현대백화점(디큐브시티점)에서 전동차 폭발 테러 및 대형 화재 발생 상황을 가정한 재난대응 안전한국훈련을 실시한다고 밝혔다.

이번 훈련은 공사와 구로구청이 공동으로 주관하며, 군·경찰·소방·보건소 및 인근 민간 기업을 포함해 17개 유관기관의 직원 470여 명과 시민 60여 명 등이 참여하는 대규모 훈련이다.

훈련은 2호선 신도림역에 진입 중인 열차에 신원 미상의 테러범이 설치한 폭발물로 인해 열차가 파손되고 화재가 발생하며, 이후 테러범이 도주 중 인근 현대백화점에 추가로 불을 지르는 2차 피해 상황을 가정하여 진행된다.

이외에도 공사는 지하철 내 안전의식을 고취할 수 있도록 안전한국훈련 기간(10월 28일~11월 1일) 동안 다양한 시민 참여형 체험 행사를 마련했다.

S공사 사장은 "훈련 당일 2호선이 잠시 멈출 예정이기에 시민들께 양해를 구하며, 신도림역 이용 시 발생되는 연기와 불꽃에 당황하지 말고 직원의 안내에 따라주시길 바란다."라며 안전한 지하철을 만들기 위한 이번 훈련에 시민들의 적극적인 관심과 협조를 당부했다.

① 시민안전체험관에서 다양한 시민 참여형 체험 행사 마련
② 오늘 서울지하철 2호선 재난대응훈련 … 10분간 멈춘다.
③ 2호선 열차 운행 오후 3시 10분부터 약 10분간 중단 예정
④ 재난·테러에 대응하는 안전한국훈련 실시
⑤ 군·경·시민이 참여하는 안전한국훈련

29 다음 글을 근거로 판단할 때, 〈보기〉에서 옳은 것을 모두 고르면?

- 갑국의 1일 통관 물량은 1,000건이며, 모조품은 1일 통관 물량 중 1%의 확률로 존재한다.
- 검수율은 전체 통관 물량 중 검수대상을 무작위로 선정해 실제로 조사하는 비율을 뜻하는데, 현재 검수율은 10%로 전문 조사 인력은 매일 10명을 투입한다.
- 검수율을 추가로 10%p 상승시킬 때마다 전문 조사 인력은 1일당 20명이 추가로 필요하다.
- 인건비는 1인당 1일 기준 30만 원이다.
- 모조품 적발 시 부과되는 벌금은 건당 1,000만 원이며, 이 중 인건비를 차감한 나머지를 세관의 '수입'으로 한다.

※ 검수대상에 포함된 모조품은 모두 적발되고, 부과된 벌금은 모두 징수된다.

─────────〈보기〉─────────

ㄱ. 1일 평균 수입은 700만 원이다.
ㄴ. 모든 통관 물량에 대해 전수조사를 한다면 수입보다 인건비가 더 클 것이다.
ㄷ. 검수율이 40%면 1일 평균 수입은 현재의 4배 이상일 것이다.
ㄹ. 검수율을 30%로 하는 방안과 검수율을 10%로 유지한 채 벌금을 2배로 인상하는 방안을 비교하면, 벌금을 인상하는 방안의 1일 평균 수입이 더 많을 것이다.

① ㄱ, ㄴ
② ㄴ, ㄷ
③ ㄱ, ㄴ, ㄹ
④ ㄱ, ㄷ, ㄹ
⑤ ㄴ, ㄷ, ㄹ

30 다음 글의 (가)와 (나)에 들어갈 말을 〈보기〉에서 골라 가장 적절하게 짝지은 것은?

가설과 보조가설로부터 시험 명제 I를 연역적으로 이끌어냈지만, I가 거짓임이 실험 결과로 밝혀졌다고 해보자. 이 실험 결과를 수용하려면 어느 쪽인가는 수정하여야 한다. 가설을 수정하거나 완전히 폐기할 수도 있고, 아니면 가설은 그대로 유지하면서 보조가설만을 적절히 변경할 수도 있다. 결국 가설이 심각하게 불리한 실험 결과에 직면했을 때조차도 원리상으로는 가설을 유지시킬 수 있는 가능성이 언제나 남아 있는 것이다.

과학사의 예를 하나 생각해 보자. 토리첼리가 대기층의 압력이라는 착상을 도입하기 전에는 단순 펌프의 기능이 자연은 진공을 싫어한다는 가설에 입각하여 설명되었다. 다시 말해 피스톤이 끌려 올라감으로써 펌프통 속에 진공이 생기는데, 자연은 진공을 싫어하기 때문에 그 진공을 채우려고 물이 올라온다는 것이다. 하지만 페리에는 산꼭대기에서 기압계의 수은주가 산기슭에서보다 3인치 이상 짧아진다는 실험 결과를 제시하였다. 파스칼은 이 실험 결과가 자연은 진공을 싫어한다는 가설을 반박한다고 주장하며 다음처럼 말한다. "만일 수은주의 높이가 산기슭에서의 높이보다 산꼭대기에서 짧아지는 현상이 일어난다면, 그것은 공기의 무게와 압력 때문이지 자연이 진공을 싫어하기 때문이 아니라는 결론이 따라 나오네. 왜냐하면 산꼭대기에 압력을 가하는 공기량보다 산기슭에 압력을 가하는 공기량이 훨씬 많으며, 누구도 자연이 산꼭대기에서보다 산기슭에서 진공을 더 싫어한다고 주장할 수는 없기 때문일세."

파스칼의 이런 언급은 진공에 대한 자연의 혐오라는 가설이 구제될 수 있는 실마리를 제공한다. 페리에의 실험 결과는, 자연이 진공을 싫어한다는 가설이 함께 전제하고 있는 보조가설들 가운데 _____(가)_____ 를 반박하는 증거였다. 진공에 대한 자연의 혐오라는 가설과 페리에가 발견한 명백하게 불리한 증거를 수용하기 위해서는 앞의 보조가설 대신 _____(나)_____ 를 보조가설로 끌어들이는 것으로 충분하다.

───────────────〈보기〉───────────────

ㄱ. 진공에 대한 자연의 혐오 강도는 고도에 구애받지 않는다.
ㄴ. 진공에 대한 자연의 혐오가 고도의 증가에 따라 증가한다.
ㄷ. 진공에 대한 자연의 혐오가 고도의 증가에 따라 감소한다.

    (가)   (나)
①   ㄱ   ㄴ
②   ㄱ   ㄷ
③   ㄴ   ㄱ
④   ㄴ   ㄷ
⑤   ㄴ   ㄱ

31 다음 중 기사의 제목으로 적절한 것은?

D공사는 극심한 미세먼지가 연일 계속되고 국민들의 걱정이 높아지는 가운데, 고속도로 미세먼지를 줄이기 위한 다양한 대책을 시행하고 있다.

D공사는 3월 7일부터 9일간을 집중 청소 주간으로 정하고, 전국 고속도로 노면과 휴게소를 대대적으로 청소한다. 이번 집중 청소는 예년보다 2주일가량 앞당겨 실시하는 것으로, 지난해까지는 제설작업이 끝나는 3월 중순부터 노면 청소를 실시했다. 고속도로 노면 및 휴게소 집중 청소에는 총 4,000여 명의 인원과 2,660여 대의 장비가 동원되며, 지난해 청소 결과로 미루어 볼 때 약 660t 이상의 퇴적물이 제거될 것으로 보인다. 또한 올해부터는 연간 노면 청소의 횟수도 2배가량 늘려 연간 10 ~ 15회(월 2회 이상) 노면 청소를 실시하고, 미세먼지가 '나쁨' 수준일 때는 비산먼지를 발생시키는 공사도 자제할 계획이다.

미세먼지 농도가 더 높은 고속도로 터널 내부는 D공사가 자체 기술로 개발한 무동력 미세먼지 저감 시설을 추가로 설치할 계획이다. 미세먼지 저감 시설은 터널 천장에 대형 롤 필터를 설치하여 차량통행으로 자연스럽게 발생하는 교통풍을 통해 이동하는 미세먼지를 거르는 방식으로 별도의 동력이 필요 없으며, 비슷한 처리용량의 전기 집진기와 비교했을 때 설치비는 1/13 수준으로 유지관리도 경제적이다. 지난해 10월 서울 외곽고속도로 수리터널에 시범 설치해 운영한 결과 연간 190kg의 미세먼지를 제거할 수 있었고, 하루 공기 정화량은 4백50만m³로 도로분진흡입청소차 46대를 운영하는 것과 같은 효과를 보였다. D공사는 터널 미세먼지 저감 시설을 현재 1개소 외 올해 3개소를 추가로 설치할 계획이다.

한편 고속도로 휴게소의 경우 미세먼지 발생을 최소화하고 외부 공기로부터 고객들을 보호할 방안을 추진한다. 매장 내에는 공기청정기와 공기정화 식물을 확대 비치하고, 외부의 열린 매장에는 임시차단막을 설치하여 매장을 내부화할 계획이다. 또한 휴게소 매장 주방에는 일산화탄소와 미세먼지의 발생 위험이 있는 가스레인지 대신 인덕션을 도입할 계획이다.

D공사는 이 밖에도 요금수납원들에게 지난해와 올해 미세먼지 방지 마스크 8만 매를 무상지원하고 요금소 근무 시 마스크 착용을 권고하고 있으며, 건강검진 시 폐활량 검사를 의무적으로 시행하도록 하는 등 고속도로 근무자들의 근무환경 개선을 위한 노력도 기울이고 있다.

D공사 사장은 "최근 계속되는 미세먼지로 국민들이 야외 활동을 하지 못하는 심각한 상황"이며, "고객들이 안심하고 고속도로를 이용할 수 있도록 모든 노력을 기울이겠다."고 말했다.

※ 교통풍 : 차량 통행에 의해 주변 공기가 밀려나면서 발생하는 바람을 말하며, 통행이 원활한 경우 초속 4 ~ 8m 이상의 교통풍이 상시 존재한다.

① 봄철 미세먼지, 무엇이 문제인가?
② 미세먼지 주범을 찾아라.
③ 고속도로 휴게소 이렇게 바뀝니다.
④ 고속도로 미세먼지를 줄여라.
⑤ D공사, 무동력 미세먼지 저감 시설 성공적 개발

32 같은 해에 입사한 동기 A ~ E는 모두 S공사 소속으로 서로 다른 부서에서 일하고 있다. 이들이 근무하는 부서와 해당 부서의 성과급은 다음과 같다. 부서배치에 관한 조건, 휴가에 관한 조건을 참고했을 때 다음 중 항상 옳은 것은?

〈부서별 성과급〉

비서실	영업부	인사부	총무부	홍보부
60만 원	20만 원	40만 원	60만 원	60만 원

※ 각 사원은 모두 각 부서의 성과급을 동일하게 받는다.

〈부서배치 조건〉

- A는 성과급이 평균보다 적은 부서에서 일한다.
- B와 D의 성과급을 더하면 나머지 세 명의 성과급 합과 같다.
- C의 성과급은 총무부보다는 적지만 A보다는 많다.
- C와 D 중 한 사람은 비서실에서 일한다.
- E는 홍보부에서 일한다.

〈휴가 조건〉

- 영업부 직원은 비서실 직원보다 휴가를 더 늦게 가야 한다.
- 인사부 직원은 첫 번째 또는 제일 마지막으로 휴가를 가야 한다.
- B의 휴가 순서는 이들 중 세 번째이다.
- E는 휴가를 반납하고 성과급을 두 배로 받는다.

① A의 3개월 치 성과급은 C의 2개월 치 성과급보다 많다.
② C가 맨 먼저 휴가를 갈 경우, B가 맨 마지막으로 휴가를 가게 된다.
③ D가 C보다 성과급이 많다.
④ 휴가철이 끝난 직후, 급여명세서에 D와 E의 성과급 차이는 세 배이다.
⑤ B는 A보다 휴가를 먼저 출발한다.

33 P기업의 연구소에서는 신소재 물질을 개발하고 있다. 최근 새롭게 연구하고 있는 4가지 물질에 대해서 농도를 측정하기 위해 A ~ D연구기관에 요청을 하였다. 측정결과는 다음과 같은 자료로 제공되었다. 이를 이해한 내용으로 가장 적절하지 않은 것은?

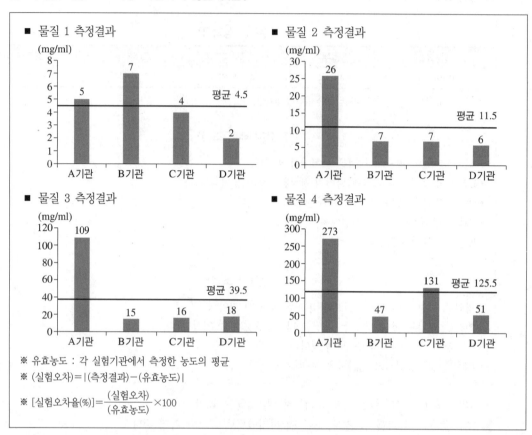

① 물질 1에 대한 B기관과 D기관의 실험오차율은 동일하다.

② 물질 3에 대한 실험오차율은 A기관이 가장 크다.

③ 물질 1에 대한 B기관의 실험오차율은 물질 2에 대한 A기관의 실험오차율보다 작다.

④ 물질 2에 대한 A기관의 실험오차율은 물질 2에 대한 B, C, D기관의 실험오차율 합보다 크다.

⑤ A기관의 실험 결과를 제외하면, 4개 물질의 유효농도 값은 제외하기 이전보다 작아진다.

34 다음은 육류의 원산지 표시방법을 나타낸 자료이다. 이를 근거로 할 때, 〈보기〉에서 옳은 것을 모두 고르면?

<table>
<tr><th colspan="2">〈원산지 표시방법〉</th></tr>
<tr><th>구분</th><th>표시방법</th></tr>
<tr>
<td>(가) 돼지고기, 닭고기, 오리고기</td>
<td>육류의 원산지 등은 국내산과 수입산으로 구분하고, 다음 항목의 구분에 따라 표시한다.
1) 국내산의 경우 괄호 안에 '국내산'으로 표시한다. 다만, 수입한 돼지를 국내에서 2개월 이상 사육한 후 국내산으로 유통하거나, 수입한 닭 또는 오리를 국내에서 1개월 이상 사육한 후 국내산으로 유통하는 경우에는 '국내산'으로 표시하되, 괄호 안에 축산물명 및 수입국가명을 함께 표시한다.
예 삼겹살(국내산), 삼계탕 국내산(닭, 프랑스산), 훈제오리 국내산(오리, 일본산)
2) 수입산의 경우 수입국가명을 표시한다.
예 삼겹살(독일산)
3) 원산지가 다른 돼지고기 또는 닭고기를 섞은 경우 그 사실을 표시한다.
예 닭갈비(국내산과 중국산을 섞음)</td>
</tr>
<tr>
<td>(나) 배달을 통하여 판매·제공되는 닭고기</td>
<td>1) 조리한 닭고기를 배달을 통하여 판매·제공하는 경우, 그 조리한 음식에 사용된 닭고기의 원산지를 포장재에 표시한다.
2) 1)에 따른 원산지 표시는 위 (가)의 기준에 따른다.
예 찜닭(국내산), 양념치킨(브라질산)</td>
</tr>
<tr><td colspan="2">※ 수입국가명은 우리나라에 축산물을 수출한 국가명을 말한다.</td></tr>
</table>

〈보기〉

ㄱ. 국내산 돼지고기와 프랑스산 돼지고기를 섞은 돼지갈비를 유통할 때, '돼지갈비(국내산과 프랑스산을 섞음)'로 표시한다.

ㄴ. 덴마크산 돼지를 수입하여 1개월 간 사육한 후 그 삼겹살을 유통할 때, '삼겹살 국내산(돼지, 덴마크산)'으로 표시한다.

ㄷ. 중국산 훈제오리를 수입하여 2개월 후 유통할 때, '훈제오리 국내산(오리, 중국산)'으로 표시한다.

ㄹ. 국내산 닭을 이용하여 양념치킨으로 조리한 후 배달 판매할 때, '양념치킨(국내산)'으로 표시한다.

① ㄱ, ㄴ   ② ㄱ, ㄹ
③ ㄴ, ㄷ   ④ ㄱ, ㄷ, ㄹ
⑤ ㄴ, ㄷ, ㄹ

35 다음 중 ㉠~㉣에 대한 판단으로 가장 적절한 것은?

동물실험이란 교육, 시험, 연구 및 생물학적 제제의 생산 등 과학적 목적을 위해 동물을 대상으로 실시하는 실험 및 그 절차를 말한다. 동물실험은 오랜 역사를 가진 만큼 이에 대한 찬반 입장이 복잡하게 얽혀있다.

인간과 동물의 몸이 자동 기계라고 보았던 근대 철학자 ㉠ 데카르트는 동물은 인간과 달리 영혼이 없어 쾌락이나 고통을 경험할 수 없다고 믿었다. 데카르트는 살아있는 동물을 마취도 하지 않은 채 해부 실험을 했던 것으로 악명이 높다. 당시에는 마취술이 변변치 않았을 뿐더러 동물이 아파하는 행동도 진정한 고통의 반영이 아니라고 보았기 때문에, 그는 양심의 가책을 느끼지 않았을 것이다. ㉡ 칸트는 이성 능력과 도덕적 실천 능력을 가진 인간은 목적으로서 대우해야 하지만, 이성도 도덕도 가지지 않는 동물은 그렇지 않다고 보았다. 그는 동물을 학대하는 일은 옳지 않다고 생각했는데, 동물을 잔혹하게 대하는 일이 습관화되면 다른 사람과의 관계에도 문제가 생기고 인간의 품위가 손상된다고 보았기 때문이다.

동물실험을 옹호하는 여러 입장들은 인간은 동물이 가지지 않은 언어 능력, 도구 사용 능력, 이성 능력 등을 가진다는 점을 근거로 삼는 경우가 많지만, 동물들도 지능과 문화를 가진다는 점을 들어 인간과 동물의 근본적 차이를 부정하는 이들도 있다. 현대의 ㉢ 공리주의 생명윤리학자들은 이성이나 언어 능력에서 인간과 동물이 차이가 있더라도 동물실험이 정당화되는 것은 아니라고 본다. 이들에게 도덕적 차원에서 중요한 기준은 고통을 느낄 수 있는지 여부이다. 인종이나 성별과 무관하게 고통은 최소화되어야 하듯, 동물이 겪고 있는 고통도 마찬가지이다. 이들이 문제 삼는 것은 동물실험 자체라기보다는 그것이 초래하는 전체 복지의 감소에 있다. 따라서 동물에 대한 충분한 배려 속에서 전체적인 복지를 증대시킬 수 있다면, 일부 동물실험은 허용될 수 있다.

이와 달리, 현대 철학자 ㉣ 리건은 몇몇 포유류의 경우 각 동물 개체가 삶의 주체로서 갖는 가치가 있다고 주장하면서, 이 동물에게는 실험에 이용되지 않을 권리가 있다고 본다. 이러한 고유한 가치를 지닌 존재는 존중되어야 하며 결코 수단으로 취급되어서는 안 된다. 따라서 개체로서의 가치와 동물권을 지니는 대상은 그 어떤 실험에도 사용되지 않아야 한다.

① ㉠과 ㉡은 이성과 도덕을 갖춘 인간의 이익을 우선시하기 때문에 동물실험에 찬성한다.
② ㉠과 ㉢은 동물이 고통을 느낄 수 있는지 여부에 관해 견해가 서로 다르다.
③ ㉡과 ㉣은 인간과 동물의 근본적 차이로 인해 동물을 인간과 다르게 대우해도 좋다고 본다.
④ ㉢은 언어와 이성 능력에서 인간과 동물이 차이가 있음을 부정한다.
⑤ ㉣은 동물이 고통을 느낄 수 있는 존재이기 때문에 각 동물 개체가 삶의 주체로서 가치를 지닌다고 본다.

36 다음은 A ~ D자동차의 성능을 비교한 자료이다. K씨의 가족은 서울에서 거리가 140km 떨어진 곳으로 여행을 가려고 한다. 가족 구성원은 총 4명이며 모두가 탈 수 있는 차를 렌트하려고 할 때, 어떤 자동차를 이용하는 것이 가장 비용이 적게 드는가?(단, 비용은 일의 자리에서 반올림한다)

〈자동차 성능 현황〉

구분	종류	연료	연비
A자동차	하이브리드	일반 휘발유	25km/L
B자동차	전기	전기	6km/kW
C자동차	가솔린 자동차	고급 휘발유	19km/L
D자동차	가솔린 자동차	일반 휘발유	20km/L
E자동차	가솔린 자동차	고급 휘발유	22km/L

〈연료별 비용〉

구분	비용
전기	500원/kW
일반 휘발유	1,640원/L
고급 휘발유	1,870원/L

〈자동차 인원〉

구분	인원
A자동차	5인용
B자동차	2인용
C자동차	4인용
D자동차	6인용
E자동차	4인용

① A자동차

② B자동차

③ C자동차

④ D자동차

⑤ E자동차

'사람 한 명 당 쥐 한 마리', 즉 지구상에 사람 수 만큼의 쥐가 있다는 통계에 대한 믿음은 1백년쯤 된 것이지만 잘못된 믿음이다. 이 가설은 1909년 뷜터가 쓴 『문제』라는 책에서 비롯되었다. 영국의 지방을 순회하던 뷜터에게 문득 이런 생각이 떠올랐다. "1에이커(약 4천 제곱미터)에 쥐 한 마리쯤 있다고 봐도 별 무리가 없지 않을까?" 이것은 근거가 박약한 단순한 추측에 불과했지만, 그는 무심코 떠오른 이런 추측에서 추론을 시작했다. 뷜터는 이 추측을 ⊙ 첫 번째 전제로 삼고 영국의 국토 면적이 4천만 에이커 정도라는 사실을 추가 전제로 고려하여 영국에 쥐가 4천만 마리쯤 있으리라는 ⓛ 중간 결론에 도달했다. 그런데 마침 당시 영국의 인구가 약 4천만 명이었고, 이런 우연한 사실을 발판 삼아 그는 세상 어디에나 인구 한 명 당 쥐도 한 마리쯤 있을 것이라는 ⓒ 최종 결론을 내렸다. 이것은 논리적 관점에서 타당성이 의심스러운 추론이었지만, 사람들은 이 결론을 이상하리만큼 좋아했다. 쥐의 개체수를 실제로 조사하는 노고도 없이 '한 사람당 쥐 한 마리'라는 어림값은 어느새 사람들의 믿음으로 굳어졌다. 이 믿음은 국경마저 뛰어넘어, 미국의 방역업체나 보건을 담당하는 정부 기관이 이를 참고하기도 했다. 지금도 인구 약 900만 명인 뉴욕시에 가면 뉴욕시에 900만 마리쯤의 쥐가 있다고 믿는 사람을 어렵잖게 만날 수 있다.

〈정보〉

(가) 최근 조사에 의하면 뉴욕시에는 약 30만 마리의 쥐가 있는 것으로 추정된다.

(나) 20세기 초의 한 통계조사에 의하면 런던의 주거 밀집 지역에는 가구 당 평균 세 마리의 쥐가 있었다.

(다) 사람들이 자기 집에 있다고 생각하는 쥐의 수는 실제 조사를 통해 추정된 쥐의 수보다 20% 정도 더 많다.

(라) 쥐의 개체수 조사에는 특정 건물을 표본으로 취해 쥐구멍을 세고 쥐 배설물 같은 통행 흔적을 살피는 방법과 일정 면적마다 설치한 쥐덫을 활용하는 방법 등이 있는데, 다양한 방법으로 조사한 결과가 서로 높은 수준의 일치를 보인다.

① (가)는 ⓒ을 약화한다.
② (나)는 ⊙을 강화한다.
③ (다)는 ⓒ을 강화한다.
④ (라)는 ⓛ을 약화한다.
⑤ (나)와 (다)가 참인 경우, ⓛ은 참일 수 없다.

38 다음 글을 토대로 〈보기〉의 빈칸에 해당하는 금액은?

> 카지노를 경영하는 사업자는 다음의 징수비율에 해당하는 금액(납부금)을 '관광진흥개발기금'에 내야 한다. 만일 납부기한까지 납부금을 내지 않으면, 체납된 납부금에 대해서 100분의 3에 해당하는 가산금이 1회에 한하여 부과된다(다만, 가산금에 대한 연체료는 없다).
>
> ### 〈납부금 징수비율〉
>
> - 연간 총매출액이 10억 원 이하인 경우 : 총매출액의 100분의 1
> - 연간 총매출액이 10억 원을 초과하고 100억 원 이하인 경우 : 1천만 원+(총매출액 중 10억 원을 초과하는 금액의 100분의 5)
> - 연간 총매출액이 100억 원을 초과하는 경우 : 4억 6천만 원+(총매출액 중 100억 원을 초과하는 금액의 100분의 10)

> ────────〈보기〉────────
>
> 카지노 사업자 갑의 연간 총매출액은 10억 원, 사업자 을의 경우는 90억 원, 사업자 병의 경우는 200억 원이다.
> - 갑이 납부금 전액을 체납했을 때, 체납된 납부금에 대한 가산금은 __A__ 만 원이다.
> - 을이 기한 내 납부금으로 4억 원만을 낸 때, 체납된 납부금에 대한 가산금은 __B__ 만 원이다.
> - 병이 기한 내 납부금으로 14억 원만을 낸 때, 체납된 납부금에 대한 가산금은 __C__ 만 원이다.

	A	B	C
①	30	30	180
②	30	30	3,180
③	30	180	180
④	180	30	3,180
⑤	180	180	3,180

39 다음은 충청남도 포장도로 현황에 대한 자료이다. 이에 대한 〈보기〉 중 옳은 것을 모두 고르면?

〈충청남도 포장도로 현황〉

(단위 : km, %)

지역 ＼ 구분	포장도로					포장률
	고속도로	일반국도	지방도	시·군도	합	
A	50	90	100	700	940	75
B	40	160	240	330	770	73
C	45	110	99	280	534	75
D	0	120	130	530	780	54
E	20	100	100	520	740	50
F	51	70	140	240	501	88
G	0	10	5	110	125	96
H	25	60	110	130	325	85
I	0	48	100	130	278	75
J	0	70	70	170	310	75

※ $[\text{포장률}(\%)] = \dfrac{(\text{포장도로 길이의 합})}{(\text{전체 도로길이})} \times 100$

─〈보기〉─

ㄱ. C지역의 전체 도로 길이는 712km이다.

ㄴ. 전체 도로 길이가 가장 짧은 지역은 I이다.

ㄷ. 포장도로에서 고속도로가 차지하는 비율이 가장 큰 지역은 F이다.

ㄹ. 비포장도로의 길이가 가장 짧은 지역은 D이다.

① ㄱ, ㄴ
② ㄱ, ㄷ
③ ㄴ, ㄷ
④ ㄴ, ㄹ
⑤ ㄷ, ㄹ

40 K씨는 현재 구청에서 폐기물 처리 업무를 맡고 있다. 다음은 구청의 대형폐기물 수거기준 및 비용에 대한 일부 자료이다. 〈보기〉와 같은 M구 주민의 문의전화를 받았을 때, K씨가 이를 참고하여 안내해야 할 폐기물 처리 비용은 얼마인가?

〈대형폐기물 수거기준 및 비용〉

분야	품목	규격	수수료
가구류	문갑	길이 1m당	3,000원
	비키니옷장	–	2,000원
	서랍장	1단당	1,000원
	소파	1인용당	3,000원
	신발장	높이 50cm당	1,000원
	오디오 장식장	폭 1m당	2,000원
	옷걸이	행거, 스탠드	2,000원
	의자	–	2,000원
	장롱	폭 30cm당	2,000원
	장식장	폭 50cm당	2,000원
	침대	1인용 매트리스	5,000원
		2인용 매트리스	8,000원
		2인용 침대틀	7,000원
		1인용 침대틀	5,000원
	텔레비전 받침	길이 1m당	3,000원
	화장대	–	3,000원

〈보기〉

안녕하세요. 이번에 저희 집이 이사를 가게 되면서 대형폐기물들을 처리하고자 합니다. 폐기물 품목은 길이 2m에 해당하는 문갑 1개와 폭 1.5m에 해당하는 장롱 2개, 어머니가 쓰시던 화장대 2개가 있구요. 또 스탠드형 옷걸이 3개, 2인용 침대의 매트리스 1개와 침대틀 1개, 1인용 매트리스 1개가 있습니다. 텔레비전 받침도 1개 있는데 한 2m 되는 것 같네요. 그리고 2m 높이의 신발장도 2개 처리하려고 합니다. 총 처리비용이 어떻게 될까요?

---

① 68,000원
② 70,000원
③ 72,000원
④ 74,000원
⑤ 83,000원

41 다음 상황을 근거로 판단할 때, 〈보기〉에서 옳은 것을 모두 고르면?

〈상황〉

- 체육대회에서 8개의 종목을 구성해 각 종목에서 우승 시 얻는 승점을 합하여 각 팀의 최종 순위를 매기고자 한다.
- 각 종목은 순서대로 진행하고, 3번째 종목부터는 각 종목 우승 시 받는 승점이 그 이전 종목들의 승점을 모두 합한 점수보다 10점 더 많도록 구성하였다.

※ 승점은 각 종목의 우승 시에만 얻을 수 있으며, 모든 종목의 승점은 자연수이다.

〈보기〉

ㄱ. 1번째 종목과 2번째 종목의 승점이 각각 10점, 20점이라면 8번째 종목의 승점은 1,000점을 넘게 된다.

ㄴ. 1번째 종목과 2번째 종목의 승점이 각각 100점, 200점이라면 8번째 종목의 승점은 10,000점을 넘게 된다.

ㄷ. 1번째 종목과 2번째 종목의 승점에 상관없이 8번째 종목의 승점은 6번째 종목 승점의 4배이다.

ㄹ. 만약 3번째 종목부터 각 종목 우승 시 받는 승점이 그 이전 종목들의 승점을 모두 합한 점수보다 10점 더 적도록 구성한다면, 1번째 종목과 2번째 종목의 승점에 상관없이 8번째 종목의 승점은 6번째 종목 승점의 4배보다 적다.

---

① ㄱ, ㄷ
② ㄱ, ㄹ
③ ㄴ, ㄷ
④ ㄱ, ㄴ, ㄹ
⑤ ㄴ, ㄷ, ㄹ

42 다음 상황을 근거로 판단할 때, 대안의 월 소요 예산 규모를 비교한 내용으로 옳은 것은?

〈상황〉

- K사무관은 빈곤과 저출산 문제를 해결하기 위한 대안을 분석 중이다.
- 전체 1,500가구는 자녀 수에 따라 네 가지 유형으로 구분할 수 있는데, 그 구성은 무자녀 가구 300가구, 한 자녀 가구 600가구, 두 자녀 가구 500가구, 세 자녀 이상 가구 100가구이다.
- 전체 가구의 월 평균 소득은 200만 원이다.
- 각 가구 유형의 30%는 맞벌이 가구이다.
- 각 가구 유형의 20%는 빈곤 가구이다.

〈대안〉

- A안 : 모든 빈곤 가구에게 전체 가구 월 평균 소득의 25%에 해당하는 금액을 가구당 매월 지급한다.
- B안 : 한 자녀 가구에는 10만 원, 두 자녀 가구에는 20만 원, 세 자녀 이상 가구에는 30만 원을 가구당 매월 지급한다.
- C안 : 자녀가 있는 모든 맞벌이 가구에 자녀 1명당 30만 원을 매월 지급한다. 다만 세 자녀 이상의 맞벌이 가구에는 일률적으로 가구당 100만 원을 매월 지급한다.

① A< B< C
② A< C< B
③ B< A< C
④ B< C< A
⑤ C< A< B

43 다음 글을 근거로 판단할 때, 〈보기〉에서 옳은 것을 모두 고르면?

상수도 요금을 결정하는 방식은 다음의 A, B, C, D 4가지 방식이 존재한다.

A는 상수사용량에 관계없이 일정한 금액을 요금으로 부과하는 방식으로, 수량이 풍부하던 19세기까지 선진국에서 많이 사용하던 방식이다. 이 방식은 요금징수가 편리하며 요금 체계가 단순하여 사용자의 이해나 적용의 측면에서 용이하고 재원 확보 확실성 등의 이점이 있다. 반면에 사용자가 일정한 금액만 지불하면 얼마든지 상수를 사용할 수 있으므로 필요 이상의 상수가 낭비되어 자원의 비효율적인 사용을 유발할 수 있는 단점이 있다.

B는 일정 사용 수준까지만 정액요금을 부과하고 그 이상을 초과하는 사용량에 대해서는 사용량에 비례하여 일정 요율을 적용하는 요금체계로, 현실적으로 가장 많이 적용되고 있는 체계이다. 여기에서의 정액요금은 기본요금 또는 최저요금이라고도 불리우며, 정액요금제와는 달리 일정 수준의 상수 사용량까지만 동일한 정액요금을 부과하는 방식이다.

C는 상수사용을 억제할 목적으로 상수 소비량이 증대할수록 단위당 적용요율이 상승하는 요금구조를 가지고 있으며, 개도국을 중심으로 가장 많이 적용되고 있는 방법이다. 이 요금제도는 소득이 많은 사용자들이 상수를 더 많이 소비할 것이라는 가정에 근거를 두고 상수 소비를 많이 할수록 보다 높은 단위당 요율이 적용된다.

D는 취수지점 또는 상수공급지점으로부터의 거리에 비례하여 요율에 차등을 두는 제도로, 사용자에 도달하는 용수 비용에 따라 요율을 다르게 설정한다.

─────〈보기〉─────

ㄱ. 물 절약을 유도하기 위해서는 A를 채택하지 않는 것이 바람직하다.
ㄴ. 생활필수적인 기본수량에 저렴한 정액요금을 부여하기 위해서는 B를 적용하는 것이 바람직하다.
ㄷ. 계층 간의 소득을 고려한다면 C를 적용하는 것이 바람직하다.
ㄹ. 소득차를 반영하려면 D를 적용하는 것이 바람직하다.

① ㄱ, ㄴ
② ㄴ, ㄷ
③ ㄷ, ㄹ
④ ㄱ, ㄴ, ㄷ
⑤ ㄴ, ㄷ, ㄹ

44 다음은 Q공사의 기록물 관리 규정의 일부이다. 이를 이해한 내용으로 적절하지 않는 것은?

제44조(비밀기록물의 관리)

① 비밀기록물을 생산할 때에는 기록물분류기준표의 보존기간과 보존기간별 분류기준을 참고하여 해당 비밀원본의 보존기간을 비밀보호기간의 책정과 동시에 정하여야 한다.

② 비밀기록물의 원본에 다음 각 호의 어느 하나에 해당하는 사유가 발생한 경우에는 사유발생일이 속하는 해의 다음 연도 중에 당해 기록물을 기록관으로 이관하여야 한다. 다만, 업무활용 및 그 밖의 부득이한 사유로 이관이 곤란하다고 인정되는 비밀기록물의 원본은 기록관장과 협의하여 이관시기를 연장할 수 있다.

  1. 일반문서로 재분류한 경우

  2. 예고문에 의하여 비밀보호기간이 만료된 경우

  3. 생산 후 30년이 경과한 경우

③ 제2항에 따라 기록관으로 이관하는 기록물 중 비밀기록물은 건별로 봉투에 넣어 봉인한 후 기록물 이관목록과 함께 이관하여야 한다.

④ 기록관장은 비밀기록물 중 다음 각 호의 어느 하나에 해당하는 기록물에 대하여 재분류를 실시할 수 있다.

  1. 보존기간의 기산일부터 30년이 경과한 비밀기록물. 다만, 예고문에 의하여 비밀보호기간이 남아있는 비밀기록물인 경우에는 생산부서와의 협의를 거쳐야 한다.

  2. 생산부서와 협의하여 재분류를 위임받은 비밀기록물

  3. 해당 기록물의 생산부서가 폐지되고 그 기능을 승계한 부서가 분명하지 아니한 비밀기록물

⑤ 기록관장은 비밀기록물을 위한 별도의 전용서고를 설치하고 비밀기록물 관리요원을 지정하여야 하며, 비밀기록물의 취급과정에서 기밀이 누설되지 아니하도록 필요한 보안대책을 수립·시행하여야 한다.

제46조(비밀기록물의 전산관리)

① 기록관장은 제44조에 따라 이관받은 비밀기록물의 목록이나 내용을 전산으로 관리하고자 할 때에는 비밀기록물 전용의 전산장비를 따로 설치·운영하여야 한다.

② 제1항에 따라 비밀기록물을 수록한 전산자료는 정보통신망에 의한 외부연결을 차단하거나 통신보안조치를 강구하여 정보통신망에 의하여 비밀이 유출되지 아니하도록 관리하여야 한다.

---

① 비밀기록물의 비밀보호기간을 책정할 때 비밀원본의 보존기간도 함께 정해야 한다.

② 올해로 생산한 지 30년이 된 비밀기록물의 원본은 내년 중에 기록관으로 이관해야 한다.

③ 비밀기록물 관리요원은 비밀기록물 취급과정에서 필요한 보안대책을 수립해야 한다.

④ 전산으로 관리하고자 할 때에는 비밀기록물의 목록은 비밀기록물 전용 전산장비를 통해 관리해야 한다.

⑤ 생산부서가 폐지되고 그 기능을 승계한 부서가 분명하지 않은 비밀기록물의 경우 기록관장이 재분류를 실시할 수 있다.

방송의 발달은 가정에서 뉴스, 교양, 문화, 예술 등을 두루 즐길 수 있게 한다는 점에서 일상생활 양식에 큰 변화를 가져왔다. 영국 런던의 공연장에서 열창하는 파바로티의 모습이나, 미국의 야구장에서 경기하는 선수들의 멋진 모습을 한국의 안방에서 위성 중계 방송을 통해 실시간으로 볼 수 있게 되었다. 대중들은 언제라도 고급문화나 대중문화를 막론하고 모든 종류의 문화 예술이나 오락 프로그램을 저렴한 비용으로 편안하게 즐길 수 있게 된 것이다. 방송의 발달이 고급문화와 대중문화의 경계를 허물어 버린 셈이다.

20세기 말에 들어와 위성 텔레비전 방송과 인터넷 방송이 발달하면서, 고급문화와 대중문화의 융합 차원을 넘어 전 세계의 문화가 더욱 융합하고 혼재하는 현상을 보이기 시작했다. 위성 방송의 발전 및 방송 프로그램의 국제적 유통은 국가 간, 종족 간의 문화 차이를 좁히는 기능을 했다. 이렇게 방송이 세계의 지구촌화 현상을 더욱 가속화하면서, 세계 각국의 다양한 민족이 즐기는 대중문화는 동질성을 갖게 되었다.

최근 들어 디지털 위성 방송, HDTV, VOD 등 방송 기술의 눈부신 발전은, 방송이 다룰 수 있는 내용의 범위와 수준을 이전과 비교할 수 없을 만큼 높이 끌어올렸고, 우리의 일상생활 패턴까지 바꾸어 놓았다. 또한, 이러한 기술의 발전으로 인해 방송은 오늘날 매우 중요한 광고 매체의 하나로 자리 잡게 되었다. 방송이 지닌 이와 같은 성격은 문화에 큰 영향을 주는 요인으로 작용했다고 할 수 있다. 커뮤니케이션 학자 마샬 맥루한은 방송의 이러한 성격과 관련하여 "미디어는 곧 메시지이다."라고 말한 바 있다. 이 말은 방송의 기술적·산업적 기반이 방송의 내용에 매우 큰 영향을 끼친다는 의미로 해석할 수 있다. 요즘의 대중문화는 거의 매스 미디어에 의해 형성된다고 해도 과언이 아닐 정도로 방송의 기술적 측면이 방송의 내용적 측면, 즉 문화에 미치는 영향은 크다.

이러한 방송의 위상 변화는 방송에 의한 대중문화의 상업주의적, 이데올로기적 성격을 그대로 드러내 준다. 이를 단적으로 보여 주는 한 가지 예가 '스타 현상'이다. 오늘날의 사회적 우상으로서 대중의 사랑을 한 몸에 받는 마이클 잭슨, 마이클 조던, 서태지 등은 방송이 만들어 낸 대중 스타들이다. 이러한 슈퍼스타들은 대중의 인기로 유지되는 문화 산업 시장을 독점하기 위해 만들어진 문화 상품이다. 현대 사회에서 문화 산업 발전의 첨병(尖兵)으로 방송이 만들어 낸 스타들은 로웬달이 말하는 '소비적 우상들'인 것이다. 이러한 대중문화 우상들의 상품화를 배경으로 하여 형성된 문화 산업 구조는 대중을 정치적 우중(愚衆)으로 만들기도 한다.

앞으로도 방송의 기술적·산업적 메커니즘은 대중문화에 절대적인 영향을 미칠 것으로 예상된다. 방송 메커니즘은 다양하면서도 차별화된 우리의 문화적 갈증을 풀어 주기도 하겠지만, 대중문화의 상업주의, 소비주의, 향락주의를 더욱 심화시킬 우려 또한 크다. 21세기의 대중문화가 보다 생산적이고 유익한 것이 되고 안 되고는, 우리가 방송에 의한 폐해를 경계하는 한편, 방송 내용에 예술적 가치, 진실성, 지적 성찰 등을 얼마나 담아낼 수 있는가에 달려 있다.

45 윗글에 대한 설명으로 적절하지 않은 것은?

① 방송이 문화에 미치는 영향력을 고찰하고 있다.
② 전문가의 견해를 인용하여 논지를 강화하고 있다.
③ 구체적 사례를 들어 방송의 특성을 부각시키고 있다.
④ 방송의 속성을 친숙한 대상에 빗대어 유추하고 있다.
⑤ 기술 발전에 따른 방송의 위상 변화를 서술하고 있다.

46 윗글에 대한 반응으로 적절한 것은?

① 고급문화와 대중문화의 정체성을 확보하는 일이 중요하다는 말이군.
② 대중문화에 미치는 방송의 부정적 영향을 경계해야 한다는 말이군.
③ 문화 산업 시장을 독점하기 위한 전략을 만드는 일이 중요하다는 말이군.
④ 스타 시스템을 통해 문화 산업 발전의 첨병을 만들어 내야 한다는 말이군.
⑤ 매스 미디어의 기술적·산업적 메커니즘을 광고 매체에 활용하자는 말이군.

47 경찰관 또는 소방관이 직업인 네 사람 A~D에 대하여 다음 내용이 모두 참일 때, 항상 참인 것은?

> (가) A, B, C, D는 모두 같은 직장 동료가 있다.
> (나) A가 소방관이면 B가 소방관이거나 C가 경찰관이다.
> (다) C가 경찰관이면 D는 소방관이다.
> (라) D는 A의 상관이다.

① A, B의 직업은 다르다.
② A, C의 직업은 다르다.
③ B, C의 직업은 같다.
④ C, D의 직업은 같다.
⑤ B, D의 직업은 다르다.

〈6월 근태 현황〉

(단위 : 회)

구분	A사원	B사원	C사원	D사원
지각	1			1
결근				
야근				2
근태 총 점수(점)	0	−4	−2	0

〈6월 근태 정보〉

- 근태는 지각(−1), 결근(−1), 야근(+1)으로 이루어져 있다.
- A, B, C, D사원의 근태 총 점수는 각각 0점, −4점, −2점, 0점이다.
- A, B, C사원은 지각, 결근, 야근을 각각 최소 1회, 최대 3회 하였고 각 근태 횟수는 모두 달랐다.
- A사원은 지각을 1회 하였다.
- 근태 중 야근은 A사원이 가장 많이 했다.
- 지각은 B사원이 C사원보다 적게 했다.

48 다음 자료에 대한 설명으로 옳은 것은?

① 지각을 제일 많이 한 사람은 C사원이다.
② B사원은 결근을 2회 했다.
③ C사원은 야근을 1회 했다.
④ A사원은 결근을 3회 했다.
⑤ 야근은 가장 적게 한 사람은 A사원이다.

49 다음 중 지각보다 결근을 많이 한 사람은?

① A사원, B사원
② A사원, C사원
③ B사원, C사원
④ B사원, D사원
⑤ C사원, D사원

50 다음 글을 근거로 판단할 때, 〈보기〉에서 옳은 것을 모두 고르면?

갑, 을, 병이 바둑돌을 손가락으로 튕겨서 목표지점에 넣는 게임을 한다. 게임은 총 5라운드까지 진행하며, 라운드마다 바둑돌을 목표지점에 넣을 때까지 손가락으로 튕긴 횟수를 해당 라운드의 점수로 한다. 각 라운드의 점수가 가장 낮은 사람이 해당 라운드의 1위가 되며, 모든 라운드의 점수를 합산하여 그 값이 가장 작은 사람이 게임에서 우승한다.

아래의 표는 각 라운드별로 갑, 을, 병의 점수를 기록한 것이다. 4라운드와 5라운드의 결과는 실수로 지워졌는데, 그중 한 라운드에서는 갑, 을, 병 모두 점수가 같았고, 다른 한 라운드에서는 바둑돌을 한 번 튕겨서 목표지점에 넣은 사람이 있었다.

구분	1라운드	2라운드	3라운드	4라운드	5라운드	점수 합
갑	2	4	3			16
을	5	4	2			17
병	5	2	6			18

〈보기〉

ㄱ. 4라운드와 5라운드만을 합하여 바둑돌을 튕긴 횟수가 가장 많은 사람은 갑이다.

ㄴ. 바둑돌을 한 번 튕겨서 목표지점에 넣은 사람은 을이다.

ㄷ. 병의 점수는 라운드마다 달랐다.

ㄹ. 만약 각 라운드에서 단독으로 1위를 한 횟수가 가장 많은 사람이 우승하는 것으로 규칙을 변경한다면, 병이 우승한다.

① ㄱ, ㄴ

② ㄱ, ㄷ

③ ㄴ, ㄹ

④ ㄱ, ㄷ, ㄹ

⑤ ㄴ, ㄷ, ㄹ

4권

제4회
직업기초능력평가
고난도 모의고사

〈문항 및 시험시간〉

평가영역	문항 수	시험시간	모바일 OMR 답안채점 / 성적분석 서비스
의사소통능력＋수리능력 ＋문제해결능력＋자원관리능력	50문항	70분	

제4회 모의고사

문항 수 : 50문항
시험시간 : 70분

01 다음 글에 서술된 연구결과에 대한 판단으로 가장 적절한 것은?

> 320여 년 전 아일랜드의 윌리엄 몰리눅스가 제기했던 이른바 '몰리눅스의 물음'에 답하기 위한 실험이 최근 이루어졌다. 몰리눅스는 철학자 로크에게 보낸 편지에서 다음과 같이 물었다. "태어날 때부터 시각장애인인 사람이 둥근 공 모양과 정육면체의 형태 등을 단지 손으로 만져서 알게 된 후 어느 날 갑자기 눈으로 사물을 볼 수 있게 된다면, 그 사람은 손으로 만져보지 않고도 눈앞에 놓인 물체가 공 모양인지 주사위 모양인지 알아낼 수 있을까요?"
>
> 경험론자들은 인간이 아무것도 적혀 있지 않은 '빈 서판' 같은 마음을 가지고 태어나며 모든 관념과 지식은 경험에 의해 형성된다고 주장한 반면, 생득론자들은 인간이 태어날 때 이미 외부의 정보를 처리하는 데 필요한 관념들을 가지고 있다고 주장했다. 만일 인간의 정신 속에 그런 관념들이 존재한다면, 눈으로 보든 손으로 만지든 상관없이 사람들은 해당되는 관념을 찾아낼 것이다. 따라서 몰리눅스의 물음이 명확히 답변될 수 있다면 이런 양 편의 주장에 대한 적절한 판정이 내려질 것이다.
>
> 2003년에 인도의 한 연구팀이 뉴델리의 슈로프 자선안과병원과 협력하여 문제의 실험을 수행하였다. 실험은 태어날 때부터 시각장애인이었다가 수술을 통해 상당한 시력을 얻게 된 8세부터 17세 사이의 남녀 환자 6명을 대상으로 진행되었다. 연구자들은 수술 후 환자의 눈에서 붕대를 제거한 후 주변이 환히 보이는지 먼저 확인하고, 레고 블록 같은 물건을 이용해서 그들이 세밀한 시각 능력을 충분히 회복했음을 확인했다. 또 그들이 여전히 수술 이전 수준의 촉각 능력을 갖고 있음도 확인했다. 이제 연구자들은 일단 환자의 눈을 가리고 특정한 형태의 물체를 손으로 만지게 한 뒤, 서로 비슷하지만 뚜렷이 구별될 만한 두 물체를 눈앞에 내놓고 조금 전 만졌던 것이 어느 쪽인지 말하도록 했다. 환자가 촉각을 통해 인지한 형태와 시각만으로 인지한 형태를 성공적으로 연결할 수 있는지를 시험한 것이다. 그런데 이 실험에서 각 환자들이 답을 맞힌 비율은 50%, 즉 둘 중 아무 것이나 마구 고른 경우와 거의 차이가 없었다. 한편 환자들은 눈으로 사물을 읽는 법을 빠르게 배우는 것으로 나타났다. 연구팀은 그들이 대략 한 주 안에 정상인과 똑같이 시각만으로 사물의 형태를 정확히 읽을 수 있게 되었다고 보고하였다. 이로 인해 경험론자들과 생득론자들의 견해 중 한 입장이 강화되었다.

① 몰리눅스의 물음에 부정적인 답변이 나와 경험론자들의 견해가 강화되었다.
② 몰리눅스의 물음에 부정적인 답변이 나와 생득론자들의 견해가 강화되었다.
③ 몰리눅스의 물음에 긍정적인 답변이 나와 경험론자들의 견해가 강화되었다.
④ 몰리눅스의 물음에 긍정적인 답변이 나와 생득론자들의 견해가 강화되었다.
⑤ 몰리눅스의 물음에 긍정적인 답변이 나왔지만, 어느 견해를 강화할 수 있는지는 판명되지 않았다.

02 다음 글의 내용과 부합하는 것은?

> 감염에 대한 일반적인 반응은 열(熱)을 내는 것이다. 우리는 발열을 흔한 '질병의 증상'이라고만 생각한다. 아무런 기능도 없이 불가피하게 일어나는 수동적인 현상처럼 여긴다. 그러나 우리의 체온은 유전적으로 조절되는 것이며 아무렇게나 변하지 않는다. 병원체 중에는 우리의 몸보다 열에 더 예민한 것들도 있다. 체온을 높이면 그런 병원체들은 우리보다 먼저 죽게 되므로 발열 증상은 우리 몸이 병원체를 죽이기 위한 능동적인 행위가 되는 것이다.
>
> 또 다른 반응은 면역 체계를 가동시키는 것이다. 백혈구를 비롯한 우리의 세포들은 외부에서 침입한 병원체를 능동적으로 찾아내어 죽인다. 우리 몸은 침입한 병원체에 대항하는 항체를 형성하여 일단 치유된 뒤에는 다시 감염될 위험이 적어진다. 인플루엔자나 보통 감기 따위의 질병에 대한 우리의 저항력은 완전한 것이 아니어서 결국 다시 그 병에 걸릴 수도 있다. 어떤 질병에 대해서는 한 번의 감염으로 자극을 받아 생긴 항체가 평생 동안 그 질병에 대한 면역성을 준다. 바로 이것이 예방접종의 원리이다. 죽은 병원체를 접종함으로써 질병을 실제로 경험하지 않고 항체 생성을 자극하는 것이다.
>
> 일부 영리한 병원체들은 인간의 면역성에 굴복하지 않는다. 어떤 병원체는 우리의 항체가 인식하는 병원체의 분자구조, 즉 항원을 바꾸어 우리가 그 병원체를 알아보지 못하게 한다. 가령 인플루엔자는 항원을 변화시키기 때문에 이전에 인플루엔자에 걸렸던 사람이라도 새로이 나타난 다른 균종으로부터 안전할 수 없는 것이다.
>
> 인간의 가장 느린 방어 반응은 자연선택에 의한 반응이다. 어떤 질병이든지 남들보다 유전적으로 저항력이 더 많은 사람들이 있기 마련이다. 어떤 전염병이 한 집단에서 유행할 때 그 특정 병원체에 저항하는 유전자를 가진 사람들은 그렇지 못한 사람들에 비해 생존 가능성이 높다. 따라서 역사적으로 특정 병원체에 자주 노출되었던 인구 집단에는 그 병에 저항하는 유전자를 가진 개체의 비율이 높아질 수밖에 없다. 이 같은 자연선택의 예로 아프리카 흑인에게서 자주 발견되는 겸상(鎌狀) 적혈구 유전자를 들 수 있다. 겸상 적혈구 유전자는 적혈구의 모양을 정상적인 도넛 모양에서 낫 모양으로 바꾸어서 빈혈을 일으키므로 생존에 불리함을 주지만, 말라리아에 대해서는 저항력을 가지게 한다.

① 발열 증상은 수동적인 현상이지만, 감염병의 회복에 도움을 준다.

② 예방접종은 질병을 실제로 경험하게 하여 항체 생성을 자극한다.

③ 겸상 적혈구 유전자는 적혈구 모양을 도넛 모양으로 변화시켜 말라리아로부터 저항성을 가지게 한다.

④ 병원체의 항원이 바뀌면 이전에 형성된 항체가 존재하는 사람도 그 병원체가 일으키는 병에 걸릴 수 있다.

⑤ 어떤 질병이 유행한 적이 없는 집단에서는 그 질병에 저항력을 주는 유전자가 보존되는 방향으로 자연선택이 이루어졌다.

03 다음은 과목 등급 산정기준과 과목별 이수단위 및 민수의 과목별 석차에 대한 자료이다. 이에 따라 산정한 민수의 4개 과목 평균등급을 M이라 할 때, M의 범위로 옳은 것은?

〈표 1〉 과목 등급 산정기준

등급	과목석차 백분율
1	0% 초과 4% 이하
2	4% 초과 11% 이하
3	11% 초과 23% 이하
4	23% 초과 40% 이하
5	40% 초과 60% 이하
6	60% 초과 77% 이하
7	77% 초과 89% 이하
8	89% 초과 96% 이하
9	96% 초과 100% 이하

※ $[\text{과목석차 백분율(\%)}] = \dfrac{(\text{과목석차})}{(\text{과목이수인원})} \times 100$

〈표 2〉 과목별 이수단위 및 민수의 과목별 석차

과목 \ 구분	이수단위	석차(등)	이수인원(명)
국어	3	270	300
영어	3	44	300
수학	2	27	300
과학	3	165	300

〈평균등급 산출 공식〉

$$(\text{평균등급}) = \dfrac{[(\text{과목별 등급}) \times (\text{과목별 이수단위})의 합]}{(\text{과목별 이수단위의 합})}$$

① $3 \leq M < 4$

② $4 \leq M < 5$

③ $5 \leq M < 6$

④ $6 \leq M < 7$

⑤ $7 \leq M < 8$

04 다음은 어느 나라의 세목별 징수세액에 대한 자료이다. 이에 대한 〈조건〉을 이용하여 A ~ D에 해당하는 세목을 바르게 나열한 것은?

〈세목별 징수세액〉

(단위 : 억 원)

세목 \ 연도	2001년	2011년	2021년
소득세	35,569	158,546	344,233
법인세	31,079	93,654	352,514
A	395	4,807	12,207
증여세	1,035	4,205	12,096
B	897	10,173	10,163
C	52,602	203,690	469,915
개별소비세	12,570	27,133	26,420
주세	8,930	20,780	20,641
전화세	2,374	11,914	11,910
D	4,155	13,537	35,339

〈조건〉

- 2001년 징수세액이 5,000억 원보다 적은 세목은 상속세, 자산재평가세, 전화세, 증권거래세, 증여세이다.
- 2011년에 징수세액이 2001년에 비해 10배 이상 증가한 세목은 상속세와 자산재평가세이다.
- 2021년에 징수세액이 2011년에 비해 증가한 세목은 법인세, 부가가치세, 상속세, 소득세, 증권거래세, 증여세이다.

	A	B	C	D
①	상속세	자산재평가세	부가가치세	증권거래세
②	상속세	증권거래세	자산재평가세	부가가치세
③	자산재평가세	상속세	부가가치세	증권거래세
④	자산재평가세	부가가치세	상속세	증권거래세
⑤	증권거래세	상속세	부가가치세	자산재평가세

안심Touch

갑 : 나는 행복이 만족이라는 개인의 심리적 상태라고 본다. 내가 말하는 만족이란 어떤 순간의 욕구가 충족될 때 생겨나는 것으로서, 욕구가 더 많이 충족될수록 최고 만족에 더 접근한다. 동일한 조건에 있는 사람들 중에도 심리적 상태에 따라 더 행복하기도 하고 덜 행복하기도 하다는 것을 보면 내 주장이 옳다는 것을 알 수 있다.

을 : 아니다. 행복은 전체 삶을 놓고 볼 때 도덕적인 삶을 사는 것이다. 그 이유는 다음과 같다. 목표에는 규범적 목표와 비규범적 목표가 있다. 한 인간의 규범적 목표란, 그의 전체 삶이 끝나는 순간에만 그 달성 여부가 결정되는 목표이다. 반면에 비규범적 목표는 그 달성 여부가 삶의 어떤 순간에 결정된다. 예를 들어 만족은 욕구가 달성된 직후에 만족되었는지의 여부가 결정된다. 행복은 비규범적 목표가 아니라 규범적 목표이다. 그리고 도덕적인 삶 역시 전체 삶이 끝나는 순간에 그 달성 여부가 결정되는 규범적 목표이다. 그러므로 ㉠ 도덕적인 삶과 행복은 같다.

병 : 행복이 개인의 심리적 상태라는 갑의 주장에 반대한다. 나의 근거는 이렇다. 만약 행복이 심리적 상태라면, 그것은 도덕적으로 선한 자에게나 악한 자에게나 마찬가지로 성취될 수 있을 것이다. 예컨대 자신의 만족을 위해 잔악한 짓을 일삼는 악당은 도덕적 표준에 따르면 부도덕하지만, 우리는 그를 행복한 사람이라고 말해야 한다. 하지만 ㉡ 도덕적으로 타락한 그런 사람은 행복한 사람이 아니다. 행복한 사람은 모두 도덕적인 사람이기 때문이다.

정 : 병의 마지막 문장에는 동의한다. 다만, 행복의 달성에 필요한 조건들은 개인의 도덕성 외에도 많이 있다는 것을 나의 주장으로서 첨언하고 싶다. 그렇지 않다면, 왜 우리 사회와 국가는 궁핍을 없애고 국민의 건강을 증진하려 노력하며, 모든 국민들에게 참정권을 확장하고자 애쓰겠는가? 만일 각자의 도덕성이 우리의 행복을 위해 필요한 전부라면, 역사상 일어났던 수많은 사회 제도의 개혁들이 무의미해지고 말 것이다.

무 : 사회 제도의 개혁이 행복과 유관하다는 데에 대체로 공감한다. 그에 덧붙여서 나는, 사회 구성원 각자의 도덕성은 그 개인이 속한 사회가 추구하는 사회 복지의 실현에 기여함으로써 행복의 달성에 간접적으로 영향을 준다고 주장한다. 다만, 사회 복지는 그 사회에 속한 각 개인의 행복을 달성하기 위한 수단일 뿐 그 자체가 목표는 아니다.

05 윗글에 대한 분석으로 적절하지 않은 것은?

① 갑은 행복의 정도가 욕구의 충족에 의존한다는 것에 동의한다.
② 을의 논증에 다양한 규범적 목표가 있다는 전제를 추가하면 ㉠이 도출된다.
③ 병이 받아들이는 ㉡은 도덕성이 개인의 심리적 상태가 아니라는 것과 양립가능하다.
④ 정은 역사상 있어온 사회 제도의 개혁들이 무의미하지 않았다는 것을 전제한다.
⑤ 무는 사회 복지가 실현되면 그 사회에 속한 개인들이 반드시 행복해진다고 전제하지는 않는다.

06 윗글을 토대로 할 때, A ~ C에 대한 평가로 적절한 것을 〈보기〉에서 모두 고르면?

> A : 개인의 행복을 위해 꼭 필요한 요소들 중 하나인 건강은, 그가 속한 국가와 사회의 제도를 통한 노력
> 뿐만 아니라 때때로 우연한 행운의 영향을 받기도 한다.
> B : 행복을 심리적 상태로 보기는 어렵다. 어떤 사람에게는 만족인 욕구의 충족이 다른 사람에게는 만족
> 이 아닐 수도 있다.
> C : 도덕적 행위의 이행은 행복과 무관하다. 개인의 도덕성과 개인의 행복은 서로 어떤 형태로도 영향을
> 주고받지 않는다.

〈보기〉

> ㄱ. A는 정의 입장을 반박한다.
> ㄴ. B는 을의 입장도 병의 입장도 반박하지 않는다.
> ㄷ. C는 무의 입장을 반박하지만 갑의 입장을 반박하지는 않는다.

① ㄱ
② ㄴ
③ ㄱ, ㄷ
④ ㄴ, ㄷ
⑤ ㄱ, ㄴ, ㄷ

07 K공사의 A사원은 동계 연수에 참가하고자 한다. A사원의 연수 프로그램에 대한 참여 조건이 다음과 같을 때, 〈보기〉 중 옳은 것을 모두 고르면?

〈참여 조건〉

> • 전략기획연수는 반드시 참여해야 한다.
> • 노후관리연수에 참여하면 직장문화연수도 참여한다.
> • 자기관리연수가 참여하면 평생직장연수에는 참여하지 않는다.
> • 직장문화연수에 참여하면 전략기획연수는 참여하지 않는다.
> • 자기관리연수와 노후관리연수 중 한 가지 프로그램에는 꼭 참여한다.

〈보기〉

> ㄱ. A사원은 노후관리연수에 참여한다.
> ㄴ. A사원은 자기관리연수에 참여한다.
> ㄷ. A사원은 직장문화연수에 참여하지 않는다.
> ㄹ. A사원은 평생직장연수에 참여한다.

① ㄱ, ㄴ
② ㄱ, ㄷ
③ ㄴ, ㄷ
④ ㄴ, ㄹ
⑤ ㄷ, ㄹ

08 다음은 수도권 3개 지역 간 화물 유동량에 대한 자료이다. 이를 이용하여 작성한 그래프로 옳지 않은 것은?

〈수도권 3개 지역 간 화물 유동량〉

(단위 : 백만 톤)

출발 지역 \ 도착 지역	서울	인천	경기	합
서울	59.6	8.5	0.6	68.7
인천	30.3	55.3	0.7	86.3
경기	78.4	23.0	3.2	104.6
계	168.3	86.8	4.5	259.6

※ 수도권 외부와의 화물 이동은 고려하지 않음

① 수도권 출발 지역별 경기 도착 화물 유동량

(단위 : 백만 톤)

② 수도권 3개 지역별 도착 화물 유동량

(단위 : 백만 톤)

③ 수도권 3개 지역의 상호 간 화물 유동량

(단위 : 백만 톤)

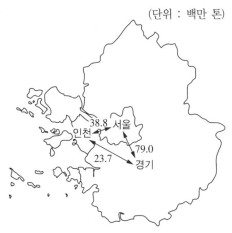

※ '상호 간 화물 유동량'은 두 지역 간 출발 화물 유동량과 도착 화물 유동량의 합임

④ 수도권 3개 지역별 출발 화물 유동량

(단위 : 백만 톤)

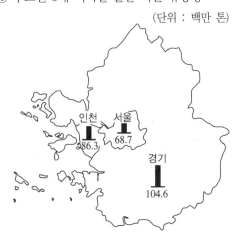

⑤ 인천 도착 화물 유동량의 수도권 출발 지역별 비중

(단위 : %)

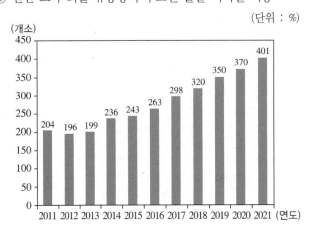

다음 글을 근거로 판단할 때, 〈보기〉 중 옳은 것을 모두 고르면?

○○축구대회에는 모두 32개 팀이 참가하여 한 조에 4개 팀씩 8개 조로 나누어 경기를 한다. 각 조의 4개 팀이 서로 한 번씩 경기를 하여 승점 – 골득실차 – 다득점 – 승자승 – 추첨의 순서에 의해 각 조의 1, 2위 팀이 16강에 진출한다. 각 팀은 16강에 오르기까지 총 3번의 경기를 치르게 되며, 매 경기마다 승리한 팀은 승점 3점을 얻게 되고, 무승부를 기록한 팀은 승점 1점, 패배한 팀은 0점을 획득한다.

그중 1조에 속한 A, B, C, D팀은 현재까지 각 2경기씩 치렀으며, 그 결과는 A : B=4 : 1, A : D=1 : 0, B : C=2 : 0, C : D=2 : 1이었다. 다음은 그 결과를 정리한 것이다. 내일 각 팀은 16강에 오르기 위한 마지막 경기를 치르는데, A팀은 C팀과, B팀은 D팀과 경기를 갖는다.

〈마지막 경기를 남겨 놓은 각 팀의 전적〉

구분	승	무	패	득 / 실점	승점
A팀	2	0	0	5 / 1	6
B팀	1	0	1	3 / 4	3
C팀	1	0	1	2 / 3	3
D팀	0	0	2	1 / 3	0

〈보기〉

ㄱ. A팀이 C팀과의 경기에서 이긴다면, A팀은 B팀과 D팀의 경기 결과에 상관없이 16강에 진출한다.

ㄴ. A팀이 C팀과 1 : 1로 비기고 B팀이 D팀과 0 : 0으로 비긴다면, A팀과 B팀이 16강에 진출한다.

ㄷ. C팀과 D팀이 함께 16강에 진출할 가능성은 전혀 없다.

ㄹ. D팀은 마지막 경기의 결과에 관계없이 16강에 진출할 수 없다.

① ㄱ, ㄴ
② ㄱ, ㄹ
③ ㄷ, ㄹ
④ ㄱ, ㄴ, ㄷ
⑤ ㄴ, ㄷ, ㄹ

10 다음은 기사를 읽고 직원들이 나눈 대화이다. 빈칸에 들어갈 말로 가장 적절한 것은?

금융 혁신 신상품 시험하는 '금융 규제 프리존' 도입한다

금융 규제를 일체 배제한 이른바 '금융 규제 프리존' 도입이 검토된다. '금융 규제 프리존'은 금융시장 참가자들이 규제부담 없이 새롭고 혁신적인 금융 상품과 비즈니스 모델을 시험할 수 있는 공간을 말한다. 금융위원회에 따르면 금융위와 금융감독원은 금융 규제가 없는 일종의 가상공간인 일명 '레귤러터리 샌드박스 (Regulatory Sandbox, 이하 샌드박스)' 도입을 검토 중이다. 이는 영국 금융감독청(FCA)이 지난해 발표한 방안이 원조로, 놀이터에 모래를 깔아놓아 아이들이 다치지 않고 놀 수 있는 안전한 놀이 공간이란 개념의 샌드박스를 금융현장에 접목, 규제에서 자유로운 공간을 만들겠다는 방안이다.

금융위는 당국의 승인을 전제로 혁신적인 상품과 서비스 모델을 법 규제에서 벗어나 시험적으로 영업해 볼 수 있는 공간을 제공할 방침이다. 이를 통해 소비자 편의를 높이고 금융업의 성장모멘텀을 확보할 계획이다.

금융위 관계자는 "잠재사업자에게 서비스의 비즈니스화 과정에서 겪는 애로 사항 등 정책 수요를 발굴하고 다른 부처와의 정책 연계 가능성을 검토할 것"이라고 말했다. 이와 함께 금감원도 올해 업무계획에서 "영국 등 해외사례 조사 등을 통해 금융회사의 고부가가치 업무 영역 개척을 돕는 제도 도입을 검토할 것"이라고 말한 바 있다.

··· 생략 ···

김 대리 : 금융 규제를 배제한 '금융 규제 프리존'의 도입이 기대되는 바는 무엇인가요?

이 사원 : 네, _____

도 과장 : 그렇다면 시행착오를 최소화하고 사업을 조기에 안정화할 수 있다는 장점이 있겠어.

---

① 이는 영국 금융감독청(FCA)이 발표한 방안에서 비롯한 것인데, 잠재적 사업자에게 당국의 승인을 전제로 시범 영업을 허용하는 것이라고 합니다.

② 일명 '레귤러터리 샌드박스'라고도 하는데, 놀이터에 모래를 깔아 아이들이 다치지 않고 놀 수 있는 안전한 놀이 공간을 확보해 놓은 것처럼 이를 금융 현장에도 접목시킨 것이라고 합니다.

③ 혁신적인 상품과 서비스 모델을 아무런 규제 없이 시험적으로 영업해 볼 수 있도록 한다는 의도인데, 아직 소비자 보호 문제와 관련하여 보완해야 할 점이 있다고 합니다.

④ 잠재적 사업자가 정식 사업 인가를 받기 전에 개발한 사업 모델을 테스트해 볼 수 있는 동시에 감독 당국과의 교류를 통해 적합한 정책 개발을 할 수 있는 기회가 된다고 합니다.

⑤ 최근 국내 금융연구원 선임연구위원도 이러한 제도에 대해 혁신적 아이디어의 시장 출시에 필요한 시간·비용의 축소와 신상품·서비스의 시장 테스트 증가 등이 장점이라고 언급한 바 있습니다.

11 다음은 A국 전체 근로자의 회사 규모 및 근로자 직급별 출퇴근 소요시간 분포와 유연근무제도 유형별 활용률에 관한 자료이다. 이에 대한 설명으로 옳은 것은?

〈회사 규모 및 근로자 직급별 출퇴근 소요시간 분포〉

(단위 : %)

구분		30분 이하	30분 초과 60분 이하	60분 초과 90분 이하	90분 초과 120분 이하	120분 초과 150분 이하	150분 초과 180분 이하	180분 초과	전체
규모	중소기업	12.2	34.6	16.2	17.4	8.4	8.5	2.7	100.0
	중견기업	22.8	35.7	16.8	16.3	3.1	3.4	1.9	100.0
	대기업	21.0	37.7	15.3	15.6	4.7	4.3	1.4	100.0
직급	대리급 이하	20.5	37.4	15.4	13.8	5.0	5.3	2.6	100.0
	과장급	16.9	31.6	16.6	19.9	5.6	7.7	1.7	100.0
	차장급 이상	12.6	36.3	18.3	19.3	7.3	4.2	2.0	100.0

〈회사 규모 및 근로자 직급별 유연근무제도 유형별 활용률〉

(단위 : %)

구분		재택근무제	원격근무제	탄력근무제	시차출퇴근제
규모	중소기업	10.4	54.4	15.6	41.7
	중견기업	29.8	11.5	39.5	32.0
	대기업	8.6	23.5	19.9	27.0
직급	대리급 이하	0.7	32.0	23.6	29.0
	과장급	30.2	16.3	27.7	28.7
	차장급 이상	14.2	26.4	25.1	33.2

① 출퇴근 소요시간이 60분 이하인 근로자 수는 출퇴근 소요시간이 60분 초과인 근로자 수보다 모든 직급에서 많다.
② 출퇴근 소요시간이 90분 초과인 대리급 이하 근로자 비율은 탄력근무제를 활용하는 대리급 이하 근로자 비율보다 낮다.
③ 출퇴근 소요시간이 120분 이하인 과장급 근로자 중에는 원격근무제를 활용하는 근로자가 있다.
④ 원격근무제를 활용하는 중소기업 근로자 수는 탄력근무제와 시차출퇴근제 중 하나 이상을 활용하는 중소기업 근로자 수보다 적다.
⑤ 출퇴근 소요시간이 60분 이하인 차장급 이상 근로자 수는 원격근무제와 탄력근무제 중 하나 이상을 활용하는 차장급 이상 근로자 수보다 적다.

12 다음 글에서 추론할 수 있는 것을 〈보기〉에서 모두 고르면?

> 대선후보 경선 여론조사에서 후보에 대한 지지 정도에 따라 피조사자들은 세 종류로 분류된다. 특정 후보를 적극적으로 지지하는 사람들과 소극적으로 지지하는 사람들, 그리고 기타에 해당하는 사람들이다. 후보가 두 명인 경우로 한정해서 생각해 보자. 여론조사 방식은 설문 문항에 따라 두 가지로 분류된다. 하나는 선호도 방식으로 "차기 대통령 후보로 누구를 더 선호하느냐?"라고 묻는다. 선호도 방식은 적극적으로 지지하는 사람들과 소극적으로 지지하는 사람들을 모두 지지자로 계산하는 방식이다. 이 여론조사 방식에서 적극적 지지자들과 소극적 지지자들은 모두 지지 의사를 답한다.
>
> 다른 한 방식은 지지도 방식으로 "내일(혹은 오늘) 투표를 한다면 누구를 지지하겠느냐?"라고 묻는다. 특정 후보를 적극적으로 지지하는 지지자들은 두 경쟁 후보를 놓고 두 물음에서 동일한 반응을 보일 것이다. 문제는 어느 한 후보를 적극적으로 지지하지 않는 소극적 지지자들이다. 이들은 특정 후보가 더 낫다고 생각하기 때문에 선호도를 질문할 경우에는 특정 후보를 선호한다고 대답하지만, 지지 여부를 질문할 경우에는 지지하는 후보가 없다는 '무응답'을 선택한다. 따라서 지지도 방식은 적극적 지지자만 지지자로 분류하고 나머지는 기타로 분류하는 방식에 해당한다.

〈보기〉

ㄱ. A후보가 B후보보다 적극적 지지자의 수가 많고 소극적 지지자의 수는 적을 경우, 지지도 방식을 사용할 때 A후보가 B후보보다 더 많은 지지를 받을 것이다.

ㄴ. A후보가 B후보보다 적극적 지지자의 수는 적고 소극적 지지자의 수가 많을 경우, 선호도 방식을 사용할 때 A후보가 B후보보다 더 많은 지지를 받을 것이다.

ㄷ. A후보가 B후보보다 적극적 지지자와 소극적 지지자의 수가 각각 더 많다면, 선호도 방식에 비해 지지도 방식에서 A후보와 B후보 사이의 지지자 수의 격차가 더 클 것이다.

① ㄱ   ② ㄷ

③ ㄱ, ㄴ   ④ ㄴ, ㄷ

⑤ ㄱ, ㄷ

13 다음 자료를 근거로 판단할 때, 〈보기〉에서 옳은 것을 모두 고르면?

- 갑 회사는 A기차역에 도착한 전체 관객을 B공연장까지 버스로 수송해야 한다.
- 이때 갑 회사는 아래 표와 같이 콘서트 시작 4시간 전부터 1시간 단위로 전체 관객 대비 A기차역에 도착하는 관객의 비율을 예측하여 버스를 운행하고자 한다. 단, 콘서트 시작 시간까지 관객을 모두 수송해야 한다.

시각	전체 관객 대비 비율(%)
콘서트 시작 4시간 전	a
콘서트 시작 3시간 전	b
콘서트 시작 2시간 전	c
콘서트 시작 1시간 전	d
합계	100

- 전체 관객 수는 40,000명이다.
- 버스는 한 번에 대당 최대 40명의 관객을 수송한다.
- 버스가 A기차역과 B공연장 사이를 왕복하는 데 걸리는 시간은 6분이다.

※ 관객의 버스 승·하차 및 공연장 입·퇴장에 소요되는 시간은 고려하지 않는다.

〈보기〉

ㄱ. a=b=c=d=25라면, 갑 회사가 전체 관객을 A기차역에서 B공연장으로 수송하는 데 필요한 버스는 최소 20대이다.

ㄴ. a=10, b=20, c=30, d=40이라면, 갑 회사가 전체 관객을 A기차역에서 B공연장으로 수송하는 데 필요한 버스는 최소 40대이다.

ㄷ. 만일 콘서트가 끝난 후 2시간 이내에 전체 관객을 B공연장에서 A기차역까지 버스로 수송해야 한다면, 이때 갑 회사에 필요한 버스는 최소 50대이다.

① ㄱ
② ㄴ
③ ㄱ, ㄴ
④ ㄱ, ㄷ
⑤ ㄴ, ㄷ

14 다음 글의 '나'의 견해와 부합하는 것을 〈보기〉에서 모두 고르면?

이제 '나'는 사람들이 동물실험의 모순적 상황을 직시하기를 바랍니다. 생리에 대한 실험이건, 심리에 대한 실험이건, 동물을 대상으로 하는 실험은 동물이 어떤 자극에 대해 반응하고 행동하는 양상이 인간과 유사하다는 것을 전제합니다. 동물실험을 옹호하는 측에서는 인간과 동물이 유사하기 때문에 실험결과에 실효성이 있다고 주장합니다. 그런데 설령 동물실험을 통해 아무리 큰 성과를 얻을지라도 동물실험 옹호론자들은 중대한 모순을 피할 수 없습니다. 그들은 인간과 동물이 다르다는 것을 실험에서 동물을 이용해도 된다는 이유로 제시하고 있기 때문입니다. 이것은 명백히 모순적인 상황이 아닐 수 없습니다.

이러한 모순적 상황은 영장류의 심리를 연구할 때 확연히 드러납니다. 최근 어느 실험에서 심리 연구를 위해 아기 원숭이를 장기간 어미 원숭이와 떼어놓아 정서적으로 고립시켰습니다. 사람들은 이 실험이 우울증과 같은 인간의 심리적 질환을 이해하기 위한 연구라는 구실을 앞세워 이 잔인한 행위를 합리화하고자 했습니다. 즉 이 실험은 원숭이가 인간과 유사하게 고통과 우울을 느끼는 존재라는 사실을 가정하고 있습니다. 인간과 동물이 심리적으로 유사하다는 사실을 인정하면서도 사람에게는 차마 하지 못할 잔인한 행동을 동물에게 하고 있는 것입니다.

또 동물의 피부나 혈액을 이용해서 제품을 실험할 때, 동물실험 옹호론자들은 이 실험이 오로지 인간과 동물 사이의 '생리적 유사성'에만 바탕을 두고 있을 뿐이라고 변명합니다. 이처럼 인간과 동물이 오로지 '생리적'으로만 유사할 뿐이라고 생각한다면, 이는 동물실험의 모순적 상황을 외면하는 것입니다.

─────────〈보기〉─────────

ㄱ. 동물실험은 동물이 인간과 유사하면서도 유사하지 않다고 가정하는 모순적 상황에 놓여 있다.

ㄴ. 인간과 동물 간 생리적 유사성에도 불구하고 심리적 유사성이 불확실하기 때문에 동물실험은 모순적 상황에 있다.

ㄷ. 인간과 원숭이 간에 심리적 유사성이 존재하기 때문에 인간의 우울증 연구를 위해 아기 원숭이를 정서적으로 고립시키는 실험은 윤리적으로 정당화된다.

① ㄱ
② ㄴ
③ ㄱ, ㄷ
④ ㄴ, ㄷ
⑤ ㄱ, ㄴ, ㄷ

15 다음은 사이클 대회 유치를 위한 연설문이다. 이를 반박하는 내용으로 적절한 것은?

여러분도 아시다시피 세계 K사이클 대회의 취지는 전 세계적으로 사이클을 활성화하는 데 있습니다. 하지만 그동안 개최된 42번의 대회 중 사이클 강국인 유럽과 북미가 아닌 곳에서 개최된 적은 단 두 번뿐이었습니다. 우리 A시는 사이클 비인기 지역인 아시아의 도시이고 경쟁 도시는 유럽의 도시입니다. 흔히 사이클 비인기 지역의 도시가 대회를 개최하는 것이 대회의 취지를 실현하는 데 부적합하다고 합니다. 하지만 달리 생각해 보면 대회를 통해 사이클에 대한 A시의 시민들, 나아가 아시아 각국 시민들의 관심을 증폭할 수 있으므로 사이클 활성화에 기여할 수 있습니다.

우리는 개최지로서 좋은 여건을 갖췄습니다. 사이클에 대한 시민들의 관심이 높아지고 있고 사이클 인구도 빠르게 늘어나고 있습니다. 경쟁 도시는 시민의 지지가 낮지만 우리는 90%가 넘는 시민의 합의를 이끌어 냈고 정부도 재정 지원을 약속했습니다. 사이클 전용 경기장에 비해 도로 경기장이 노후화됐다는 우려도 있지만, 선수로 출전해 본 제 경험에 비추어 볼 때 A시의 도로 경기장은 천혜의 자연조건을 갖추고 있어 정비만 하면 최적의 경기장이 될 것이라 자신합니다.

이미 많은 분들이 인정하신 것처럼 우리는 각종 국제 대회를 성공리에 개최하여 전 세계인의 찬사를 받은 바 있습니다. 이러한 경험은 이번 대회도 충분히 잘 치를 수 있는 능력이 있다는 사실을 뒷받침하는 것입니다.

우리는 그동안 사이클 회원국과의 친선을 도모하고 사이클 활성화에 앞장서면서 세계 사이클 협회와의 약속을 지켜 왔습니다. 이전 대회의 유치에는 성공하지 못했지만, 세계 우호 증진에 힘쓰겠다는 당시의 공약대로 사이클 전용 경기장이 없는 해외 도시들의 청소년을 초청하여 지도하는 프로그램을 운영해 왔습니다. 개최지로 확정되면 이러한 신뢰를 바탕으로 대회 준비에 매진하겠습니다.

여러분처럼 저도 사이클을 사랑합니다. 여러분과 마찬가지로 사이클 없는 제 삶은 상상할 수 없습니다. 이제 제 꿈은 A시에서 열리는 대회에 전 세계 젊은이들이 참가하는 모습을 보는 것입니다. 이것은 A시 모든 시민들의 꿈이기도 합니다. 이 꿈이 꼭 실현될 수 있도록 지지를 부탁드립니다.

① A시의 경쟁 도시 시민의 지지가 낮다고 한 것은 근거를 제시하지 않았으므로 타당하지 않습니다.

② A시가 국제 대회 개최 경험이 많다고 한 것은 성공 여부를 밝히지 않았으므로 높은 점수를 줄 수 없습니다.

③ 정부의 지원 여부를 밝히지 않고 지지를 호소한 것은 재원 마련에 대한 확신을 주지 못하므로 신뢰할 수 없습니다.

④ 해외 청소년 대상 사이클 프로그램 운영에 대해 언급한 것은 사이클 활성화의 사례가 되므로 A시의 지지자를 늘리는 결과를 가져올 것입니다.

⑤ A시에서 사이클이 비인기 종목이라고 언급한 것은 대회 개최에 대한 주민들의 무관심을 보여 주므로 A시가 자격이 없음을 증명하는 것입니다.

16 K공사 직원들은 사무실 자리 배치를 바꾸기로 했다. 다음 〈조건〉에 따라 자리를 바꿨을 때 적절하지 않은 것은?

─────〈조건〉─────

- 같은 직급은 옆자리로 배정하지 않는다.
- 사원 옆자리와 앞자리는 비어있을 수 없다.
- 부서장은 동쪽을 바라보며 앉고 부서장의 앞자리에는 상무 또는 부장이 앉는다.
- 부서장을 제외한 직원들은 마주보고 앉는다.
- K공사 직원은 부서장, 사원 2명(김 사원, 이 사원), 대리 2명(성 대리, 한 대리), 상무 1명(이 상무), 부장 1명(최 부장), 과장 2명(김 과장, 박 과장)이다.

〈사무실 자리 배치표〉

부서장	A	B	성 대리	C	D
	E	김 사원	F	이 사원	G

① 부서장 앞자리에 빈자리가 있다.
② A와 D는 빈자리다.
③ F와 G에 김 과장과 박 과장이 앉는다.
④ C에 최 부장이 앉으면 E에는 이 상무가 앉는다.
⑤ B와 C에 이 상무와 박 과장이 앉으면 F에는 한 대리가 앉을 수 있다.

17 다음 글을 근거로 추론할 때, 〈보기〉에서 옳은 것을 모두 고르면?

스위스에는 독일어, 프랑스어, 이탈리아어, 레토로만어 등 4개 언어가 공식어로 지정되어 있다. 스위스는 '칸톤'이라 불리는 20개의 주(州)와 6개의 '할프칸톤(半州)'으로 구성되어 있으며, 이들 지방자치단체들 간의 사회적·경제적 격차는 그다지 심하지 않고 완벽에 가까운 사회보장제도가 시행되고 있다.

연방국가인 스위스의 정치제도적 특징은 직접민주주의(국민발의와 국민투표)에 있다. 직접민주주의 제도를 통해 헌법이나 법률의 개정을 제안하거나 연방정부 또는 연방의회가 이미 인준한 헌법이나 법률조항을 거부하기도 한다. 안건도 매우 다양하여 출산보험 도입, 신예전투기 도입, 외국인의 귀화절차와 난민권, 알프스 산맥의 철도터널 신설, 쥐라 주의 독립문제 등을 대상으로 삼았다. 더 나아가 외교정책도 다루어졌는데, 1986년에는 유엔가입 여부를 국민투표에 부쳤고, 그 결과 의회가 가결한 유엔가입안을 부결시킨 적이 있다.

연방정부는 7인의 연방장관(4대 정당 대표와 3대 언어권 대표)으로 구성되며 모든 안건은 이들이 만장일치 혹은 압도적 다수로 결정한다. 따라서 국가수반이나 행정부의 수반은 없는 것과 다름없다. 이러한 제도는 타협이 이루어질 때까지 많은 시간이 소요되므로 시급한 문제의 처리나 위급상황 발생 시 문제점이 나타날 수 있다.

〈보기〉

ㄱ. 스위스 국민은 어느 주에 살더라도 사회보장을 잘 받을 수 있을 것이다.
ㄴ. 스위스에서는 연방정부에서 결정된 사항을 국민투표에 부칠 수 없을 것이다.
ㄷ. 스위스는 독일, 프랑스, 이탈리아 등 강대국 사이에 위치하고 있기 때문에 국가수반은 강력한 리더십을 발휘할 것이다.
ㄹ. 스위스에서는 연방정부의 의사결정 방식으로 인해 국가의 중요 안건을 신속하게 결정하기 어려울 수 있다.

① ㄱ
② ㄴ
③ ㄱ, ㄷ
④ ㄱ, ㄹ
⑤ ㄷ, ㄹ

18 다음 중 〈보기〉의 문장이 들어갈 위치로 가장 적절한 것은?

1950년대 프랑스의 영화 비평계에는 작가주의라는 비평 이론이 새롭게 등장했다. 작가주의란 감독을 단순한 연출자가 아닌 '작가'로 간주하고, 작품과 감독을 동일시하는 관점을 말한다. 이 이론이 대두될 당시, 프랑스에는 유명한 문학 작품을 별다른 손질 없이 영화화하거나 화려한 의상과 세트, 인기 연극배우에 의존하는 제작 관행이 팽배해 있었다. 작가주의는 이렇듯 프랑스 영화에 만연했던 문학적·연극적 색채에 대한 반발로 주창되었다. (가)

작가주의는 상투적인 영화가 아닌 감독 개인의 영화적 세계와 독창적인 스타일을 일관되게 투영하는 작품들을 옹호한다. (나) 감독의 창의성과 개성은 작품 세계를 관통하는 감독의 세계관 혹은 주제 의식, 그것을 표출하는 나름의 이야기 방식, 고집스럽게 되풀이되는 특정한 상황이나 배경 혹은 표현 기법 같은 일관된 문체상의 특징으로 나타난다는 것이다.

한편, 작가주의적 비평은 영화 비평계에 중요한 영향을 끼쳤는데, 그중에서도 주목할 점은 할리우드 영화를 재발견한 것이다. 할리우드에서는 일찍이 미국의 대량 생산 기술을 상징하는 포드 시스템과 흡사하게 제작 인력들의 능률을 높일 수 있는 표준화·분업화한 방식으로 영화를 제작했다. (다) 이는 계량화가 불가능한 창작자의 재능, 관객의 변덕스런 기호 등의 변수로 야기될 수 있는 흥행의 불안정성을 최소화하면서 일정한 품질의 영화를 생산하기 위함이었다.

그러나 작가주의적 비평가들은 할리우드라는 가장 산업화된 조건에서 생산된 상업적인 영화에서도 감독 고유의 표지를 찾아낼 수 있다고 보았다. (라) 작가주의적 비평가들은 제한적인 제작 여건이 오히려 감독의 도전 의식과 창의성을 끌어낸 사례들에 주목한 것이다. 그에 따라 B급 영화(적은 예산으로 단시일에 제작되어 완성도가 낮은 상업적인 영화)와 그 감독들마저 수혜자가 되기도 했다.

 (마) 이처럼 할리우드 영화의 재평가에 큰 영향을 끼쳤던 작가주의의 영향력은 오늘날까지도 이어지고 있다. 예컨대 작가주의로 인해 '좋은' 영화 혹은 '위대한' 감독들이 선정되었고, 이들은 지금도 영화 교육 현장에서 활용되고 있다.

〈보기〉

이에 따라 재정과 행정의 총괄자인 제작자가 감독의 작업 과정에도 관여하게 되었고, 감독은 제작자의 생각을 화면에 구현하는 역할에 머물렀다.

① (가)

② (나)

③ (다)

④ (라)

⑤ (마)

안심Touch

19 다음은 갑국 축구 국가대표팀 A~F코치의 분야별 잠재 능력을 수치화한 자료이다. 각 코치가 맡은 모든 분야를 체크(✓)로 표시할 때, 〈조건〉에 부합하는 코치의 역할 배분으로 가능한 것은?(단, 소수점 둘째 자리에서 반올림한다)

〈코치의 분야별 잠재능력〉

코치＼분야	체력	전술	수비	공격
A	18	20	18	15
B	18	16	15	20
C	16	18	20	15
D	20	16	15	18
E	20	18	16	15
F	16	14	20	20

〈조건〉

• 각 코치는 반드시 하나 이상의 분야를 맡는다.

• (코치의 분야별 투입능력)= $\dfrac{(코치의\ 분야별\ 잠재능력)}{(코치가\ 맡은\ 분야의\ 수)}$

• 각 분야별로 그 분야를 맡은 모든 코치의 분야별 투입능력 합은 24 이상이어야 한다.

①

코치＼분야	체력	전술	수비	공격
A	✓	✓		✓
B		✓	✓	
C	✓			
D		✓	✓	
E	✓			✓
F			✓	✓

②

코치＼분야	체력	전술	수비	공격
A		✓		
B		✓	✓	✓
C	✓		✓	
D	✓	✓		✓
E	✓			✓
F			✓	

③

코치＼분야	체력	전술	수비	공격
A		✓	✓	
B				✓
C	✓	✓		✓
D	✓		✓	
E		✓		✓
F	✓		✓	

④

코치＼분야	체력	전술	수비	공격
A		✓	✓	
B		✓		✓
C			✓	
D	✓			✓
E	✓		✓	✓
F	✓	✓		

⑤

코치＼분야	체력	전술	수비	공격
A	✓			✓
B				✓
C	✓	✓	✓	
D		✓	✓	✓
E	✓			
F		✓	✓	

안심Touch

20 다음은 2021년 행정구역별 공동주택의 실내 라돈 농도에 대한 자료이다. 이를 바탕으로 작성한 보고서의 내용으로 옳은 것을 모두 고르면?

〈행정구역별 공동주택 실내 라돈 농도〉

행정구역 ＼ 항목	조사대상 동주택수(호)	평균값 (Bq/m^3)	중앙값 (Bq/m^3)	200Bq/m^3 초과 공동주택수(호)
서울특별시	532	66.5	45.4	25
부산광역시	434	51.4	35.3	12
대구광역시	437	61.5	41.6	16
인천광역시	378	48.5	33.8	9
광주광역시	308	58.3	48.2	6
대전광역시	201	110.1	84.2	27
울산광역시	247	55.0	35.3	7
세종특별자치시	30	83.8	69.8	1
경기도	697	74.3	52.5	37
강원도	508	93.4	63.6	47
충청북도	472	86.3	57.8	32
충청남도	448	93.3	59.9	46
전라북도	576	85.7	56.7	40
전라남도	569	75.5	51.5	32
경상북도	610	72.4	48.3	34
경상남도	640	57.5	36.7	21
제주특별자치도	154	68.2	40.9	11
전국	7,241	－	－	403

〈보고서〉

우리나라에서는 2021년 처음으로 공동주택에 대한 '실내 라돈 권고 기준치'를 200Bq/m^3 이하로 정하고 공동주택의 실내 라돈 농도를 조사하였다.

이번 공동주택 실내 라돈 농도 조사에서 ㉠ 조사대상 공동주택의 실내 라돈 농도 평균값은 경기도가 서울특별시의 1.1배 이상이다. 한편, ㉡ 행정구역별로 비교했을 때 실내 라돈 농도의 평균값이 클수록 중앙값도 컸으며 두 항목 모두 대전광역시가 가장 높았다. ㉢ 조사대상 공동주택 중 실내 라돈 농도가 실내 라돈 권고 기준치를 초과하는 공동주택의 비율이 5% 이상인 행정구역은 9곳이며, 10 % 이상인 행정구역은 2곳으로 조사되었다.

① ㉠
② ㉡
③ ㉠, ㉢
④ ㉡, ㉢
⑤ ㉠, ㉡, ㉢

21 다음 글의 ⊙에 대한 설명으로 가장 적절한 것은?

갑 : 우리는 타인의 언어나 행동을 관찰함으로써 타인의 마음을 추론한다. 예를 들어, 우리는 철수의 고통을 직접적으로 관찰할 수 없다. 그러면 철수가 고통스러워한다는 것을 어떻게 아는가? 우리는 철수에게 신체적인 위해라는 특정 자극이 주어졌다는 것과 그가 신음 소리라는 특정 행동을 했다는 것을 관찰함으로써 철수가 고통이라는 심리 상태에 있다고 추론하는 것이다.

을 : 그러한 추론이 정당화되기 위해서는 내가 보기에 ⊙ A원리가 성립한다고 가정해야 한다. 그렇지 않다면, 특정 자극에 따른 철수의 행동으로부터 철수의 고통을 추론하는 것은 잘못이다. 그런데 A원리가 성립하는지는 아주 의심스럽다. 예를 들어, 로봇이 우리 인간과 유사하게 행동할 수 있다고 하더라도 로봇이 고통을 느낀다고 생각하는 것은 잘못일 것이다.

병 : 나도 A원리는 성립하지 않는다고 생각한다. 아무런 고통을 느끼지 못하는 사람이 있다고 해 보자. 그런데 그는 고통을 느끼는 척하는 방법을 배운다. 많은 연습 끝에 그는 신체적인 위해가 가해졌을 때 비명을 지르고 찡그리는 등 고통과 관련된 행동을 완벽하게 해낸다. 그렇지만 그가 고통을 느낀다고 생각하는 것은 잘못일 것이다.

정 : 나도 A원리는 성립하지 않는다고 생각한다. 위해가 가해져 고통을 느끼지만 비명을 지르는 등 고통과 관련된 행동은 전혀 하지 않는 사람도 있기 때문이다. 가령 고통을 느끼지만 그것을 표현하지 않고 잘 참는 사람도 많지 않은가? 그런 사람들을 예외적인 사람으로 치부할 수는 없다. 고통을 참는 것이 비정상적인 것은 아니다.

을 : 고통을 참는 사람들이 있고 그런 사람들이 비정상적인 것은 아니라는 데는 나도 동의한다. 하지만 그러한 사람의 존재가 내가 얘기한 A원리에 대한 반박 사례인 것은 아니다.

① 어떤 존재의 특정 심리 상태 X가 관찰 가능할 경우, X는 항상 특정 자극에 따른 행동 Y와 동시에 발생한다.

② 어떤 존재의 특정 심리 상태 X가 항상 특정 자극에 따른 행동 Y와 동시에 발생할 경우, X는 관찰 가능한 것이다.

③ 어떤 존재에게 특정 자극에 따른 행동 Y가 발생할 경우, 그 존재에게는 항상 특정 심리 상태 X가 발생한다.

④ 어떤 존재에게 특정 심리 상태 X가 발생할 경우, 그 존재에게는 항상 특정 자극에 따른 행동 Y가 발생한다.

⑤ 어떤 존재에게 특정 심리 상태 X가 발생할 경우, 그 존재에게는 항상 특정 자극에 따른 행동 Y가 발생하고, 그 역도 성립한다.

제4회 모의고사

22 다음 글의 내용과 일치하는 것은?

경남 남해군의 동도마마을 60여 가구 주민들은 도마오염방지대책위원회를 발족했다. 대형 레미콘트럭이 드나드는 콘크리트 제조 공장(레미콘 공장), 아스콘(아스팔트 콘크리트) 공장, 화력발전소 폐기물 취급공장, 폐 콘크리트 처리 공장 등에서 오·폐수가 유출되고 비산먼지와 소음이 발생하는 등의 피해가 반복되자 마을주민들이 대책 마련에 나선 것이다.

주민들의 불만과 요구는 주민들의 현장 신고로 확인된 레미콘 공장의 폐수 유출 사고로 증폭되고 있다. 이날 아침 한 주민이 마을 인근 들판 농수로에 붕어, 미꾸라지 등의 물고기가 떼죽음을 당한 채 물에 떠 있는 것을 발견했다. 도마오염방지대책위원들은 군청 직원, 경찰 등과 함께 하천을 거슬러 올라가며 오염 실태를 살피고 오염원을 추적해갔다. 하천은 쌀뜨물을 풀어놓은 듯 허연 부유물질이 많았고, 머드팩을 연상케 하는 퇴적물이 곳곳에서 발견됐다고 한다. 추적 결과 레미콘 공장에서 오·폐수가 흘러나온 것으로 확인됐다.

남해군은 레미콘 공장에 조업정지 10일과 과태료 200만 원의 행정처분을 내리고, 남해경찰서에 수사를 의뢰했다. 대책위원장은 "이 일대는 오래전부터 폐수 유출 논란이 있었기에 관리가 허술한 추석 연휴에 비가 많이 내릴 것이라는 일기예보를 듣고서 의도적으로 폐수를 흘린 것이 아닌지 의구심이 크다."면서 "물증을 잡았는데 솜방망이 처벌로 대충 넘어가서는 안 된다."고 피력했다. 특히 "1.5km에 달하는 하천에 물고기, 논 고동, 미꾸라지 등이 모두 폐사했다."면서 "사건 당일 출동한 군청 직원과 경찰 앞에서 레미콘 공장 관계자도 유출된 폐수량이 탱크 용량의 절반 정도인 약 70t가량 된다고 발언했다."고 말했다.

이에 대해 레미콘 공장 관계자는 "공장 내의 시멘트 폐수는 밖으로 흘려보내지 않고 100% 회수해 재사용을 하는 구조를 갖췄는데, 레미콘 플랜트 설비 수리 과정의 우발적인 실수로 폐수가 유출됐다."고 해명했다. 폐수 회수 탱크와 플랜트로 연결되는 상단 배관을 15일 절단했는데, 직원들이 실수로 폐수 재활용 펌프 전원을 차단하지 않고 퇴근해 밤새 폐수가 흘러넘쳐 유출됐다는 것이다. 또한 "100분에 5초 동안 모터가 도는 시스템과 펌프 용량을 고려해 계산하면 유출량이 867ℓ 정도로 추정된다."면서 "70t 발언은 사고 당일 직원의 실언일 뿐, 전체 폐수 사용량이 그만큼 많지 않다."고 설명했다.

그러나 남해군에 확인한 결과 이 공장 허가서류에 기재된 폐수 탱크 용량은 150t으로 나타났다. 문제의 배관 절단 지점을 자세히 살펴보면, 과연 이 공장이 시멘트 폐수를 밖으로 일절 흘려보내지 않고 100% 회수하는 시스템을 갖추고 있었는지도 논란거리가 될 수 있다. 사고 발생 후 서둘러 배수 관련 보강공사를 한 흔적도 발견된다. 탱크 안에 물이 얼마나 들었는지 확인할 수 있는 계측기도 사고 발생 이후 뒤늦게 설치됐기에 유출량을 정확히 알 수 없다.

동도마마을 이장은 "이 하천은 농업용수로 사용될뿐더러, 물총새·도요새·백로 등 멸종 위기 조류가 서식하는 습지와 100ha의 바지락 양식장이 있는 해안가로 연결돼 있다."면서 "4개 공장의 오·폐수 유출, 비산먼지, 악취 등에 대한 피해방지대책이 절실하다."고 요구했다.

① 동도마마을 주민들은 인근 공장과 협력하여 도마오염방지대책위원회를 발족했다.
② 동도마마을의 레미콘 공장은 폐수 유출 사건으로 조업정지 20일과 과태료 100만 원의 행정처분을 받았다.
③ 동도마마을의 레미콘 공장 관계자는 폐수 유출이 직원의 실수로 일어났다고 주장하였다.
④ 동도마마을의 레미콘 공장은 폐수가 유출되기 바로 직전 폐수 탱크의 계측기를 설치하였다.
⑤ 동도마마을의 레미콘 공장은 폐수 재활용 펌프를 통해 공장 내의 시멘트 폐수를 100% 회수하여 재사용한다.

23 다음은 수도권 집중 현황에 관한 자료이다. 보고서의 내용 중 자료에서 도출할 수 있는 것은?

〈수도권 집중 현황〉

구분		전국(A)	수도권(B)	$\dfrac{B}{A} \times 100(\%)$
인구 및 주택	인구(천 명)	50,034	24,472	48.9
	주택 수(천 호)	17,672	8,173	46.2
산업	지역 총 생산액(십억 원)	856,192	408,592	47.7
	제조업체 수(개)	119,181	67,799	56.9
	서비스업체 수(개)	765,817	370,015	48.3
금융	금융예금액(십억 원)	592,721	407,361	68.7
	금융대출액(십억 원)	699,430	469,374	67.1
기능	4년제 대학 수(개)	175	68	38.9
	공공기관 수(개)	409	345	84.4
	의료기관 수(개)	54,728	26,999	49.3

〈보고서〉

• 수도권 인구의 전국 대비 비중은 48.9%이다. ㉠수도권 인구밀도는 전국 인구밀도의 2배 이상이고, ㉡ 수도권 1인당 주택면적은 전국 1인당 주택면적보다 작다.

• 산업측면에서 ㉢수도권 제조업과 서비스업 생산액이 전국 제조업과 서비스업 생산액에서 차지하는 비중은 각각 50% 이상이다.

• 수도권 금융예금액은 전국 금융예금액의 65% 이상을 차지하고, ㉣수도권 1인당 금융대출액은 전국 1인당 금융대출액보다 많다.

• 수도권 의료기관 수의 전국 대비 비중은 49.3%이고, 공공기관 수 비중은 84.4%이다. ㉤4년제 대학 재학생 수는 수도권이 비수도권보다 적다.

① ㉠

② ㉡

③ ㉢

④ ㉣

⑤ ㉤

24 다음은 Q공단의 압류재산 공매입찰 참가자 준수규칙의 일부이다. 이에 대한 〈보기〉 중 옳지 않은 것을 모두 고르면?

〈압류재산 공매입찰 참가자 준수규칙〉

제3조(공매참가자 자격제한)

다음 각 호의 어느 하나에 해당하는 자는 입찰에 참가할 수 없다. 다만, 제1호부터 제3호까지의 경우에는 그 사실이 있은 후 2년이 경과되지 아니한 자에 한한다.

1. 입찰을 하고자 하는 자의 공매참가, 최고가격 입찰자의 결정 또는 매수자의 매수대금 납부를 방해한 사실이 있는 자
2. 공매에 있어 부당하게 가격을 떨어뜨릴 목적으로 담합한 사실이 있는 자
3. 허위명의로 매수신청한 사실이 있는 자
4. 입찰 장소 및 그 주위에서 소란을 피우는 자와 입찰을 실시하는 담당직원의 업무집행을 방해하는 자
5. 체납자 및 공단직원

제4조(입찰방법)

입찰은 공매물건의 입찰번호단위로 입찰하기로 한다. 다만, 별도선언이 있을 때에는 그러하지 아니하다.

제5조(입찰서 기재방법)

① 입찰하고자 하는 자는 입찰서에 입찰일 현재 주민등록부상의 주소(법인은 법인등기부상의 본점 소재지)와 성명, 매수하고자 하는 재산의 입찰번호, 입찰가격, 입찰보증금 기타 필요한 사항을 기재하여 기명날인하여야 하며 2명 이상의 공동명의로 입찰에 참가할 시는 연명으로 기명날인한 후 공동입찰자 명부를 입찰서에 첨부하여야 한다.

② 입찰서에 기재할 금액은 총계금액으로서 금액의 표시는 한글로, ( ) 안은 아라비아숫자로 기재하여야 하며 금액이 불분명한 것은 무효로 한다. 다만, 오기된 경우에는 두 줄을 긋고 정정 날인 후 다시 기입하여야 한다.

③ 입찰자가 법인인 경우에는 입찰자 성명란에 법인의 이름과 대표자의 지위 및 성명을, 주민등록번호란에는 법인등록번호를 기재하고 법인인감을 날인한 후 대표자의 자격을 증명하는 서류(법인등기부등본 또는 초본과 인감증명서)를 입찰서에 첨부하여야 한다.

④ 날인란에는 반드시 도장을 찍어야 하며 손도장(무인)을 찍는 것은 인정하지 아니한다.

제6조(입찰보증금)

① 입찰보증금은 입찰금액의 1할 해당액의 현금 또는 당일 결제 가능한 금융기관(우체국 포함) 발행 자기앞수표로서 입찰서와 함께 납부하여야 한다. 단, 추심료가 소요되는 자기앞수표는 결제에 필요한 추심료를 별도로 납부하여야 한다.

② 입찰보증금을 납부하지 아니하거나 입찰보증금이 입찰금액의 1할에 미달할 때에는 입찰을 무효로 한다.

〈보기〉

ㄱ. 450만 원에 입찰하고자 하는 A가 당일 결제 가능한 금융기관이 발행하였고 4만 원의 추심료가 소요되는 자기앞수표로 입찰보증금을 납부하는 경우, A는 총 45만 4천 원을 입찰서와 함께 납부해야 한다.

ㄴ. 2021년 4월 1일에 있었던 입찰에서 사기 피해사실을 호소하며 소란을 피운 B는 2023년 4월 9일에 있는 입찰에 참여할 수 없다.

ㄷ. 2020년 11월 20일에 있었던 입찰에서 공매가격을 낮추기 위해 담합하였던 C는 2023년 1월 5일에 있는 입찰에 참여할 수 없다.

ㄹ. E와 함께 공동명의로 입찰에 참가하는 D는 둘 중 대표자를 정하여 대표 명의로 입찰서를 작성하여 기명날인하면 된다.

① ㄷ
② ㄱ, ㄴ
③ ㄴ, ㄹ
④ ㄱ, ㄷ, ㄹ
⑤ ㄴ, ㄷ, ㄹ

25 다음 복약설명서에 따라 갑이 두 약을 복용할 때 옳은 것은?

<table>
<tr><td colspan="2" align="center">〈복약설명서〉</td></tr>
<tr>
<td>
1. 약품명 : 가나다정
2. 복용법 및 주의사항
  – 식전 15분에 복용하는 것이 가장 좋으나 식전 30분부터 식사 직전까지 복용이 가능합니다.
  – 식사를 거르게 될 경우에 복용을 거릅니다.
  – 식이요법과 운동요법을 계속하고, 정기적으로 혈당(혈액 속에 섞여 있는 당분)을 측정해야 합니다.
  – 야뇨(夜尿)를 피하기 위해 최종 복용시간은 오후 6시까지로 합니다.
  – 저혈당을 예방하기 위해 사탕 등 혈당을 상승시킬 수 있는 것을 가지고 다닙니다.
</td>
<td>
1. 약품명 : ABC정
2. 복용법 및 주의사항
  – 매 식사 도중 또는 식사 직후에 복용합니다.
  – 복용을 잊은 경우 식사 후 1시간 이내에 생각이 났다면 즉시 약을 복용하도록 합니다. 식사 후 1시간이 초과되었다면 다음 식사에 다음 번 분량만을 복용합니다.
  – 씹지 말고 그대로 삼켜서 복용합니다.
  – 정기적인 혈액검사를 통해서 혈중 칼슘, 인의 농도를 확인해야 합니다.
</td>
</tr>
</table>

① 식사를 거르게 될 경우 가나다정만 복용한다.
② 두 약을 복용하는 기간 동안 정기적으로 혈액검사를 할 필요는 없다.
③ 저녁식사 전 가나다정을 복용하려면 저녁식사는 늦어도 오후 6시 30분에는 시작해야 한다.
④ ABC정은 식사 중에 다른 음식과 함께 씹어 복용할 수 있다.
⑤ 식사를 30분 동안 한다고 할 때, 두 약의 복용시간은 최대 1시간 30분 차이가 날 수 있다.

26 S공단은 2022년 하반기 인사이동을 통해 품질안전본부의 승진대상자 중 승진할 직원 2명을 선정하고자한다. 승진자 결정방식 및 승진대상자 정보가 다음과 같을 때, 승진하게 되는 직원을 모두 고르면?

〈승진자 결정방식〉

- 품질안전본부의 승진대상자인 A, B, C, D, E 중 승진점수가 가장 높은 직원 2명이 승진하게 된다.
- 승진점수는 업무실적점수(20점), 사고점수(10점), 근무태도점수(10점), 가점 및 벌점(최대 5점)을 합산하여 산정한다.
- 업무실적점수 산정기준(20점 만점)

등급	A	B	C	D
점수	20	17	13	10

- 사고점수 산정기준(10점 만점)
  - 만점인 10점에서 사고유형 및 건수에 따라 차감하여 계산한다.

구분	1건당 벌점
경미 / 과실	1점
중대 / 고의	3점

- 근무태도점수 산정기준(10점 만점)

등급	우수	보통	미흡
점수	10	7	4

- 가점 및 벌점 부여기준 (최대 5점)
  - 무사고(모든 유형의 사고 건수 0건) : 가점 2점
  - 수상실적 : 1회당 가점 2점
  - 사고유형 중 중대 / 고의 사고 건수 2건 이상 : 벌점 4점

〈승진대상자 정보〉

구분	업무실적등급	사고건수 경미 / 과실	사고건수 중대 / 고의	근무태도등급	수상실적
A	A	–	1	보통	1회
B	B	1	–	우수	2회
C	C	2	–	보통	–
D	A	1	1	미흡	–
E	D	–	–	우수	1회

① A, B ② A, D
③ C, D ④ B, E
⑤ C, E

27 다음 감독의 말과 상황을 근거로 판단할 때, 갑 ~ 무 중 드라마에 캐스팅되는 배우는?

〈감독의 말〉

안녕하세요, 여러분. '열혈 군의관, 조선시대로 가다!' 드라마 오디션에 지원해 주셔서 감사합니다. 잠시 후 오디션을 시작할 텐데요. 이번 오디션에서 캐스팅하려는 역은 20대 후반의 군의관입니다. 오디션 실시 후 오디션 점수를 기본 점수로 하고, 다음 채점 기준의 해당 점수를 기본 점수에 가감하여 최종 점수를 산출하며, 이 최종 점수가 가장 높은 사람을 캐스팅합니다.

첫째, 28세를 기준으로 나이가 많거나 적은 사람은 1세 차이당 2점씩 감점하겠습니다.

둘째, 이전에 군의관 역할을 연기해본 경험이 있는 사람은 5점을 감점하겠습니다. 시청자들이 식상해할 수 있을 것 같아서요.

셋째, 저희 드라마가 퓨전 사극이기 때문에, 사극에 출연해 본 경험이 있는 사람에게는 10점의 가점을 드리겠습니다.

넷째, 최종 점수가 가장 높은 사람이 여럿인 경우, 그중 기본 점수가 가장 높은 한 사람을 캐스팅하도록 하겠습니다.

〈상황〉

- 오디션 지원자는 총 5명이다.
- 오디션 점수는 갑이 76점, 을이 78점, 병이 80점, 정이 82점, 무가 85점이다.
- 각 배우의 오디션 점수에 각자의 나이를 더한 값은 모두 같다.
- 오디션 점수가 세 번째로 높은 사람만 군의관 역할을 연기해 본 경험이 있다.
- 나이가 가장 많은 배우만 사극에 출연한 경험이 있다.
- 나이가 가장 적은 배우는 23세이다.

① 갑   ② 을
③ 병   ④ 정
⑤ 무

28 다음은 반도체 항목별 EBSI 현황이며, 분기마다 직전분기를 기준(100)으로 계산한 자료이다. 이에 대한 설명으로 옳은 것은?

EBSI(수출산업경기전망지수)란 수출산업의 경기동향과 관련있는 수출상담, 계약, 수출단가, 수출채산성 등 15개 항목에 대해 설문조사를 실시해 수출업계의 체감경기를 파악하는 경기지표이다. 지수가 100을 상회하면 기업들이 향후 수출여건이 지금보다 개선될 것으로 전망한다는 뜻이다.

〈분기별 반도체 항목별 EBSI 현황〉

항목별	2021년 1분기	2021년 2분기	2021년 3분기	2021년 4분기	2022년 1분기
수출상담	95.7	92.3	101.0	98.4	113.5
수출계약	95.7	96.7	100.9	95.1	138.7
수출상품제조원가	99.6	104.4	99.3	89.9	100.1
수출단가	98.8	103.8	99.3	81.6	74.2
수출채산성	99.2	103.3	99.6	76.5	126.9
수출국경기	95.4	89.5	100.9	97.0	111.6
국제수급상황	95.0	85.9	99.4	73.9	137.8
수입규제,통상마찰	143.0	100.9	98.8	55.2	140.8
설비가동률	99.8	114.6	101.5	92.3	150.6
자금사정	98.7	111.4	101.0	83.0	112.7

① 기업들은 2021년 3분기까지 국제수급상황이 개선되다가 2021년 4분기에 악화될 것이라고 전망한다.

② 기업들은 2021년 4분기 대비 2022년 1분기의 자금사정이 악화될 것이라고 생각한다.

③ 기업들은 2021년 1분기부터 2022년 1분기까지 수출단가가 계속해서 악화될 것이라고 생각한다.

④ 기업들은 2021년 1분기부터 2022년 1분기까지 전분기 대비 수출채산성이 매분기 악화와 개선을 반복할 것이라고 전망한다.

⑤ 기업들은 2020년 4분기 대비 2021년 2분기의 수출국경기가 더 안 좋아질 것이라고 전망한다.

29 S공단은 대전시와 함께 4차 산업혁명 대비 청년고용지원정책 학술대회를 개최하고자 한다. 학술대회 프로그램과 기념품별 단가 및 제공대상은 다음과 같다. 기념품 제작에 필요한 총 비용으로 옳은 것은?

〈4차 산업혁명 대비 청년고용지원정책 학술대회〉

시간	프로그램		비고
13:00 ~ 13:30	개회식 축사		대전시 부시장
13:40 ~ 14:20	강연	4차 산업혁명과 노동시장	○○대학교 교수
14:30 ~ 15:10		공공부문주도 고용촉진	□□대학교 교수
15:20 ~ 16:00		진화하는 고용정책	대전시 공무원 A
16:10 ~ 19:00	발표회		25명(참가자)
19:00 ~ 20:10	만찬		–
20:20 ~ 21:00	시상식		대상 1명, 금상 1명, 은상 1명, 동상 2명

※ 위 표에 언급되지 않은 참석자는 없다.
※ 축사나 강연을 한 사람은 참가자에 포함되지 않는다.

〈기념품별 단가 및 제공대상〉

품목	단가	제공대상
대상 트로피	98,000원/개	대상 수상자
금상 트로피	82,000원/개	금상 수상자
은상 트로피	76,000원/개	은상 수상자
동상 트로피	55,000원/개	동상 수상자
머그컵	5,500원/개	축사자 및 강연자 전원, 수상자 전원
손수건	3,200원/장	축사자 및 강연자 전원, 참가자 전원
에코백	2,400원/개	참가자 전원

① 501,250원

② 525,750원

③ 546,600원

④ 568,300원

⑤ 584,200원

컨벤션센터에서 회의실 예약업무를 담당하고 있는 K씨는 2주 전 A기업으로부터 오전 10시 ~ 낮 12시에 35명, 오후 1시 ~ 오후 4시에 10명이 이용할 수 있는 회의실 예약문의를 받았다. K씨는 사용 안내서를 A기업으로 보냈고, A기업은 자료를 바탕으로 회의실을 선택하여 결제했다. 이용일 4일 전 A기업이 오후 회의실 사용을 취소했을 때, 〈조건〉을 참고하여 환불받게 될 금액으로 옳은 것은?(단, 회의에서는 노트북 과 빔프로젝터를 이용하며, 부대장비 대여료도 환불규칙에 포함된다)

〈회의실 사용료(VAT 포함)〉

회의실	수용 인원(명)	면적(m²)	기본임대료(원)		추가임대료(원)	
			기본시간	임대료	추가시간	임대료
대회의실	90	184		240,000		120,000
별실	36	149		400,000		200,000
세미나 1	21	43	2시간	136,000	시간당	68,000
세미나 2						
세미나 3	10	19		74,000		37,000
세미나 4	16	36		110,000		55,000
세미나 5	8	15		62,000		31,000

〈부대장비 대여료(VAT 포함)〉

장비명	사용료(원)				
	1시간	2시간	3시간	4시간	5시간
노트북	10,000	10,000	20,000	20,000	30,000
빔프로젝터	30,000	30,000	50,000	50,000	70,000

─〈조건〉─

- 기본임대 시간은 2시간이며, 1시간 단위로 연장할 수 있습니다.
- 예약 시 최소 인원은 수용 인원의 $\frac{1}{2}$ 이상이어야 합니다.
- 예약 가능한 회의실 중 비용이 저렴한 쪽을 선택해야 합니다.

〈환불규칙〉

- 결제완료 후 계약을 취소하시는 경우 다음과 같이 취소 수수료가 발생합니다.
  - 이용일 기준 7일 이전 : 취소수수료 없음
  - 이용일 기준 6 ~ 3일 이전 : 취소수수료 10%
  - 이용일 기준 2 ~ 1일 이전 : 취소수수료 50%
  - 이용일 당일 : 환불 없음
- 회의실에는 음식물을 반입하실 수 없습니다.
- 이용일 7일 전까지(7일 이내 예약 시에는 금일 중) 결제하셔야 합니다.
- 결제변경은 해당 회의실 이용시간 전까지 가능합니다.

① 162,900원   ② 183,600원

③ 211,500원   ④ 246,600원

⑤ 387,000원

31 Q공사 직원 A ~ F 6명은 연휴 전날 고객이 많을 것을 고려해 점심을 낮 12시, 오후 1시 두 팀으로 나눠 먹기로 하였다. 다음 〈조건〉이 모두 참일 때, 반드시 참인 것은?

─────〈조건〉─────

• A는 B보다 늦게 가지는 않는다.

• A와 C는 같이 먹는다.

• C와 D는 따로 먹는다.

• E는 F보다 먼저 먹는다.

① A와 B는 다른 시간에 먹는다.

② B와 C는 같은 시간에 먹는다.

③ D와 F는 같은 시간에 먹는다.

④ 12시와 1시에 식사하는 인원수는 다르다.

⑤ A가 1시에 먹는다면 1시 인원이 더 많다.

32 다음은 3D기술 분야 특허등록건수 상위 10개국의 국가별 영향력지수와 기술력지수를 나타낸 자료이다. 이에 대한 〈보기〉 중 옳은 것을 모두 고르면?

〈3D기술 분야 특허등록건수 상위 10개국의 국가별 영향력지수와 기술력지수〉

구분	특허등록 건수(건)	영향력지수	기술력지수
미국	500	( )	600.0
일본	269	1.0	269.0
독일	( )	0.6	45.0
한국	59	0.3	17.7
네덜란드	( )	0.8	24.0
캐나다	22	( )	30.8
이스라엘	( )	0.6	10.2
태국	14	0.1	1.4
프랑스	( )	0.3	3.9
핀란드	9	0.7	6.3

※ 1) (해당국가의 기술력지수)＝(해당국가의 특허등록건수)×(해당국가의 영향력지수)

2) (해당국가의 영향력지수)＝$\dfrac{(해당국가의 \ 피인용비)}{(전세계 \ 피인용비)}$

3) (해당국가의 피인용비)＝$\dfrac{(해당국가의 \ 특허피인용건수)}{(해당국가의 \ 특허등록건수)}$

4) 3D기술 분야의 전세계 피인용비는 10임

〈보기〉

ㄱ. 캐나다의 영향력지수는 미국의 영향력지수보다 크다.
ㄴ. 프랑스와 태국의 특허피인용건수의 차이는 프랑스와 핀란드의 특허피인용건수의 차이보다 크다.
ㄷ. 특허등록건수 상위 10개국 중 한국의 특허피인용건수는 네 번째로 많다.
ㄹ. 네덜란드의 특허등록건수는 한국의 특허등록건수의 50% 미만이다.

① ㄱ, ㄴ
② ㄱ, ㄷ
③ ㄴ, ㄹ
④ ㄱ, ㄷ, ㄹ
⑤ ㄴ, ㄷ, ㄹ

33 다음 〈보기〉 중 (가)와 (나)에 대한 평가로 적절한 것을 모두 고르면?

(가) 어린 시절 과학 선생님에게 가을에 단풍이 드는 까닭을 물어본 적이 있다면, 단풍은 "나무가 겨울을 나려고 잎을 떨어뜨리다 보니 생기는 부수적인 현상"이라는 답을 들었을 것이다. 보통 때는 초록빛을 내는 색소인 엽록소가 카로틴, 크산토필 같은 색소를 가리므로 우리는 잎에서 다른 빛깔을 보지 못한다. 가을이 오면, 잎을 떨어뜨리고자 잎자루 끝에 떨켜가 생기면서 가지와 잎 사이의 물질 이동이 중단된다. 이에 따라 엽록소가 파괴되면서 감춰졌던 다른 색소들이 자연스럽게 드러나서 잎이 노랗거나 주홍빛을 띠게 된다. 요컨대 단풍은 나무가 월동 준비 과정에서 우연히 생기는 부산물이다.

(나) 생물의 내부를 들여다보면 화려한 색은 거의 눈에 띄지 않는다. 물론 척추동물의 몸 속에 흐르는 피는 예외이다. 상처가 난 당사자에게 피의 강렬한 색이 사태의 시급성을 알려 준다면, 피의 붉은 색깔은 특정한 목적을 가지고 진화적으로 출현했다고 볼 수 있다. 마찬가지로 타는 듯한 가을 단풍은 나무가 해충에 보내는 경계 신호라고 볼 수 있다. 진딧물처럼 겨울을 나기 위해 가을에 적당한 나무를 골라서 알을 낳는 곤충들을 향해 나무가 자신의 경계 태세가 얼마나 철저한지 알려 주는 신호가 가을 단풍이라는 것이다. 단풍의 색소를 만드는 데는 적지 않은 비용이 따르므로, 오직 건강한 나무만이 진하고 뚜렷한 가을 빛깔을 낼 수 있다. 진딧물은 이러한 신호들에 반응해서 가장 형편없이 단풍이 든 나무에 내려앉는다. 휘황찬란한 단풍은 나무와 곤충이 진화하면서 만들어 낸 적응의 결과물이다.

〈보기〉

ㄱ. 단풍이 드는 나무 중에서 떨켜를 만들지 않는 종이 있다는 연구 결과는 (가)의 주장을 강화한다.

ㄴ. 식물의 잎에서 주홍빛을 내는 색소가 가을에 새롭게 만들어진다는 연구 결과는 (가)의 주장을 강화한다.

ㄷ. 가을에 인위적으로 어떤 나무의 단풍색을 더 진하게 만들었더니 그 나무에 알을 낳는 진딧물의 수가 줄었다는 연구 결과는 (나)의 주장을 강화한다.

① ㄱ
② ㄷ
③ ㄱ, ㄴ
④ ㄴ, ㄷ
⑤ ㄱ, ㄴ, ㄷ

34 유치원 교사 A씨는 반 아이들 10명을 데리고 다음 주에 G생태마을로 체험학습을 떠나려고 한다. 오전 9시부터 오후 1시까지 총 4가지 프로그램을 체험하려고 할 때, A씨가 체험학습비로 지불해야 할 최소비용은?(단, 체험프로그램이 끝날 때마다 10분간 쉬는 시간을 가지며, A씨도 프로그램에 함께 참여한다)

<G생태마을 체험프로그램 안내>

체험프로그램	소요시간	1인당 체험비용
나물 채취	60분	10,000원
땅콩 심기	30분	8,000원
고구마 심기	40분	8,000원
꽃 심기	60분	10,000원
물놀이 체험	90분	7,000원
다슬기 잡기	30분	7,000원
고추 따기	60분	10,000원
낚시 체험	90분	15,000원
두부 만들기	90분	15,000원
한과 만들기	90분	15,000원
염소 먹이 주기	60분	7,000원
대나무 물총 만들기	60분	10,000원
민속놀이 체험	60분	8,000원
천연 염색 체험	90분	10,000원
김치 담그기	60분	8,000원
팔찌 만들기	40분	10,000원
곤충 관찰하기	40분	10,000원

① 308,000원
② 319,000원
③ 330,000원
④ 341,000원
⑤ 353,000원

35 다음 상황을 근거로 판단할 때, 준석이가 가장 많은 식물을 재배할 수 있는 온도와 상품가치의 총합이 가장 큰 온도는?(단, 주어진 조건 외에 다른 조건은 고려하지 않는다)

- 준석이는 같은 온실에서 5가지 식물(A ~ E)을 하나씩 동시에 재배하고자 한다.
- A ~ E의 재배가능 온도와 각각의 상품가치는 다음과 같다.

식물 종류	재배가능 온도(℃)	상품가치(원)
A	0 이상 20 이하	10,000
B	5 이상 15 이하	25,000
C	25 이상 55 이하	50,000
D	15 이상 30 이하	15,000
E	15 이상 25 이하	35,000

- 준석이는 온도만 조절할 수 있으며, 식물의 상품가치를 결정하는 유일한 것은 온도이다.
- 온실의 온도는 0℃를 기준으로 5℃ 간격으로 조절할 수 있고, 한 번 설정하면 변경할 수 없다.

	가장 많은 식물을 재배할 수 있는 온도	상품가치의 총합이 가장 큰 온도
①	15℃	15℃
②	15℃	20℃
③	15℃	25℃
④	20℃	20℃
⑤	20℃	25℃

다음은 상가 및 오피스텔의 보증상품에 대한 자료이다. 보증료를 가장 많이 내는 회사와 가장 적게 내는 회사를 올바르게 짝지은 것은?

〈상가 보증상품〉

• 개요

건축주가 부도・파산 등의 사유로 분양계약을 이행할 수 없게 되는 경우 당해 오피스텔(동일 건축물로 건축하는 오피스텔 외의 시설 포함)의 분양이행(사용승인 및 소유권보존등기 포함) 또는 납부한 계약금 및 중도금의 환급을 책임지는 보증상품

• 보증료 계산식

(보증료)=(보증금액)×(보증료율)×[(보증 계약기간 일수)÷365]

신용평가등급별 보증료율 : 최저 연 0.357% 최고 연 0.469%

신용등급별	1등급	2등급	3등급	4등급	5등급
보증료율(%)	0.357	0.377	0.408	0.437	0.469

〈회사별 신청 현황〉

구분	보증금액	신용등급	보증기간
A회사	2억 4천만 원	3	3년
B회사	3억 6천만 원	4	2년
C회사	2억 4천만 원	4	2년
D회사	1억 2천만 원	5	4년
E회사	6억 원	1	1년

	가장 많이 내는 회사	가장 적게 내는 회사
①	A	C
②	A	D
③	B	C
④	B	D
⑤	C	D

37 다음은 A공사의 유형자산 현황이다. 〈보기〉 중 A공사에 대한 설명으로 옳지 않은 것은?

〈A공사 유형자산 현황〉

(단위 : 백만 원)

구분	2020년 2분기	2020년 3분기	2020년 4분기	2021년 1분기	2021년 2분기	2021년 3분기
유형자산 합계	9,855	10,459	11,114	12,925	12,802	11,986
감가상각누계액 등	−2,902	−3,126	−3,334	−3,539	−3,773	−3,999
토지	0	0	0	0	0	0
건물	833	975	1,056	1,071	1,101	1,119
기구비품	4,133	4,262	4,330	4,521	4,904	4,959
건설 중인 자산	7,452	8,009	8,723	8,942	8,849	8,412
기타 유형자산	339	339	339	1,930	1,721	1,496

〈보기〉

ㄱ. 2020년부터 2021년까지 토지 자산을 보유한 분기는 한 번도 없었다.

ㄴ. 2020년 3분기부터 2021년 3분기까지 직전분기 대비 자산규모가 매분기 증가한 유형자산의 유형은 1가지이다.

ㄷ. 2021년 2분기는 전년 동기 대비 유형자산 총액이 20% 이상 증가하였다.

ㄹ. 2020년 4분기부터 2021년 3분기까지 건물 자산과 건설 중인 자산의 직전분기 대비 증감액 추이는 동일하다.

① ㄱ, ㄴ
② ㄱ, ㄷ
③ ㄷ, ㄹ
④ ㄱ, ㄴ, ㄹ
⑤ ㄴ, ㄷ, ㄹ

38 다음 자료를 근거로 판단할 때, 음식값을 가장 많이 낸 사람과 그가 낸 음식값으로 옳은 것은?

- 갑, 을, 병이 가위바위보를 하여 음식값 내기를 하고 있다.
- 라운드당 한 번씩 가위바위보를 하여 음식값을 낼 사람을 정하며 총 5라운드를 겨룬다.
- 가위바위보에서 승패가 가려진 경우 패자는 해당 라운드의 음식값을 낸다.
- 비긴 경우에는 세 사람이 모두 음식값을 낸다. 단, 직전 라운드 가위바위보의 승자는 음식값을 내지 않는다.
- 음식값을 낼 사람이 2명 이상인 라운드에서는 음식값을 낼 사람들이 동일한 비율로 음식값을 나누어 낸다.
- 갑은 가위 – 바위 – 보 – 가위 – 바위를 순서대로 낸다.
- 을은 1라운드에서 바위를 낸 후 2라운드부터는 직전 라운드 가위바위보에서 이긴 경우 가위를, 비긴 경우 바위를, 진 경우 보를 낸다. 단, 을이 직전 라운드에서 음식값을 낸 경우에는 가위를 낸다.
- 병은 1라운드에서 바위를 낸 후 2라운드부터는 직전 라운드 가위바위보에서 이긴 경우 보를, 비긴 경우 바위를, 진 경우 가위를 낸다.

※ 주어진 조건 외에는 고려하지 않는다.

〈라운드별 음식값〉

라운드	1	2	3	4	5
음식값(원)	12,000	15,000	18,000	25,000	30,000

	음식값을 가장 많이 낸 사람	음식값
①	갑	57,000원
②	을	44,000원
③	을	51,500원
④	병	44,000원
⑤	병	51,500원

39 다음은 2021년 4분기 품목별 주요수출 애로현황이다. 〈보기〉 중 이에 대해 옳은 설명을 한 사람을 모두 고르면?(단, 구성비는 각 업종별 기업들이 여러 애로요인들 중 가장 개선이 시급한 애로사항으로 응답한 비율이며, 기타 사유는 없다)

〈2021년 4분기 품목별 주요수출 애로요인〉

(단위 : %)

업종	1위		2위	
	사유	구성비	사유	구성비
농수산물	원화환율 변동성 확대	17.5	원재료 가격상승	14.2
철강 및 비철금속 제품	원재료 가격상승	16.0	수출대상국의 경기부진	12.7
가전제품	원재료 가격상승	19.4	물류비용 상승	13.9
기계류	수출 대상국의 경기부진	15.7	바이어의 가격인하 요구	13.9
반도체	원재료 가격상승	18.7	바이어의 가격인하 요구	12.0
전기 · 전자제품	원재료 가격상승	16.4	수출대상국의 경기부진	14.0
생활용품	수출대상국의 경기부진	14.2	원재료 가격상승	13.8

〈보기〉

김 대리 : 기계류와 반도체를 모두 생산하는 S기업은 주요수출 애로요인 1순위로 원재료 가격상승을 뽑았을 거야.

유 주임 : 반도체 업종의 기업 중 주요수출 애로요인으로 수출대상국의 경기부진을 꼽은 기업의 구성비는 전기 · 전자제품에 비해 낮아.

최 사원 : 생활용품에 비해 농수산물이 환율 변화에 크게 영향을 받는 업종이네.

박 과장 : 조사에 참여한 모든 기업들 중 가장 많은 기업들이 애로요인으로 뽑은 항목은 원재료 가격상승이야.

① 김 대리, 유 주임
② 김 대리, 최 사원
③ 유 주임, 최 사원
④ 유 주임, 김 과장
⑤ 최 사원, 김 과장

40 L공사는 신축 체육관 건설을 위해 입찰 공고를 하였다. 다음은 입찰에 참여한 업체들의 항목별 점수를 나타낸 자료이다. 〈조건〉에 따라 업체를 선정할 때, 선정될 업체는?

〈업체별 점수 현황〉

(단위 : 점)

구분	점수(만점) 기준	A업체	B업체	C업체	D업체	E업체
디자인	15	6	8	7	7	9
건축안정성	30	23	25	21	17	24
경영건전성	20	16	17	17	19	16
시공실적	20	11	16	15	17	14
입찰가격	15	11	9	12	12	10

〈업체별 내진설계 포함 여부〉

구분	A업체	B업체	C업체	D업체	E업체
내진설계	○	○	×	○	○

─〈조건〉─

• 선정점수가 가장 높은 업체를 선정한다.
• 선정점수는 각 항목별 점수를 합산하여 산출한다.
• 건축안정성 점수가 17점 미만인 업체는 입찰에서 제외한다.
• 반드시 입찰가격 점수가 10점 이상인 업체 중에서 선정한다.
• 내진설계를 포함하는 업체를 선정한다.

① A업체
② B업체
③ C업체
④ D업체
⑤ E업체

41 A공사 마케팅 팀장은 팀원 50명에게 연말 선물을 하기 위해 물품을 구매하려고 한다. 다음은 업체별 품목 가격과 팀원들의 품목 선호도를 나타낸 자료이다. 이를 참고하여 팀장이 구매하는 물품과 업체를 올바르게 짝지은 것은?

〈업체별 품목 금액〉

구분		한 벌당 가격
A업체	티셔츠	6,000원
	카라 티셔츠	8,000원
B업체	티셔츠	7,000원
	후드 집업	10,000원
	맨투맨	9,000원

〈구성원 품목 선호도〉

순위	품목
1	카라 티셔츠
2	티셔츠
3	후드 집업
4	맨투맨

〈조건〉
- 구성원의 선호도를 우선으로 품목을 선택한다.
- 총 구매금액이 30만 원 이상이면 총 금액에서 5% 할인을 해준다.
- 차순위 품목이 1순위 품목보다 총 금액이 20% 이상 저렴하면 차순위를 선택한다.

① 티셔츠, A업체
② 카라 티셔츠, A업체
③ 티셔츠, B업체
④ 후드 집업, B업체
⑤ 맨투맨, B업체

※ 다음 글을 읽고 이어지는 질문에 답하시오. [42~43]

갑 : 사람이 운전하지 않고 자동차 스스로 운전을 하는 세상이 조만간 현실이 될 거야. 운전 실수로 수많은 사람이 목숨을 잃는 비극은 이제 종말을 맞게 될까?

을 : 기술이 가능하다는 것과 그 기술이 상용화되는 것은 별개의 문제지. 현재까지 자동차 운전이란 인간이 하는 자발적인 행위라고 할 수 있고, 바로 그 때문에 교통사고에서 실수로 사고를 낸 사람에게 그 사고에 대한 책임을 물을 수 있는 것 아니겠어? 자율주행 자동차가 사고를 낸다고 할 때 그 책임을 누구에게 물을 수 있지?

갑 : 모든 기계가 그렇듯 오작동이 있을 수 있지. 만약 오작동으로 인해서 사고가 났는데 그 사고가 제조사의 잘못된 설계 때문이라면 제조사가 그 사고에 대한 책임을 지는 것이 당연하잖아. 자율주행 자동차에 대해서도 똑같이 생각하면 되지 않을까?

을 : 그런데 문제는 자율주행 자동차를 설계하는 과정에서 어떤 것을 잘못이라고 볼 것인지 하는 거야. ㉠ 이런 상황을 생각해 봐. 달리고 있는 자율주행 자동차 앞에 갑자기 아이 두 명이 뛰어들었는데 거리가 너무 가까워서 자동차가 아이들 앞에 멈출 수는 없어. 자동차가 직진을 하면 교통 법규는 준수하겠지만 아이들은 목숨을 잃게 되지. 아이들 목숨을 구하기 위해서 교통 법규를 무시하고 왼쪽으로 가면, 자동차는 마주 오는 오토바이와 충돌하여 오토바이에 탄 사람 한 명을 죽게 만들어. 오른쪽으로 가면 교통 법규는 준수하겠지만 정차 중인 트럭과 충돌하여 자율주행 자동차 안에 타고 있는 탑승자 모두 죽게 된다고 해. 자동차가 취할 수 있는 다른 선택은 없고 각 경우에서 언급된 인명 피해 말고 다른 인명 피해는 없다고 할 때, 어떤 결정을 하도록 설계하는 것이 옳다고 할 수 있을까?

갑 : 그건 어느 쪽이 옳다고 단정할 수 없는 문제이기 때문에 오히려 쉬운 문제라고 할 수 있지. 그런 상황에서 최선의 선택은 없으므로 어느 쪽으로 설계하더라도 괜찮다는 거야. 예를 들어, ㉡ 다음 규칙을 어떤 우선순위로 적용할 것인지를 합의하기만 하면 되는 거지. 규칙 1 : 자율주행 자동차에 탄 탑승자를 보호하라. 규칙 2 : 인명 피해를 최소화하라. 규칙 3 : 교통 법규를 준수하라. '규칙 1 – 2 – 3'의 우선순위를 따르게 한다면, 규칙 1을 가장 먼저 지키고, 그 다음 규칙 2, 그 다음 규칙 3을 지키는 것이지. 어떤 순위가 더 윤리적으로 옳은지에 대해 사회적으로 합의만 된다면 그에 맞춰 설계한 자율주행 자동차를 받아들일 수 있을 거야.

병 : 지금 당장 도로를 다니는 자동차가 모두 자율주행을 한다면, 훨씬 사고가 줄어들겠지. 자동차끼리 서로 정보를 주고받을 테니 자동차 사고가 일어나더라도 인명 피해를 크게 줄일 수 있을 거야. 하지만 문제는 교통 환경이 그런 완전 자율주행 상태로 가기 전에 사람들이 직접 운전하는 자동차와 자율주행 자동차가 도로에 뒤섞여 있는 상태를 먼저 맞게 된다는 거야. 이런 상황에서 발생할 수 있는 문제를 해결하도록 자율주행 자동차를 설계하는 일은 자율주행 자동차만 도로를 누비는 환경에 적합한 자율주행 자동차를 설계하는 일보다 훨씬 어렵지. 쉬운 문제를 만나기 전에 어려운 문제를 만나게 되는, 이른바 '문지방' 문제가 있는 거야. 그런데 ㉢ 자율주행 자동차를 대하는 사람들의 이율배반적 태도는 이 문지방 문제를 해결하는 데 더 많은 시간이 걸리게 만들어. 이 때문에 완전 자율주행 상태를 실현하기는 매우 어렵다고 봐야지.

42 ⊙에서 ⊙을 고려하여 만들어진 자율주행 자동차가 오른쪽으로 방향을 바꿔 트럭과 충돌하는 사건이 일어났다면, 다음 중 이 사건이 일어날 수 있는 경우에 해당하는 것은?

① 자율주행 자동차에는 1명이 탑승하고 있었고, 우선순위는 규칙 3 – 1 – 2이다.
② 자율주행 자동차에는 2명이 탑승하고 있었고, 우선순위는 규칙 3 – 2 – 1이다.
③ 자율주행 자동차에는 1명이 탑승하고 있었고, 우선순위는 규칙 2 – 3 – 1이다.
④ 자율주행 자동차에는 2명이 탑승하고 있었고, 우선순위는 규칙 2 – 3 – 1이다.
⑤ 자율주행 자동차에는 2명 이상이 탑승하고 있었고, 우선순위는 규칙 3 – 1 – 2이다.

43 다음 사실이 ⓒ을 강화할 때, 빈칸에 들어갈 말로 적절한 것은?

> 광범위한 설문 조사 결과, 대다수 사람들은 가급적 가까운 미래에 인명 피해를 최소화하도록 설계된 자율주행 자동차가 도로에 많아지는 것을 선호하였다. 하지만 '_____'라는 질문을 받으면, 대다수의 사람들은 '아니다.'라고 대답했다.

① 자동차 대부분이 자율주행을 한다고 해도 여전히 직접 운전하길 선호하는가?
② 자율주행 자동차가 낸 교통사고에 대한 책임은 그 자동차에 탑승한 사람에게 있는가?
③ 자동차 탑승자의 인명을 희생하더라도 보다 많은 사람의 목숨을 구하도록 설계된 자동차를 살 의향이 있는가?
④ 인명 피해를 최소화하도록 설계된 자율주행 자동차보다 탑승자의 인명을 최우선으로 지키도록 설계된 자율주행 자동차를 선호하는가?
⑤ 탑승자의 인명을 최우선으로 지키도록 설계된 자율주행 자동차보다 교통법규를 최우선으로 준수하도록 설계된 자율주행 자동차를 선호하는가?

44 다음 〈보기〉 중 답변에 대한 반박으로 적절한 것을 모두 고르면?

> Q : 신이 어떤 행위를 하라고 명령했기 때문에 그 행위가 착한 것인가, 아니면 오히려 그런 행위가 착한 행위이기 때문에 신이 그 행위를 하라고 명령한 것인가?
>
> A : 여러 경전에서 신은 우리에게 정직할 것을 명령한다. 우리가 정직해야 하는 이유는 단지 신이 정직하라고 명령했기 때문이다. 따라서 한 행위가 착한 행위가 되기 위해서는 신이 그 행위를 하라고 명령해야 한다. 다시 말해 만일 신이 어떤 행위를 하라고 명령하지 않는다면, 그 행위는 착한 것이 아니다.

─────〈보기〉─────

ㄱ. 만일 신이 우리에게 정직하라고 명령하지 않았다면, 정직한 것은 착한 행위도 못된 행위도 아니다. 정직함을 착한 행위로 만드는 것은 바로 신의 명령이다.

ㄴ. 만일 신이 이산화탄소 배출량을 줄이기 위해 재생에너지를 쓰라고 명령하지 않았다면 그 행위는 착한 행위가 될 수 없을 것이다. 하지만 신이 그렇게 명령한 적이 없더라도 그 행위는 착한 행위이다.

ㄷ. 장기 기증은 착한 행위이다. 하지만 신이 장기 기증을 하라고 명령했다는 그 어떤 증거나 문서도 존재하지 않으며 신이 그것을 명령했다고 주장하는 사람도 없다.

ㄹ. 어떤 사람은 원수를 죽이는 것이 신의 명령이라고 말하고 다른 사람은 원수를 죽이는 것이 신의 명령이 아니라고 말한다. 사람들이 신의 명령이라고 말한다고 해서 그것이 정말로 신의 명령인 것은 아니다.

① ㄷ
② ㄹ
③ ㄴ, ㄷ
④ ㄱ, ㄴ, ㄹ
⑤ ㄱ, ㄴ, ㄷ, ㄹ

45 S공사 본사에서 근무하는 A대리는 발전소별로 안전관리 실무자를 만나기 위해 국내발전소 4곳을 방문하고자 한다. A대리의 국내발전소 출장계획과 본사 및 각 발전소 간 이동소요시간이 다음과 같다고 할 때, 이동소요시간이 가장 적은 경로는?

〈A대리의 국내발전소 출장계획〉

- A대리는 본사에서 출발하여, 국내발전소 4곳을 방문한 후 본사로 복귀한다.
- A대리가 방문할 국내발전소는 청평발전소, 무주발전소, 산청발전소, 예천발전소이다.
- 2019년 9월 4일에 본사에서 출발하여 9월 8일에 본사로 복귀한다.
- A대리는 각 발전소를 한 번씩만 방문하며, 본사 및 각 발전소 간 이동은 하루에 한 번만 한다.
- 안전관리 실무자의 사정으로 인해 산청발전소는 반드시 9월 7일에 방문한다.

〈본사 및 각 발전소 간 이동소요시간〉

구분	본사	청평발전소	무주발전소	산청발전소	예천발전소
본사		55분	2시간 5분	1시간 40분	40분
청평발전소	55분		45분	1시간 5분	50분
무주발전소	2시간 5분	45분		1시간 20분	1시간 50분
산청발전소	1시간 40분	1시간 5분	1시간 20분		35분
예천발전소	40분	50분	1시간 50분	35분	

① 본사 – 청평발전소 – 무주발전소 – 예천발전소 – 산청발전소 – 본사
② 본사 – 청평발전소 – 예천발전소 – 무주발전소 – 산청발전소 – 본사
③ 본사 – 무주발전소 – 예천발전소 – 청평발전소 – 산청발전소 – 본사
④ 본사 – 무주발전소 – 청평발전소 – 예천발전소 – 산청발전소 – 본사
⑤ 본사 – 예천발전소 – 청평발전소 – 무주발전소 – 산청발전소 – 본사

46 K대리는 열차정비시설 설치지역 후보지들을 탐방하려고 한다. 후보지의 수가 많은 데 비해 K대리의 시간은 한정되어 있으므로 다음 〈조건〉에 따라 일부 후보지만 방문하려고 한다. 이에 따라 판단할 때, 〈보기〉 중 참을 말하고 있는 사람을 모두 고르면?

〈조건〉

- 양산, 세종, 목포 중 적어도 두 곳은 방문한다.
- 성남을 방문하면 세종은 방문하지 않는다.
- 목포를 방문하면 동래도 방문한다.
- 익산과 성남 중 한 곳만 방문한다.
- 밀양은 설치가능성이 가장 높은 곳이므로 반드시 방문한다.
- 동래를 방문하면 밀양은 방문하지 않는다.

〈보기〉

지훈 : K대리는 밀양과 동래만 방문할거야.
세리 : 그는 이번에 성남은 가지 않고, 양산과 밀양을 방문할거야.
준하 : 그는 목포를 방문하고 세종은 방문하지 않을거야.
진경 : K대리는 성남과 동래 모두 방문하지 않을거야.

① 지훈, 세리　　　　　　　　② 지훈, 준하
③ 세리, 준하　　　　　　　　④ 세리, 진경
⑤ 준하, 진경

47 다음 중 〈보기〉의 문장이 들어갈 위치로 가장 적절한 것은?

1895년에 발견된 X선은 진단 의학의 혁명을 일으켰다. 이후 X선 사진 기술은 단면 촬영을 통해 입체 영상 구성이 가능한 CT(컴퓨터 단층 촬영 장치)로 진화하면서 해부를 하지 않고 인체 내부를 정확하게 진단하는 기술로 발전하였다. (가)

X선 사진은 X선을 인체에 조사하고, 투과된 X선을 필름에 감광시켜 얻어낸 것이다. 조사된 X선의 일부는 조직에서 흡수·산란되고 나머지는 조직을 투과하여 반대편으로 나오게 된다. X선이 투과되는 정도를 나타내는 투과율은 공기가 가장 높으며 지방, 물, 뼈의 순서로 낮아진다. 또한, 투과된 X선의 세기는 통과한 조직의 투과율이 낮을수록, 두께가 두꺼울수록 약해진다. 이런 X선의 세기에 따라 X선 필름의 감광 정도가 달라져 조직의 흑백 영상을 얻을 수 있다. (나) 이러한 X선 사진의 한계를 극복한 것이 CT이다.

CT는 인체에 투과된 X선의 분포를 통해 인체의 횡단면을 영상으로 재구성한다. CT 촬영기 한쪽 편에는 X선 발생기가 있고 반대편에는 여러 개의 X선 검출기가 배치되어 있다. (다) CT 촬영기 중심에, 사람이 누운 침대가 들어가면 X선 발생기에서 나온 X선이 인체를 투과한 후 맞은편 X선 검출기에서 검출된다. X선 검출기로 인체를 투과한 X선의 세기를 검출하는데, 이때 공기를 통과하며 감쇄된 양을 빼고, 인체 조직만을 통과하면서 감쇄된 X선의 총량을 구해야 한다. 이것은 공기만을 통과한 X선 세기와 조직을 투과한 X선 세기의 차이를 계산하면 얻을 수 있고, 이를 환산값이라고 한다. 즉, 환산값은 특정 방향에서 X선이 인체 조직을 통과하면서 산란되거나 흡수되어 감쇄된 총량을 의미한다. 이 값을 여러 방향에서 구하기 위해 CT 촬영기를 회전시킨다. (라) 그러면 동일 단면에 대한 각 방향에서의 환산값을 구할 수 있고, 이를 활용하여 컴퓨터가 단면 영상을 재구성한다.

CT에서 영상을 재구성하는 데에는 역투사(Back Projection) 방법이 이용된다. 역투사는 어떤 방향에서 X선이 진행했던 경로를 거슬러 진행하면서 경로상에 환산값을 고르게 분배하는 방법이다. (마) CT 촬영기를 회전시키며 얻은 여러 방향의 환산값을 경로별로 역투사하여 더해 나가는데, 이처럼 여러 방향의 환산값들이 더해진 결과가 역투사 결괏값이다. 역투사를 하게 되면 뼈와 같이 감쇄를 많이 시키는 조직에서는 여러 방향의 값들이 더해지게 되고, 그 결과 다른 조직에서보다 더 큰 결괏값이 나오게 된다.

〈보기〉

그렇지만 X선 사진에서는 투과율이 비슷한 조직들 간의 구별이 어려워서, X선 사진은 다른 조직과의 투과율 차이가 큰 뼈나 이상 조직의 검사에 주로 사용된다.

① (가)　　　　　　　　　　② (나)

③ (다)　　　　　　　　　　④ (라)

⑤ (마)

48 다음 글의 내용으로 옳지 않은 것은?

지대는 3가지 생산요소, 즉 토지, 자본, 노동의 소유자인 지주, 자본가, 노동자에게 돌아가는 정상적인 분배 몫을 제외하고 남는 잉여 부분을 말한다. 가령 시장에서 인기가 많은 과일이 어느 특정 지역에서만 생산된다면 이곳에 땅을 가진 사람들은 자신들이 정상적으로 땅을 빌려주고 받을 수 있는 소득보다 훨씬 높은 잉여이익을 챙길 수 있을 것이다. 강남에 부동산을 가진 사람들은 그곳에 좋은 학군이 있고 좋은 사설학원들이 있기 때문에 다른 곳보다 훨씬 비싼 값에 부동산을 팔거나 임대할 수 있다. 정상적인 이익을 넘어서는 과도한 이익, 이것이 전통적인 지대 개념이다.

마셜은 경제가 발전하고 복잡해짐에 따라 원래 땅에서 생겨난 이 지대 개념을 다른 산업분야로 확장하고 땅으로부터 잉여이익과 차별화하기 위해 '준지대'라는 이름을 붙였다. 즉, 특정 산업부문에 진입 장벽이나 규제가 있어 진입 장벽을 넘은 사람들이 실제보다 더 많은 잉여이익을 얻는 경우를 모두 총괄해서 준지대라고 하는 것이다. 가령 정부가 변호사와 의사 숫자를 대폭 제한하는 법이나 규제를 만들 경우 이미 진입 장벽을 넘은 변호사나 의사들은 자신들이 제공하는 전문적 서비스 이상으로 소득이 늘게 되는데 이것이 준지대가 되는 것이다. 또 특정 IT 기술자에 대한 수요가 급증했는데 자격을 가진 사람이 적어서 노동 공급이 한정된 경우 임금이 정상적 상태를 넘어서 대폭 상승한다. 이때의 임금상승은 생산요소의 한정적 공급에 따른 것으로 역시 준지대적 성격을 가진다.

원래 마셜이 생각했던 준지대는 일시적 현상으로서 시간이 지나면 해소되는 것이었다. 가령 특정 IT 기술자에 대한 수요가 오랫동안 꾸준할 경우 이 기술을 배우려는 사람이 늘어나고 노동 공급이 증가해 임금이 하락하게 된다. 시간이 지나면서 준지대가 해소되는 것이다. 그러나 정부가 어떤 이유로든 규제 장치나 법률을 제정해서 장벽을 쌓으면 준지대는 계속 유지될 수 있을 것이다. 이렇게 특정 산업의 로비스트들이 준지대를 유지하기 위하여 정부에 로비하고 정치권에 영향력을 행사하는 행위를 '지대추구 행위'라고 한다.

역사적으로 지대추구의 대표적인 사례는 길드조직이었다. 남들보다 먼저 도시에 자리잡은 수공업자들은 각종 길드를 만들어 업종 칸막이를 했다. 한 길드는 비슷한 품목을 만들어내는 다른 길드의 영역을 침범할 수 없었고 심지어 큰 포도주 통을 만드는 사람은 작은 포도주 통을 만들지 못하도록 금지되었다. 당시 길드의 가장 큰 목적은 새로운 인력의 진입을 봉쇄하는 것이었다.

중세 봉건사회가 해체되면서 도시로 몰려들고 있는 저임금 노동자들이 더 싼 임금으로 수공업에 진출하려고 하자, 기득권을 지닌 도시 수공업자들이 귀족들의 비호 아래 길드조직을 법으로 보호해 저임금 신규인력 진출을 막고 자신들의 높은 이익을 보호하려 한 것이다.

① 지대는 토지와 자본, 노동의 대가를 제외한 나머지 부분을 일컫는다.
② 전통적으로 지대를 통해 비정상적으로 과도한 이익을 얻는 경우가 많았다.
③ 특정 농산물의 수요가 증가한다면, 그 지역의 지대는 평소보다 증가한다.
④ 준지대는 시간이 지나면 반드시 해소되는 것은 아니다.
⑤ 정부는 규제 장치나 법률 제정으로 지대추구 행위를 해소하려고 노력한다.

49 다음 글의 서술상 특징으로 적절하지 않은 것은?

소비자의 권익을 위하여 국가가 집행하는 경쟁 정책은 본래 독점이나 담합 등과 같은 반경쟁적 행위를 국가가 규제함으로써 시장에서 경쟁이 활발하게 이루어지도록 하는 데 중점을 둔다. 이러한 경쟁 정책은 결과적으로 소비자에게 이익이 되므로, 소비자 권익을 보호하는 데 유효한 정책으로 인정된다. 경쟁 정책이 소비자 권익에 기여하는 모습은 생산적 효율과 배분적 효율의 두 측면에서 살펴볼 수 있다.

먼저, 생산적 효율은 주어진 자원으로 낭비 없이 더 많은 생산을 하는 것으로서, 같은 비용이면 더 많이 생산할수록, 같은 생산량이면 비용이 적을수록 생산적 효율이 높아진다. 시장이 경쟁적이면 개별 기업은 생존을 위해 비용 절감과 같은 생산적 효율을 추구하게 되고, 거기서 창출된 여력은 소비자의 선택을 받고자 품질을 향상시키거나 가격을 인하하는 데 활용될 것이다. 그리하여 경쟁 정책이 유발한 생산적 효율은 소비자 권익에 기여하게 된다. 물론 비용 절감의 측면에서는 독점 기업이 더 성과를 낼 수도 있겠지만, 꼭 이것이 가격 인하와 같은 소비자의 이익으로 이어지지는 않는다. 따라서 독점에 대한 감시와 규제는 지속적으로 필요하다.

다음으로 배분적 효율은 사람들의 만족이 더 커지도록 자원이 배분되는 것을 말한다. 시장이 독점 상태에 놓이면 영리 극대화를 추구하는 독점 기업은 생산을 충분히 하지 않은 채 가격을 올림으로써 배분적 비효율을 발생시킬 수 있다. 반면에 경쟁이 활발해지면 생산량 증가와 가격 인하가 수반되어 소비자의 만족이 더 커지는 배분적 효율이 발생한다. 그러므로 경쟁 정책이 시장의 경쟁을 통하여 유발한 배분적 효율도 소비자의 권익에 기여하게 된다.

경쟁 정책은 이처럼 소비자 권익을 위해 중요한 역할을 수행해 왔지만, 이것만으로 소비자 권익이 충분히 실현되지는 않는다. 시장을 아무리 경쟁 상태로 유지하더라도 여전히 남는 문제가 있기 때문이다. 우선, 전체 소비자를 기준으로 볼 때 경쟁 정책이 소비자 이익을 증진하더라도, 일부 소비자에게는 불이익이 되는 경우도 있다. 예를 들어, 경쟁 때문에 시장에서 퇴출된 기업의 제품은 사후 관리가 되지 않아 일부 소비자가 피해를 보는 일이 있다. 그렇다고 해서 경쟁 정책 자체를 포기하면 전체 소비자에게 불리한 결과가 되므로 국가는 경쟁 정책을 유지할 수밖에 없는 것이다. 다음으로 소비자는 기업에 대한 교섭력이 약하고, 상품에 대한 정보도 적으며, 충동구매나 유해 상품에도 쉽게 노출되기 때문에 발생하는 문제가 있다. 이를 해결하기 위해 상품의 원산지 공개나 유해 제품 회수 등의 조치를 생각해 볼 수 있지만 경쟁 정책에서 직접 다루는 사안이 아니다.

이런 문제들 때문에 소비자의 지위를 기업과 대등하게 하고 기업으로부터 입은 피해를 구제하여 소비자를 보호할 수 있는 별도의 정책이 요구되었고, 이 요구에 따라 수립된 것이 소비자 정책이다. 소비자 정책은 주로 기업들이 지켜야 할 소비자 안전 기준의 마련, 상품 정보 공개의 의무화 등의 조치와 같이 소비자 보호와 직접 관련 있는 사안을 대상으로 한다. 또한 충동구매나 유해 상품 구매 등으로 발생하는 소비자 피해를 구제하고, 소비자 교육을 실시하며, 기업과 소비자 간의 분쟁을 직접 해결해 준다는 점에서도 경쟁 정책이 갖는 한계를 보완할 수 있다.

① 문제점을 해결하기 위해 등장한 소비자 정책에 대해 설명한다.
② 소비자 권익을 위한 경쟁 정책과 관련된 다양한 개념을 정의한다.
③ 경쟁 정책이 소비자 권익에 기여하는 바를 두 가지 측면에서 나누어 설명한다.
④ 경쟁 정책의 소비자 권익 실현에 대한 한계를 나열한다.
⑤ 구체적인 수치를 언급하며 경쟁 정책의 문제점을 제시한다.

50 다음은 연도별 및 연령대별 정당지지도 추이에 대한 자료이다. 이에 대한 설명으로 옳은 것은?

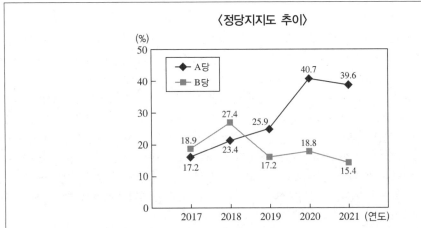

〈정당지지도 추이〉

※ 정당지지도 조사는 매년 1회만 실시함

〈연도별 · 연령대별 정당지지도〉

(단위 : %)

연령대 ＼ 연도·정당	2017년		2018년		2019년		2020년		2021년	
	A	B	A	B	A	B	A	B	A	B
20대	10.6	21.9	11.2	30.0	19.3	18.1	33.2	14.9	35.3	12.6
30대	12.6	19.8	14.4	32.8	16.0	21.6	36.5	40.6	33.6	18.8
40대	20.6	14.4	27.5	24.2	28.8	18.2	43.4	17.6	38.4	14.4
50대	23.0	16.9	36.0	22.5	36.3	13.7	49.0	17.9	46.4	16.2
60대 이상	25.4	21.5	36.4	23.8	34.2	12.9	45.8	18.7	48.2	15.0

※ 정당은 A당과 B당만 존재하는 것으로 가정하고, 어느 당도 지지하지 않는 응답자들은 모두 '지지정당 없음'으로 처리함

① 2020년은 전년에 비해 '지지정당 없음'의 비율이 낮아졌다.
② 2018년에 비해 2019년에 모든 연령대에서 A당에 대한 지지도는 높아졌다.
③ 20대의 정당지지도 차이는 2018년부터 확대되고 있으나, 2021년에는 축소되었다.
④ A당이 B당의 지지도를 처음으로 추월한 해에 A당 지지도가 가장 높은 연령대는 40대이다.
⑤ 정당지지도의 차이가 가장 큰 해에, 그 차이보다 더 큰 정당지지도 차이를 보이는 연령대의 수는 3개이다.

5권

NCS 고난도
봉투모의고사
정답 및 해설

온라인 모의고사 무료쿠폰

쿠폰 번호	NCS통합 AOO-00000-4A5BD
	고난도 AAQI-00000-06FC7

[쿠폰 사용 안내]

1. 합격시대 홈페이지(www.sidaegosi.com/pass_sidae_new)에 접속합니다.
2. 홈페이지 상단 '1회 무료 이용권 제공' 배너를 클릭하고, 쿠폰번호를 입력합니다.
3. 내강의실 > 모의고사 > 합격시대 모의고사를 클릭하면 응시 가능합니다.
※ iOS / macOS 운영체제에서는 서비스되지 않습니다.
※ 본 쿠폰은 등록 후 30일간 이용 가능합니다.

무료NCS특강 쿠폰

쿠폰번호 VVK-32777-15116

[쿠폰 사용 안내]

1. 시대플러스 홈페이지(www.sdedu.co.kr/plus)에 접속합니다.
2. 상단 카테고리 「이벤트」를 클릭합니다.
3. 「NCS 도서구매 특별혜택 이벤트」를 클릭한 후 쿠폰번호를 입력합니다.

AI면접 1회 무료쿠폰

쿠폰번호 AQB-82534-00280

[쿠폰 사용 안내]

1. WIN시대로(www.winsidaero.com)에 접속합니다.
2. 회원가입 후 상단 카테고리 「이벤트」를 클릭합니다.
3. 쿠폰번호를 입력 후 [마이페이지]에서 이용권을 사용하여 면접을 실시합니다.
※ 무료 쿠폰으로 응시한 면접에는 제한된 리포트가 제공됩니다.
※ 본 쿠폰은 등록 후 7일간 이용 가능합니다.

 도서 관련 최신 정보 및 정오사항이 있는지 우측 QR을 통해 확인해 보세요!

제1회 모의고사 정답 및 해설

01	02	03	04	05	06	07	08	09	10
④	②	②	①	①	⑤	④	②	③	①
11	12	13	14	15	16	17	18	19	20
⑤	②	①	③	①	②	⑤	③	②	②
21	22	23	24	25	26	27	28	29	30
②	③	⑤	④	③	①	④	③	②	②
31	32	33	34	35	36	37	38	39	40
⑤	②	④	②	③	⑤	④	③	④	⑤
41	42	43	44	45	46	47	48	49	50
②	③	②	③	①	②	⑤	④	③	①

01　　　　　　　　　　　　　　정답 ④

만다라 체제에서 왕은 신과 인간의 중개자이므로 왕이 백성들에게 신과 동일한 존재로 인식되기를 원했다고 볼 수 없다. 따라서 옳지 않은 내용이다.

오답분석
① 만다라는 왕의 힘이 유동적으로 움직이는 공간을 뜻하기 때문에 만다라적 통치 체제에서는 국경 개념이 희미해진다고 하였으므로 옳은 내용이다.
② 앙코르의 왕은 중앙 집중화된 왕권의 기초를 다졌고, 왕국의 막강한 정치력을 앙코르와트 사원을 통해 드러내고 있다고 분석했으므로 옳은 내용이다.
③ 액커는 바레이의 용량이 관개시설로 사용될 만큼의 규모가 아니며, 바레이가 정 4방으로 둘러싼 위치를 보건대 앙코르와트 사원은 종교적인 목적과 관련이 있다는 소견을 내었다. 따라서 옳은 내용이다.
⑤ 토인비는 앙코르와트 사원은 왕국의 막강한 정치력을 드러내고 있는 것이라고 보았고, 액커는 종교적인 목적과 관련이 있다고 하였으므로 옳은 내용이다.

02　　　　　　　　　　　　　　정답 ②

ㄴ. '을'은 '기술'이라는 용어를 근대 과학혁명 이후에 등장한 과학이 개입한 것들로 한정한다고 하였으므로 '모든 기술에는 과학이 개입해 있다.'는 주장에 동의하지만, '병'은 기술을 만들어내기 위해 과학의 개입이 꼭 필요한 것은 아니라고 하였으므로 동의하지 않는다.

오답분석
ㄱ. '갑'은 물질을 소재 삼아 무언가 물질적인 결과물을 산출하기만 하면 모두 기술로 인정하지만 '을'은 '갑'의 기준을 강화해 물질로 구현되는 것 중 과학이 개입한 것들로 한정한다고 하였으므로 기술을 적용하는 범위는 '갑'이 '을'보다 넓다. 하지만 '병'은 '을'의 기준이 너무 협소하다고 하면서 과학이 개입되지 않은, 이를테면 시행착오를 통한 것도 기술로 인정해야 한다고 하였다. 따라서 '병'과 '을'의 관계에서는 '병'이 '을'보다 기술을 적용하는 범위가 넓다. 다만, '갑'과 '병'의 관계는 제시문을 통해서는 확정지을 수 없다. '병'은 '기술'을 적용하는데 있어서 그 범위를 넓게 보려고 하고 있으며 '물질적인 것'을 포함하지 않는 것도 기술로 인정할 경우 '갑'보다 범위가 더 넓을 수도 있기 때문이다.
ㄷ. '병'은 시행착오를 통해 발전한 방법들도 기술로 인정한다고 하였으므로 '시행착오를 거쳐 발전해온 옷감 제작법' 역시 기술로 인정할 것이다. 그리고 '갑' 역시 물질을 소재 삼아 물질적인 결과물을 산출하면 기술로 부를 수 있다고 하였으므로 옷감 제작법 역시 기술로 인정할 것이다.

03　　　　　　　　　　　　　　정답 ②

주어진 실험결과를 정리하면 다음과 같다.

구분	A	B	C	D
민감도	$\frac{100}{120}$	$\frac{80}{120}$	$\frac{80}{110}$	$\frac{80}{100}$
특이도	$\frac{100}{120}$	$\frac{80}{120}$	$\frac{100}{130}$	$\frac{120}{140}$
양성 예측도	$\frac{100}{120}$	$\frac{80}{120}$	$\frac{80}{110}$	$\frac{80}{100}$
음성 예측도	$\frac{100}{120}$	$\frac{80}{120}$	$\frac{100}{130}$	$\frac{120}{140}$

ㄱ. 위 표에 의하면 민감도가 가장 높은 질병진단키트는 A이므로 옳은 내용이다.
ㄷ. 위 표에 의하면 질병진단키트 C의 민감도와 양성 예측도가 모두 $\frac{80}{110}$으로 동일하므로 옳은 내용이다.

ㄴ. 위 표에 의하면 특이도가 가장 높은 질병진단키트는 D이므로 옳지 않은 내용이다.

ㄹ. 위 표에 의하면 질병진단키트 D의 양성 예측도는 $\frac{80}{100}$ 이고, 음성 예측도는 $\frac{120}{140}$ 이므로 옳지 않은 내용이다.

04
정답 ①

ㄱ. 신소재 산업분야에서 중요도 상위 2개 직무역량은 '문제해결능력'(4.58), '수리능력'(4.46)이므로 옳은 내용이다.

ㄴ. 각 산업분야별로 직무역량 중요도의 최댓값과 최솟값을 차이를 구하면 신소재(0.61점), 게임(0.88점), 미디어(0.91점), 식품(0.62점)이므로 옳은 내용이다.

ㄷ. 신소재, 게임, 식품의 경우 중요도가 가장 낮은 직무역량은 '조직이해능력'이지만, 미디어의 경우는 '기술능력'의 중요도가 가장 낮다. 따라서 옳지 않은 내용이다.

ㄹ. 신소재 분야와 식품 분야의 경우는 '문제해결능력'의 중요도가 가장 높지만 게임 분야와 미디어 분야의 경우는 '직업윤리'의 중요도가 가장 높고 '문제해결능력'이 두 번째로 높다. 따라서 '문제해결능력'과 '직업윤리'를 서로 비교하여 정리하면 다음과 같다.

구분	신소재	게임	미디어	식품
문제해결능력	+0.14	-	-	+0.11
직업윤리	-	+0.14	+0.14	-

'문제해결능력'의 평균값이 가장 높다는 것은 다시 말해 각 분야의 중요도를 모두 합한 값이 가장 크다는 것을 의미하는데, 위 표에서 보듯 '직업윤리'의 합계가 더 크므로 옳지 않은 내용이다.

05
정답 ①

업체별 만 20세 이상 만 65세 미만 군민의 체육복 500벌(50% 지원)과 만 65세 이상 군민의 체육복 200벌, 운동화 200켤레 가격(전액 지원)을 정리하면 다음과 같다.

- 갑 : $(12,000 \times 0.5) \times 500 + (12,000 + 20,000) \times 200$ =940만 원
- 을 : $(8,000 \times 0.5) \times 500 + (8,000 + 30,000) \times 200$=960만 원
- 병 : $(10,000 \times 0.5) \times 500 + (10,000 + 25,000) \times 200$ =950만 원
- 정 : $(16,000 \times 0.5) \times 500 + (16,000 + 16,000) \times 200$ =1,040만 원
- 무 : $(18,000 \times 0.5) \times 500 + (18,000 + 10,000) \times 200$ =1,010만 원

따라서 K공단은 가장 저렴한 갑 업체를 선정한다.

06
정답 ⑤

구매할 체육복 총 개수는 $500 + 200 = 700$벌이고, 운동화는 200켤레이다. 체육복과 운동화를 3일 이내에 제작하려면 하루에 체육복은 234벌 이상, 운동화는 67켤레 이상 제작이 가능한 업체만 가능하므로 을, 병, 무 업체가 이에 속한다. 이 중 체육복에 문구를 삽입하지 못하는 을 업체는 제외되고, 병과 무 업체의 제작금액을 비교하면 다음과 같다.

- 병 : $(10,000 \times 0.5) \times 500 + (10,000 + 25,000) \times 200 = 950$만 원, 문구 삽입 비용 $1,000 \times 700 = 70$만 원
  $\therefore 950 + 70 = 1,020$만 원
- 무 : $(18,000 \times 0.5) \times 500 + (18,000 + 10,000) \times 200 = 1,010$만 원, 문구 삽입 비용 무료

따라서 10만 원 더 저렴한 무 업체가 선정된다.

07
정답 ④

설비용량이 총 11.44MW인 동탄 연료전지 발전소를 짓는 데 총 550억 원이 투입되었으므로 동탄 연료전지 발전소의 투자비용은 1MW당 $\frac{550억\ 원}{11.44MW} \fallingdotseq 48.08$억 원으로 50억 원 이하이다.

① 연료전지 발전의 연료는 천연가스, LPG 등으로, 연료를 통해 얻은 수소를 산소와 결합시키는 방식으로 전기를 얻는다.
② 2019년 9월의 연료전지 설비용량은 전년 동월 대비 51.1% 증가하였으므로 2018년 9월 연료전지 설비용량의 1.5배 이상임을 알 수 있다.
③ 2019년 9월의 연료전지 전력거래량은 194.4GWh로 전년 동월의 136.3GWh에서 $194.4 - 136.3 = 58.1$GWh 증가하였다.
⑤ REC 가중치가 높다는 것은 그만큼 비싼 값에 REC를 팔 수 있다는 의미이다. 연료전지의 REC 가중치가 태양광 등의 주력 신재생에너지보다 높으므로 연료전지의 REC는 태양광 REC보다 비싸게 판매된다.

08
정답 ②

공간 이론의 기초적인 내용으로, 첫 번째와 두 번째 문단을 통해 알 수 있다.

① 초기 사회심리학 이론은 투표 선택이 일관적 이념에 의하지 않으나 오히려 투표 선택은 일관적이라는 문제의식에서 발생한 이론이다.
③ 후기 공간 이론에서 초기 근접 이론과 방향 이론 간의 이견이 해소되었다는 것은 찾아볼 수 없고, 각 이론이 자기 방향성을 유지하면서 개량되었을 뿐이다.
④ 후기 공간 이론은 기존 공간 이론보다 이념의 중요성을 낮추고 심리학적 입장을 수용하였다.
⑤ 후기 공간 이론이 정당 일체감을 받아들이기는 하였지만 이것이 합리적이라고 보았다는 근거는 제시문에 없고, 정당 일체감은 세련된 유권자 가설을 입증하는 도구가 아니라 오히려 정당 일체감이라는 심리적 개념을 받아들였음에도 불구하고 세련된 유전자 가설을 무리 없이 입증해 왔다고 해석함이 타당하다.

09 정답 ③

구분	초기	후기
근접 이론	중위 유권자	정당 일체자
방향 이론	이념 지향적 (이념 극단적)	관용 경계

이에 따르면, ③은 후기 방향 이론이 아니라 후기 근접 이론의 입장이어야 한다.

10 정답 ①

ㄱ. 부패금액이 산정되지 않은 6번의 경우에도 고발하였으므로 옳지 않은 설명이다.

ㄴ. 2번의 경우, 해임당하였음에도 고발되지 않았으므로 옳지 않은 설명이다.

오답분석

ㄷ. 직무관련자로부터 금품을 수수한 사건은 2번, 4번, 5번, 7번, 8번으로 총 5건 있었다.

ㄹ. 2번과 4번은 모두 '직무관련자로부터 금품 및 향응수수'로 동일한 부패행위 유형에 해당함에도 2번은 해임, 4번은 감봉 1월의 처분을 받았으므로 옳은 설명이다.

11 정답 ⑤

E주임이 1열 A석에 앉는다면 B대리는 1열 B석에 앉게 된다. 또한, G사원은 대리보다 앞쪽에 앉아야 하므로 1열 C석에 앉게 되므로 반드시 참인 설명이다.

오답분석

① E주임은 B대리의 옆 좌석에만 앉지 않으면 되므로 B대리가 1열 B석에 앉는다면, E주임은 1열 A석에도 앉을 수 있다.

② A과장이 3열 A석에 앉는다면, 3열 B석에는 F주임이 아닌 D주임이 앉을 수도 있다.

③ 1열에는 B대리, E주임, G사원이 앉아야 하며, B대리와 E주임은 이웃해 앉아야 한다. 그러므로 G사원은 1열 B석에 앉을 수 없다. 따라서 F주임이 2열 B석에 앉게 되더라도 서로 이웃해 앉는 경우는 발생하지 않는다.

④ A과장이 3열 A석에 앉는다면, D주임과 F주임은 2열 B석과 3열 B석에 나누어 앉게 되므로 이웃해 앉게 된다.

12 정답 ②

두 번째 문단에 따르면 달러화의 약세는 수요 회복에의 대응을 일부 상쇄시킬 만큼, 매출에 부정적 영향을 미침을 알 수 있다. 따라서 달러화의 강세는 매출액에 부정적 영향이 아니라 긍정적 영향을 미친다. 그러므로 옳지 않은 설명이다.

오답분석

① 세 번째 문단에 따르면 S기업은 낸드플래시 시장에서 고용량화 추세가 확대될 것으로 보고 있으므로 시장에서의 수요에 대응하기 위해 고용량 낸드플래시 생산에 대한 투자를 늘릴 것이다.

③ 두 번째 문단의 두 번째 문장에 따르면 기업이 신규 공정으로 전환하는 경우, 이로 인해 원가 부담이 발생한다는 내용이 나와 있다. 기업 입장에서 원가 부담은 원가의 상승을 나타내므로 옳은 설명이다.

④ 첫 번째 문단에서 매출액은 26조 9,907억 원이고, 영업이익은 2조 7,127억 원임을 밝히고 있다. 따라서 영업이익률은 $\frac{27,127}{269,907} \times 100 = 10\%$이다.

⑤ 두 번째 문단에 따르면 2021년 4분기 영업이익은 직전분기 대비 50% 감소했다고 했으므로 3분기 영업이익은 4분기 영업이익의 2배이다.

13 정답 ①

- (가) : 공동체적 연대를 위해 집단적 노력이 존재한다는 내용으로 볼 때, 다양한 프로그램을 운영하여 주민들의 교류를 활성화한 사례가 적절함을 알 수 있다.

- (나) : 아파트 위치나 평형, 단지의 크기 등에 따라 공동체 형성의 정도가 서로 다르다는 내용으로 볼 때, 대형 고급 아파트 단지에서는 이웃에 누가 사는지도 모르는 반면 중소형 서민 아파트 단지에서는 학부모 모임이 활발하다는 사례가 적절함을 알 수 있다.

- (다) : 부자 동네와 가난한 동네가 뚜렷이 구분되지 않는 주거환경과 규범이라는 내용으로 볼 때, 대규모 아파트 단지 조성 시 소형 및 임대 아파트를 포함해야 한다는 법령과 정책 사례가 적절함을 알 수 있다.

14 정답 ⑤

브랜다이스는 독점 규제를 통해 소비자의 이익이 아닌 독립적 소생산자의 경제를 보호함으로써 시민 자치를 지키고자 하였다.

오답분석

① 첫 번째 문단과 두 번째 문단에 따르면 셔먼과 브랜다이스의 견해는 모두 시민 자치를 중시하는 공화주의 전통에 기반을 두고 있음을 알 수 있다.

② 브랜다이스는 집중된 부와 권력이 시민 자치를 위협한다고 보고 반독점법이 경제와 권력의 집중을 막는 데 초점을 맞추어야 한다고 주장하였으나, 아놀드는 시민 자치권을 근거로 하는 반독점 주장을 거부하고 독점 규제의 목적이 권력 집중에 대한 싸움이 아닌 경제적 효율성의 향상에 맞춰야 한다고 주장하였다.

③ 반독점법의 목적을 셔먼은 소비자의 이익 보호와 소생산자의 탈집중화된 경제 보호로, 아놀드는 소비자 복지 증진으로 보았다. 따라서 셔먼과 아놀드는 소비자 이익을 보호한다는 점에서 반독점법을 지지했다는 것을 알 수 있다.

④ 1930년대 후반 아놀드가 법무부 반독점국의 책임자로 임명되면서 반독점법의 근거로 소비자 복지를 주장하는 아놀드의 견해가 널리 받아들여졌다.

15
정답 ①

우선 제품 특성표를 ★의 개수로 수치화하면 다음과 같다.

구분	가격	브랜드 가치	무게	디자인	실용성
A제품	3	5	4	2	3
B제품	5	4	4	3	2
C제품	3	3	3	4	3
D제품	4	5	2	3	3
E제품	4	3	3	2	3

이때, 50대 고객이 선호하는 특성인 브랜드가치, 무게, 실용성 점수만 더하여 계산하면 다음과 같다.

· A제품 : $5+4+3=12$
· B제품 : $4+4+2=10$
· C제품 : $3+3+3=9$
· D제품 : $5+2+3=10$
· E제품 : $3+3+3=9$

따라서 점수가 가장 높은 A제품을 판매하는 것이 가장 합리적인 판매 전략이다.

16
정답 ②

15번의 표로부터 20대와 30대 고객이 선호하는 특성인 가격, 무게, 디자인, 실용성 점수만 더하여 계산하면 다음과 같다.

· A제품 : $3+4+2+3=12$
· B제품 : $5+4+3+2=14$
· C제품 : $3+3+4+3=13$
· D제품 : $4+2+3+3=12$
· E제품 : $4+3+2+3=12$

따라서 점수가 가장 높은 B제품을 판매하는 것이 가장 합리적인 판매 전략이다.

17
정답 ⑤

글을 살펴보면, 먼저 양측이 서로 불일치하는 지점을 찾아 이를 올바르고 정확하게 분석해야 한다고 하였다. 즉, 불일치하는 지점이 불평등 해소에 대한 사회경제 이론의 차이이므로, 결론적으로 두 진영이 협력하는 첫걸음은 불평등이 어떻게 해서 일어나고 이를 어떻게 해소해야 하는지를 다루는 사회경제 이론을 정확하게 분석하는 것임을 알 수 있다.

18
정답 ③

공군이 참전한 국가는 미국, 캐나다, 호주, 태국, 그리스, 남아공 6개국이며, 전체 피해인원 대비 부상 인원의 비율은 다음과 같이 태국이 약 89.5%로 가장 크다.

· 미국 : $\dfrac{92,134}{137,250} \times 100 ≒ 67.1\%$

· 캐나다 : $\dfrac{1,212}{1,557} \times 100 ≒ 77.8\%$

· 호주 : $\dfrac{1,216}{1,584} \times 100 ≒ 76.8\%$

· 태국 : $\dfrac{1,139}{1,273} \times 100 ≒ 89.5\%$

· 그리스 : $\dfrac{543}{738} \times 100 ≒ 73.6\%$

· 남아공 : $\dfrac{0}{43} \times 100 = 0\%$

오답분석

① 미국의 참전인원은 1,789,000명이고, 나머지 국가들의 참전인원의 합의 15배는 $(1,938,330-1,789,000) \times 15 = 149,330 \times 15 = 2,239,950$명이다. 따라서 미국의 참전인원은 나머지 국가들의 참전인원의 합의 15배 미만이다.

② 전체 피해인원의 참전인원 대비 비율을 보면 터키는 $\dfrac{3,216}{14,936} \times 100 ≒ 21.5\%$이지만, 프랑스는 $\dfrac{1,289}{3,421} \times 100 ≒ 37.7\%$로 프랑스의 전체 피해인원의 참전인원 대비 비율이 터키보다 크다.

④ 육군만 참전한 모든 국가(터키, 필리핀, 에티오피아, 벨기에, 룩셈부르크)의 전사·사망 총인원은 $741+112+121+99+2=1,075$명이고, 공군 참전한 모든 국가의 경우 남아공만 해당되므로 34명이다. 따라서 남아공의 전사·사망 인원의 30배는 1,020명으로 육군만 참전한 모든 국가의 인원보다 적다.

⑤ 실종 인원이 포로 인원보다 많은 국가는 태국, 뉴질랜드, 벨기에 3개국이다.

19
정답 ②

ㄱ. 주변 아랍국가들의 지원에 의지하던 팔레스타인 사람들이 자기 힘으로 영토를 되찾기 위해 총을 들었다는 부분을 통해 알 수 있는 내용이다.

ㄷ. 게릴라 조직들은 이스라엘은 물론이고 제국주의에 봉사하는 아랍국가들의 집권층까지 공격 목표로 삼았다는 부분을 통해 알 수 있는 내용이다.

오답분석

ㄴ. 제3차 중동전쟁으로 인해 이집트는 시나이반도를 빼앗겼고, 몇 년 뒤 대통령 나세르가 사망한 이후 친미 경향의 사다트 대통령이 취임했다는 내용을 알 수 있다. 즉 나세르 정권이 전쟁으로 인해 무너진 것은 아니었다.

ㄹ. 아랍국가 중 군주제 국가들은 이스라엘과 정면충돌할까 두려워 팔레스타인 해방기구를 자기 영토 안에 받아들이지 않으려 했다고 하였으므로 옳지 않은 내용이다.

안심Touch

20 정답 ②

ㄴ. 『경국대전』에 따르면 1470년대에는 경공장에서 청색 물을 들이는 장인이 30여 명에 달할 만큼 청색 염색이 활발했다고 하였으므로 옳은 내용이다.

오답분석

ㄱ. 중인 이하의 여자들은 장옷 대신 치마를 썼다고 하였으므로 옳지 않은 내용이다.

ㄷ. 중인의 경우 정3품은 홍포에 복두를 쓰고, 협지금띠를 두르고 흑피화를 신었다고 하였으므로 옳지 않은 내용이다. 청포에 흑각띠를 두른 것은 4품 이하에 해당한다.

ㄹ. 쪽잎으로 만든 남색 염료는 조선 중기에 염료의 으뜸으로 등장했다가 합성염료의 출현으로 다시 왕좌에서 물러나게 되었다고 하였으므로 옳지 않은 내용이다.

21 정답 ②

ⓛ의 실천적인 요구는 객관적 사실을 밝히려는 욕구가 아니라, 현재의 입장에서 객관적 사실의 가치를 밝히려는 역사가의 이상을 의미하므로 옳지 않은 내용이다.

오답분석

① ㉠은 역사가의 창조, 즉 재평가된 사실을 의미하므로 옳은 내용이다.

③ ㉢은 역사가의 이상과 대비되는, 단순한 과거의 객관적 사실이므로 옳은 내용이다.

④ ㉣은 역사가에 의해 이미 가치를 부여받은 것이므로 옳은 내용이다.

⑤ ㉤은 사실(事實)은 과거의 객관적 사실이고, 사실(史實)은 역사가에 의해 창조된 가치이며, 역사가에 의해 전자가 후자로 되어가는 과정을 의미하므로 옳은 내용이다.

22 정답 ③

정부의 4차 산업혁명에 대비한 인력 양성 정책 중 하나인 '4차 산업혁명 선도 인력 양성훈련'은 기업과 협약을 맺어 현장성 높은 훈련을 제공할 뿐 훈련과 관계된 기업에 취업할 수 있게 직접적으로 알선하지는 않는다. 따라서 ㉠에 해당하는 내용으로 ③은 적절하지 않다.

23 정답 ⑤

강주희 직원은 의사소통능력과 문제해결능력이 우수한데, 이 역량을 필요로 하는 팀은 총무팀과 영업팀이다. 따라서 강주희 직원은 현재 총무팀이므로 부서 이동을 한다면 영업팀이 적절하다.

24 정답 ④

영업팀은 의사소통능력과 공감이해능력, 외국어능력을 필요로 한다. 따라서 두 가지 능력(의사소통능력, 외국어능력)을 만족하는 이시후 직원이 영업팀으로 이동하는 것이 적절하다.

25 정답 ③

제시문은 인간에게 어떠한 이익을 주는가에 초점을 맞춰 생물 다양성의 가치를 논하고 있다. 즉, 인간 자신의 이익을 위해 생물 다양성을 보존해야 한다는 것이다. 따라서 ③에서처럼 인간 중심적인 시각을 비판할 수 있다.

오답분석

① 다섯 번째 문단에 문제 해결의 구체적 실천 방안이 제시되었다.

② 생물 다양성의 경제적 가치뿐만 아니라 생태적 봉사 기능, 학술적 가치 등을 설명하며 동등하게 언급하였다.

④ 자연을 우선시하고 있지 않으며, 다섯 번째 문단에서 인간 중심에 따른 생태계 파괴의 문제를 지적하고 보존 대책을 제시하는 등 인간과 자연이 공존할 수 있는 길을 모색하고 있다.

⑤ 제시문에서는 인간과 자연을 대립 관계로 보는 시각이 드러나 있지 않다.

26 정답 ①

전자정부 순위는 숫자가 낮을수록 순위가 높은 것임에 유의한다. 각 항목별로 국가들의 순위에 따라 점수를 부여하여 총점을 계산하면 다음과 같다.

(단위 : 점)

후보 국가	시장매력도			수준	접근 가능성	총점
	시장 규모	성장률	인구 규모	전자 정부 순위	수출액	
A국	80	20	50	30	20	200
B국	40	40	30	20	5	135
C국	20	50	40	10	10	130
D국	60	30	20	0	15	125

따라서 총점이 가장 높은 A국, 그 다음으로 높은 B국이 선정된다.

27 정답 ④

원가 절감을 위해 해외에 공장을 설립하여 가격 경쟁력을 확보하는 것은 약점을 보완하여 위협을 회피하는 WT전략이다.

오답분석

①·② SO전략은 강점을 활용하여 외부환경의 기회를 포착하는 전략이므로 적절하다.

③ WO전략은 약점을 보완하여 외부환경의 기회를 포착하는 전략이므로 적절하다.

⑤ WT전략은 약점을 보완하여 외부환경의 위협을 회피하는 전략이므로 적절하다.

28
정답 ③

제시된 조건에 따르면 밀크시슬을 월요일에 섭취하는 경우와 목요일에 섭취하는 2가지의 경우로 정리할 수 있다.

구분	월요일	화요일	수요일	목요일	금요일
경우 1	밀크시슬	비타민B	비타민C	비타민E	비타민D
경우 2	비타민B	비타민E	비타민C	밀크시슬	비타민D

따라서 수요일에는 항상 비타민C를 섭취한다.

오답분석
① 월요일에는 밀크시슬 또는 비타민B를 섭취한다.
② 화요일에는 비타민B 또는 비타민E를 섭취한다.
④ 경우 1에서는 비타민E를 비타민C보다 나중에 섭취한다.
⑤ 비타민D는 밀크시슬보다 나중에 섭취한다.

29
정답 ②

ㄱ. 세 번째 문단에 따르면 이미 세계적으로 자율주행차에 대한 개발 경쟁이 치열하므로 옳지 않은 설명이다.
ㄷ. 네 번째 문단에 따르면 D공단은 교통안전체계 변화에 대한 전략적 대응차원에서 자율주행 연구처를 신설하였으며, '한국형 자율주행차 운전면허제도 자문위원회'를 폐지한 것이 아니라 확대·개편하여 '자율주행 도로교통안전 자문위원회'를 개최하였다.

오답분석
ㄴ. 두 번째 문단에 따르면 도로교통안전 자문위원회 개최자인 이 사장이 생각하는 자율주행차 기술의 핵심요건은 도로교통의 안전성의 확보임을 알 수 있다.
ㄹ. 여섯 번째 문단에 따르면 서울대 교수는 자율주행 시대의 도래에 있어 자동화교통시스템을 이용할 법적 의무에 대한 문제를 미해결 문제로 인식하였음을 알 수 있다.

30
정답 ②

2021년 사용자별 지출액의 전년 대비 증가율은 공공사업자는 $\frac{783-736}{736} \times 100 ≒ 6.4\%$, 민간사업자는 $\frac{567-372}{372} \times 100$ ≒52.4%, 개인은 $\frac{1,294-985}{985} \times 100 ≒ 31.4\%$이다.

따라서 민간사업자의 증가율이 가장 크다.

오답분석
① 2019 ~ 2021년 공공사업자 지출액의 전년 대비 증가폭은 2019년 683-634=49억 원, 2020년 736-683=53억 원, 2021년 783-736=47억 원으로 2020년 지출액의 전년 대비 증가폭이 가장 크다.

③ 2019 ~ 2021년 사용자별 지출액의 전년 대비 증가율은 다음과 같다.

구분	공공사업자	민간사업자	개인
2019년	$\frac{683-634}{634}$ $\times 100 ≒ 7.7\%$	$\frac{280-212}{212}$ $\times 100$ ≒32.1%	$\frac{725-532}{532}$ $\times 100$ ≒36.3%
2020년	$\frac{736-683}{683}$ $\times 100 ≒ 7.8\%$	$\frac{372-280}{280}$ $\times 100$ ≒32.9%	$\frac{985-725}{725}$ $\times 100$ ≒35.9%
2021년	$\frac{783-736}{736}$ $\times 100 ≒ 6.4\%$	$\frac{567-372}{372}$ $\times 100$ ≒52.4%	$\frac{1,294-985}{985}$ $\times 100$ ≒31.4%

매년 전년 대비 증가율은 공공사업자가 가장 낮다.
④ 공공사업자와 민간사업자의 지출액 합은 2018년 634+212=846억 원, 2019년 683+280=963억 원, 2020년 736+372=1,108억 원, 2021년 783+567=1,350억 원으로 매년 개인 지출액보다 높다.
⑤ 2021년 모든 사용자의 지출액 합은 2018년 대비 $\frac{2,644-1,378}{1,378} \times 100 ≒ 91.9\%$의 증가율을 보인다.

31
정답 ⑤

ㄴ. 제시된 표는 실수치가 아닌 비율수치라는 점에 주의해야 한다. '직위불안' 항목에서 '낮음'으로 응답한 비율은 사무직이 생산직에 비해 약 10% 정도 높지만, 실제 근로자의 수는 생산직이 사무직보다 약 50% 가량 많다는 점을 감안하면 생산직의 '직위불안 – 낮음'의 인원 수가 사무직보다 더 많을 것이라는 것을 계산 없이도 판단할 수 있다. 실제로 계산해보면 생산직 근로자의 수(약 31명)가 사무직 근로자의 수(약 24명)보다 더 많다.
ㄹ. ㄴ과 같은 논리로 사무직 근로자의 '보상부적절 – 높음'의 비율이 생산직 근로자에 비해 10% 미만으로 크지만, 실제 근로자의 수는 생산직이 사무직보다 약 50% 가량 많으므로 역시 옳은 내용임을 판단할 수 있다.

오답분석
ㄱ. 직접 계산하기보다는 눈어림으로 판단해보더라도 '직위불안' 항목과 '관계갈등' 항목의 경우는 생산직 근로자의 '높음'으로 응답한 비율이 더 높으므로 옳지 않은 내용이다.
ㄷ. '관계갈등' 항목에서 '매우 높음'으로 응답한 생산직 근로자의 비율과 '매우 낮음'으로 응답한 비율의 차이는 약 9%p이므로 이를 전체 생산직 근로자의 수에 곱하면 약 12명으로 계산된다. 따라서 옳지 않은 내용이다.

32
정답 ②

- (가) : A유형의 시험체 강도 평균은 $\dfrac{22.8+29+20.8}{3}$

  $=24.2$MPa로 기준강도 24MPa보다 높고, 세 시험체 강도가 모두 $24-3.5=20.5$MPa 이상이므로 강도판정결과는 '합격'이다.

- (나) : C유형의 시험체 강도 평균은 $\dfrac{36.9+36.8+31.6}{3}$

  $=35.1$MPa로 기준강도 35MPa보다 높고, 세 시험체 강도가 모두 $35-3.5=31.5$MPa 이상이므로 '합격'이다.

- (다) : E유형의 시험체 강도 평균은 $\dfrac{40.3+49.4+46.8}{3}$

  $=45.5$MPa로 기준강도 45MPa보다 높다. 기준강도가 35MPa 초과인 경우에는 각 시험체가 모두 $45\times0.9=40.5$MPa 이상이 어야 하지만 시험체 1이 40.3MPa이므로 '불합격'이다.

33
정답 ④

제시문은 CCS 기술의 공정에 초점을 맞추어 서술하고 있는 글로, CCS 기술이 어떠한 과정을 통해 개발되었는지를 설명하고 있지는 않다.

오답분석

③ 마지막 문단에서 지구온난화를 막을 수 있는 가장 현실성 있는 대안이라고 밝히면서 그 필요성을 설명하고 있다.

34
정답 ②

흡수탑에서 흡수 포화점에 다다른 흡수제는 재생탑으로 이동되어 재생 과정을 거치게 된다. 이산화탄소의 포집은 이 흡수와 재생 공정이 반복되면서 이루어지는데 재생 공정에서는 많은 열에너지 가 필요하다. 따라서 흡수 포화점이 향상된 흡수제를 개발하면 흡수제가 이전보다 더 많은 이산화탄소를 포집할 수 있게 되어 재생 탑으로 이동하는 횟수를 줄일 수 있다. 그리고 그에 따라 재생탑에서 흡수탑으로 흡수제가 이동하는 횟수도 줄일 수 있다. 그러므로 흡수 포화점이 향상된 흡수제가 개발되면 흡수와 재생 공정의 반 복 횟수를 줄일 수 있고, 그렇게 되면 재생탑에서 이루어지는 열처 리에 드는 에너지 소모도 줄어든다고 할 수 있다.

35
정답 ①

체증이 심한 유료 도로 이용은 다른 사람의 소비를 제한(타인의 원활한 도로 이용 방해)하는 특성을 가지는 것이므로 '경합적'이 며, 요금을 지불하지 않고서는 도로 이용을 하지 못하므로 '배제 적'이다. 이는 a에 해당한다.

오답분석

② 케이블 TV 시청은 다른 사람의 소비를 제한하지 않으므로(자 신이 케이블 TV를 시청한다고 해서 다른 시청자의 방송 시청 에 어떠한 영향을 주는 것이 아니다) '비경합적'이며, 시청료를 지불하지 않고서는 TV 시청을 하지 못하므로 '배제적'이다. 이 는 c에 해당한다.

③ 사먹는 아이스크림과 같은 사유재는 다른 사람의 소비를 제한 하므로(자신이 아이스크림을 먹을 경우 타인이 먹을 수 있는 아이스크림의 개수가 감소한다) '경합적'이며, 대가를 지불하 지 않고서는 아이스크림을 사먹을 수 없으므로 '배제적'이다. 이는 a에 해당한다.

④ 국방 서비스는 다른 사람의 소비를 제한하지 않으므로(자신이 국방 서비스의 혜택을 누린다고 하여 다른 사람이 받는 국방 서비스가 줄어드는 것이 아니다) '비경합적'이며, 요금을 지불 하지 않더라도 국방 서비스는 받을 수 있으므로 '비배제적'이 다. 이는 d에 해당한다.

⑤ 제시문에서 영화 관람이라는 소비 행위는 비경합적이지만 배 제가 가능하다고 하였으므로 c에 해당한다.

36
정답 ⑤

ㄴ. 최종 학력이 석사 또는 박사인 B기업의 지원자는 $21+42=$ 63명이고, 관련 업무 경력이 20년 이상인 지원자는 25명이 다. 만약 25명 중 학사인 지원자 18명 모두 20년 이상의 경력 이 있다고 할 때 나머지 $25-18=7$명은 석사 또는 박사여야 한다. 따라서 최종 학력이 석사 또는 박사인 지원자 중 경력이 20년 이상인 지원자는 최소 7명이다.

ㄹ. 두 기업 전체 지원자 중 40대 지원자의 비율은 $\dfrac{25+26}{74+81}\times100=\dfrac{51}{155}\times100\fallingdotseq33\%$이다.

오답분석

ㄱ. A기업 지원자 중 남성 지원자는 53명이며, 관련 업무 경력이 10년 이상인 지원자는 $18+16+19=53$명으로 같다. 따라서 비율은 $\dfrac{53}{74}\times100\fallingdotseq72\%$로 같다.

ㄷ. 기업별 여성 지원자의 비율은 A기업이 $\dfrac{21}{74}\times100\fallingdotseq28\%$, B 기업이 $\dfrac{24}{81}\times100\fallingdotseq30\%$이다. 따라서 B기업이 A기업보다 높다.

37
정답 ④

배당금은 주당배당금의 100배이기 때문에 각각의 주당배당금을 계산해야 한다. 주당배당금 공식[(배당금 총액)÷(발행주식 수)]으 로 구할 수 있는 경우는 갑, 병, 무가 투자한 회사에 대한 주당배당 금이다.

구분	배당금 총액	발행주식 수	주당배당금
갑	20×0.2 $=4$억 원	10만 주	4,000원
병	40×0.2 $=8$억 원	10만 주	8,000원
무	20×0.2 $=4$억 원	20만 주	2,000원

배당수익률 공식을 응용하면 (주당배당금)$=\dfrac{(\text{배당수익률})}{100}\times(\text{주가})$ 라고 볼 수 있다. 을, 정의 경우 이 공식을 이용한다.

구분	배당수익률/100	주가	주당배당금
을	$\dfrac{10}{100}=0.1$	30,000원	3,000원
정	$\dfrac{20}{100}=0.2$	60,000원	12,000원

따라서 배당금을 가장 많이 받는 사람 순서는 정>병>갑>을>무가 된다.

38
정답 ③

시공업체 선정 기준에 따라 B, C업체는 최근 3년 이내 시공규모에서, A, E업체는 입찰가격에서 자격 미달이다. 그러므로 D, F업체만 비교하면 된다.

점수 산정 기준에 따라 D업체와 F업체의 항목별 점수를 정리하면 다음과 같다.

업체	기술점수	친환경점수	경영점수	합계
D	30	15	30	75
F	15	20	30	65

따라서 선정될 업체는 입찰점수가 75점인 D업체이다.

39
정답 ③

변경된 시공업체 선정 기준에 따라 최근 3년 이내 시공규모를 충족하지 못한 B업체를 제외하고, 나머지 업체들의 항목별 점수를 정리하면 다음과 같다.

업체	기술점수	친환경점수	경영점수	가격점수	합계
A	30	25	26	$8\times2=16$	97
C	15	15	22	$15\times2=30$	82
D	30	15	30	$12\times2=24$	99
E	20	25	26	$8\times2=16$	87
F	15	20	30	$12\times2=24$	89

따라서 선정될 업체는 입찰점수가 99점으로 가장 높은 D업체이다.

40
정답 ⑤

다섯 명 중 단 한 명만이 거짓말을 하고 있으므로 C와 D 중 한 명은 반드시 거짓을 말하고 있다.

1) C의 진술이 거짓일 경우
    B와 C의 말이 모두 거짓이 되므로 한 명만 거짓말을 하고 있다는 조건이 성립하지 않는다.

2) D의 진술이 거짓일 경우

구분	A	B	C	D	E
출장지역	잠실		여의도	강남	

이때, B는 상암으로 출장을 가지 않는다는 A의 진술에 따라 상암으로 출장을 가는 사람은 E임을 알 수 있다. 따라서 ⑤는 항상 거짓이 된다.

41
정답 ②

제시문은 정보재의 정의와 특성에 대하여 설명하고 있으나, 정보재 상품의 변화 과정을 서술하고 있지는 않다.

오답분석

① 첫 번째 문단에서 정보재는 공공재와 유사하게 비배제성을 띤다고 하였으므로 적절한 내용이다.
③ 네 번째 문단에서 음반 회사라는 가정적 상황을 설정하여 정보를 전달하고 있으므로 적절한 내용이다.
④ 세 번째 문단에서 경쟁 시장과 달리 정보재와 같은 독점 시장에서는 독점 기업이 가격 결정자가 된다고 하였으므로 적절한 내용이다.
⑤ 네 번째 문단에서 정보재의 가격 결정에 대한 의문을 제기하고 그에 답을 서술하고 있으므로 적절한 내용이다.

42
정답 ③

'수요'는 '어떤 재화나 용역을 일정한 가격으로 사려는 욕구'를 말하며, 선택지에 제시된 뜻인 '거두어들여 사용함'이 나타내는 것은 '수용'이다.

43
정답 ②

조건 중 명확하게 판단이 가능한 것들을 먼저 살펴보면 다음과 같다.
 ⅰ) C<D
 ⅱ) F<G
 ⅲ) E<○○○○○<B
이제 C시와 F시가 인접한 순위라는 조건(즉 C<F 혹은 F<C)과 마지막 조건을 결합해보면, C시의 인구는 A시의 인구와 F시의 인구를 합한 것보다 더 크다고 하였으므로 당연히 C시의 인구는 F시보다 커야 한다. 같은 논리로 C시는 A시보다 인구가 많음을 알 수 있다. 여기에 처음에 판단한 ⅰ)과 ⅱ)를 결합하면 A~F<C<D, G가 됨을 알 수 있는데 위 ⅲ)의 조건에서 알 수 있듯이 빈 자리가 다섯 개뿐이므로 E<A<F<C<D, G<B의 배열로 나열할 수 있게 된다.
이제 미확정인 것은 D시와 G시의 대소관계이다. 이를 확정하기 위해서는 추가적인 조건이 필요하게 되는데 ②의 조건이 추가된다면 E-A-F-C-D-G-B의 순서로 배열이 가능해지므로 ②가 정답이 된다.

안심Touch

44 정답 ③

네 번째 문단에 따르면 남성들의 폭력은 근대적 남성성의 붕괴 현상과 관련이 있으며, 다섯 번째 문단에서는 정복과 경쟁의 표상으로서의 남성성이 해체되어야 할 지점에 왔다고 지적한다. 따라서 글쓴이가 폭력적인 남성조차 포용해야 한다고 주장하는 것은 아니다.

45 정답 ①

전체 질문 중 '보통이다' 비율이 가장 높은 질문은 37%인 네 번째 질문이며, '매우 그렇다' 비율이 가장 높은 질문은 21%인 두 번째 질문이다.

오답분석

② 두 번째 질문에 '매우 그렇다'를 선택한 직원 수는 $1,600 \times 0.21 = 336$명이고, '보통이다'를 선택한 직원 수는 $1,600 \times 0.35 = 560$명이다. 따라서 '매우 그렇다'라고 선택한 직원 수는 $560 - 336 = 224$명이 적다.

③ 전체 질문에서 '그렇다'를 선택한 평균 비율은 $\dfrac{10 + 18 + 7 + 17 + 26}{5} = 15.6\%$이고, '매우 그렇지 않다'를 선택한 평균 비율은 $\dfrac{20 + 11 + 31 + 16 + 19}{5} = 19.4\%$이므로 '매우 그렇지 않다' 평균 비율이 3.8% 높다.

④ 마지막 질문에서 '그렇지 않다'를 택한 직원 수($1,600 \times 0.09 = 144$명)는 '매우 그렇지 않다'를 택한 직원 수($1,600 \times 0.19 = 304$명)보다 $\dfrac{304 - 144}{304} \times 100 = 52.6\%$ 적다.

⑤ 만족도 설문지 질문 중 세 번째인 '지방이전 후 출·퇴근 교통에 만족합니까?' 질문에 '그렇지 않다'와 '매우 그렇지 않다'의 비율 합이 가장 높다.

46 정답 ②

ㄱ. 자료에 의하면 2015 ~ 2021년 재생에너지 생산량은 매년 전년 대비 10% 이상 증가하였음을 어림산으로도 확인할 수 있다. 만약을 위해 증가폭이 좁은 2017년(31.7TWh)의 경우를 살펴보더라도 2016년의 28.5TWh에서 10% 증가한 수치인 31.35TWh보다 더 많이 증가하였으므로 옳은 내용이다.

ㄷ. 2019년 태양광을 에너지원으로 하는 재생에너지 생산량은 4.905TWh(=45.0×0.109)이고, 2020년은 5.488TWh(=56.0×0.098), 2021년은 5.984TWh(=68.0×0.088)로 매년 증가하였으므로 옳은 내용이다.

오답분석

ㄴ. 2019년 에너지원별 재생에너지 생산량 비율의 순위는 1위 폐기물, 2위 바이오, 3위 태양광인데 반해 2020년은 1위 폐기물, 2위 바이오, 3위 수력으로 둘은 서로 다르다. 따라서 옳지 않은 내용이다.

ㄹ. 2019년 수력을 에너지원으로 하는 재생에너지 생산량은 4.635TWh(=45.0×0.103)이고, 2021년은 10.268TWh (=68.0×0.151)이다. 따라서 2021년의 생산량은 2019년의 3배인 13.905TWh(=4.635×3)에 미치지 못하므로 옳지 않은 내용이다.

47 정답 ⑤

• ㄱ : 두 번째 문단의 내용처럼 '디지털 환경에서는 저작물을 원본과 동일하게 복제할 수 있고 용이하게 개작할 수 있기 때문에' ㄱ과 같은 문제가 생겼다. 또한, 이에 대한 결과로 (나) 바로 뒤의 내용처럼 '디지털화된 저작물의 이용 행위가 공정 이용의 범주에 드는 것인지 가늠하기가 더 어려워졌고 그에 따른 처벌 위험'도 커진 것이다. 따라서 ㄱ의 위치는 (나)가 가장 적절하다.

• ㄴ : ㄴ에서 말하는 '이들'은 '저작물의 공유' 캠페인을 소개하는 네 번째 문단에서 언급한 캠페인 참여자들을 가리킨다. 따라서 ㄴ의 위치는 (마)가 가장 적절하다.

48 정답 ④

(라)에서는 재난 안전 예방을 위해서는 공간분석을 통해 과학적 통합 경보 서비스 등이 필요하다고 보았다. 따라서 '공간분석을 통한 재난 안전 예방 시스템을 구축해야 한다.'와 같은 방안이 적절하다.

49 정답 ③

ㄱ. 2020년 출생한 인구는 2022년에 2세이며, 2019년 출생자는 2022년에 3세이다. A, B지역에서의 2세 인구 합은 119,772 +74,874=194,646명이고, 3세의 인구 합은 120,371+ 73,373=193,744명으로 2020년에 출생한 인구가 더 많다.

ㄹ. 2023년에 C지역의 6 ~ 11세 인구의 합은 2022년 5 ~ 10세 인구 합과 같다. 따라서 (2022년 C지역 5 ~ 10세 인구의 합) −(2022년 C지역의 6 ~ 11세 인구의 합)을 구하면 된다. 2022년 5세와 11세의 인구를 비교하면 5세가 11세보다 3,627−2,905=722명 많으므로 옳은 내용이다.

오답분석

ㄴ. 2021년 11세는 2022년에 12세로, 자료에서는 2022년 11세까지만 제시되어 있으므로 인구 비율은 비교할 수 없다.

ㄷ. • A지역 : $\dfrac{104,099}{131,257} \times 100 = 79.3\%$

• B지역 : $\dfrac{70,798}{76,864} \times 100 = 92.1\%$

• C지역 : $\dfrac{3,219}{3,627} \times 100 = 88.8\%$

2022년 A ~ C지역 중, 5세 인구가 가장 많은 지역은 131,257명인 A지역이고, 0세 인구의 5세 인구 대비 비율이 가장 높은 지역은 B지역이다.

50

ㄱ. 사업체당 종사자 수가 100명 미만인 지역은 (지역별 사업체 수)×100의 값보다 적은 종사자 수를 갖는 지역인 H, J지역 2곳이다.

ㄷ. I지역의 종사자당 매출액은 $\dfrac{1,305,468}{2,086} ≒ 626$백만 원, E지역은 $\dfrac{1,804,262}{3,152} ≒ 572$백만 원이다. 따라서 I지역이 E지역보다 종사자당 매출액이 많다.

오답분석

ㄴ. 사업체당 매출액은 G지역은 $\dfrac{11,625,278}{147} ≒ 79,084$백만 원이고, A지역은 $\dfrac{4,878,427}{47} ≒ 103,796$백만 원으로 A지역이 G지역보다 많다.

ㄹ. H지역은 J지역보다 건물 연면적은 넓지만 매출액은 적다.

제2회 모의고사 정답 및 해설

01	02	03	04	05	06	07	08	09	10
④	①	④	③	③	④	③	④	④	④
11	12	13	14	15	16	17	18	19	20
③	②	③	②	③	③	⑤	②	③	①
21	22	23	24	25	26	27	28	29	30
①	⑤	⑤	②	①	④	③	④	②	①
31	32	33	34	35	36	37	38	39	40
④	③	④	④	④	②	④	④	⑤	③
41	42	43	44	45	46	47	48	49	50
②	⑤	③	④	①	④	⑤	③	②	③

01
정답 ④

정약용은 청렴을 지키는 것은 두 가지 효과가 있다고 보았는데, 그중 첫 번째는 목민관이 청렴할 경우 백성을 비롯한 공동체 구성원에게 좋은 혜택이 돌아가는 것이고, 두 번째는 청렴한 행위를 하는 것이 목민관 자신에게도 좋은 결과를 가져다주는 것이라고 하였다.

오답분석

① 정약용은 청렴을 당위의 차원에서 주장하는 기존의 학자들과 달리, 행위자 자신에게 실질적 이익이 된다는 점을 들어 설득하고자 했다고 하였으므로 옳지 않은 내용이다.
② 정약용은 '지자(知者)는 인(仁)을 이롭게 여긴다.'라는 공자의 말을 빌려 '지혜로운 자는 청렴함을 이롭게 여긴다.'라고 하였다. 따라서 탐욕보다 청렴을 택하는 것이 더 이롭다는 것은 공자의 뜻이 아니라 정약용의 재해석이다.
③ 지혜롭고 욕심이 큰 사람은 청렴을 택하지만, 지혜가 짧고 욕심이 작은 사람은 탐욕을 택한다고 하였으므로 옳지 않은 내용이다.
⑤ 조선의 대표적 유학자였던 이황과 이이는 청렴을 사회 규율이자 개인 처세의 지침으로 강조하였다고 하였으므로 옳지 않은 내용이다.

02
정답 ①

ㄱ. A시설은 모든 평가항목의 점수가 90점 이상이므로 가중치와 무관하게 전체 가중평균은 90점 이상으로 나타나게 된다. 따라서 A시설은 1등급을 받게 되어 정원 감축을 포함한 특별한 조치를 취하지 않아도 된다.
ㄴ. 정부의 재정지원을 받지 못하는 것은 가중평균값이 70점 미만인 4등급 시설이다. 그런데 B시설은 모든 평가항목의 점수가 70점 이상이어서 가중치와 무관하게 최소 3등급을 받을 수 있다. 또한, 정원 감축을 하지 않아도 되는 것은 1등급 시설뿐인데, 직접 계산을 해보지 않더라도 3개의 항목에서 얻은 70점이 각각 0.2의 가중치를 가지고 있어서 전체 가중평균값은 90을 넘지 않을 것이라는 것은 쉽게 알 수 있다. 따라서 옳은 내용이다.

오답분석

ㄷ. 아무리 환경개선 항목의 가중치를 0.1만큼 올린다고 하더라도 나머지 4개 항목(가중치 0.7)의 평가점수가 최대 65점에 머무르고 있어 전체 가중평균을 70점 이상으로 올리는 것은 불가능하다. 실제로 두 항목의 가중치의 변화로 인한 가중평균의 변화값을 계산해보면 $(80 \times 0.1) - (60 \times 0.1)$이 되어 2점의 변화만 가져온다. 따라서 옳지 않은 내용이다.
ㄹ. 다섯 개 항목의 가중치가 모두 동일하므로 단순히 평가점수의 합으로 판단해도 무방하다. 이를 계산하면 365점으로 3등급 하한선에 해당하는 350점을 초과한다. 따라서 D시설은 3등급을 받게 되어 정원의 10%를 감축하여야 하나, 정부의 재정지원은 받을 수 있다. 따라서 옳지 않은 내용이다.

03
정답 ④

0.3MHz 이하의 초장파, 장파 등은 매우 먼 거리까지 전달될 수 있으며, 낮은 주파수일수록 정보의 원거리 전달에 용이하다. 그러나 모바일 무선 통신에서는 초장파, 장파 등에 비해 단시간에 더 많은 정보를 전달할 수 있는 800MHz ~ 3GHz 대역을 사용한다. 즉, 거리보다 전달할 수 있는 정보의 양을 더 중요하게 생각함을 알 수 있다. 따라서 초기 모바일 무선 통신 시대보다 오늘날 4세대 스마트폰 시대의 황금 주파수가 더 높은 대역으로 변한 것 역시 전달해야 하는 정보의 양이 중요해졌기 때문임을 알 수 있다.

① 첫 번째 문장을 통해 낮은 주파수가 높은 주파수보다 정보를 더 멀리 전달할 수 있음을 추론할 수 있다.

② 0.3 ~ 800MHz 대역에 비해 800MHz ~ 3GHz 대역의 극초단파가 단시간에 더 많은 정보를 전송할 수 있다는 내용을 통해 인공위성의 높은 주파수 사용은 정보의 양과 관련이 있음을 추론할 수 있다.

③ 높은 주파수일수록 초당 더 많은 정보를 전송하므로 FM 라디오의 0.3 ~ 800MHz 대역의 주파수보다 모바일 무선 통신의 800MHz ~ 3GHz 대역의 주파수가 초당 더 많은 정보를 전송함을 알 수 있다.

⑤ 높은 주파수를 사용하면서 작은 길이의 안테나로 효율적인 전파의 송수신이 가능해졌다는 내용을 통해 낮은 주파수를 사용하는 해상 통신 기기의 안테나 길이가 모바일 무선 통신 기기보다 더 길어야 함을 추론할 수 있다.

04
정답 ③

측천무후 즉위 이후 중국의 문서에 쓸 수 없었던 글자가 다라니경에서 쓰인 것이 발견되었다면, 이는 다라니경이 신라에서 인쇄된 것임을 나타내는 것이다. 따라서 ㉠의 논증을 약화한다.

① 제시문의 논증은 석가탑에서 발견된 다라니경이 원전을 처음으로 한역한 것이라는 것과는 무관하다. 따라서 ㉠의 논증을 강화하지도 약화하지도 않는다.

② 측천무후 사후에 나온 신라의 문서들에 측천무후가 발명한 한자가 쓰이지 않았다면 다라니경은 측천무후 재위 시절에 만들어진 것임을 알 수 있다. 그러나 이것만으로는 다라니경이 어디에서 인쇄된 것인지를 알 수 없으므로 논증을 강화하지도 약화하지도 않는다.

④ 다라니경이 인쇄되었다고 추정되는 705년경에 중국에서 제작된 문서들이 다라니경과 같은 종이를 사용한 것이 발견되었다면 다라니경도 중국에서 인쇄된 것이라고 추정할 수 있으므로 ㉠의 논증을 강화한다.

⑤ 다라니경의 서체가 중국에서 유행하였던 것이라면 다라니경은 중국에서 인쇄된 것이라고 추정할 수 있으므로 ㉠의 논증을 강화한다.

05
정답 ③

국제관 세미나실B의 경우 화요일에 글로벌전략실의 이용이 끝난 오후 1시 30분부터 예약이 가능하다.

① 본관 1세미나실의 경우 수요일은 15시 이후에 이용 가능하지만 회의는 오후 1시부터 오후 4시 사이에 진행되어야 하므로, 1시간 30분 동안 연이어 진행할 수 없다.

② 본관 2세미나실은 최대 수용가능인원이 16명이므로, 24명의 회의 참석자를 수용하지 못해 제외된다.

④ 국제관 세미나실B의 경우 수요일은 오후 1시부터 오후 4시 사이에 진행되어야 하는 조건에 따라 수요일에 내진기술실 이용 전에는 1시간, 이용 후에는 30분만 이용이 가능하므로 1시간 30분 동안 연이어 진행할 수 없다.

⑤ 복지동 세미나실은 빔프로젝터가 없어서 제외된다.

06
정답 ④

ㄴ. 다수의 풍부한 경제자유구역 성공 사례를 활용하는 것은 강점에 해당되지만, 외국인 근로자를 국내주민과 문화적으로 동화시키려는 시도는 외국인 근로자들의 입주만족도를 저해할 수 있다. 외국인 근로자들의 문화를 존중하는 동시에 외국인 근로자들과 국내주민간의 문화적 융화를 도모하여야 지역경제 발전을 위한 원활한 사회적 토대를 조성할 수 있다. 따라서 해당 전략은 ST전략으로 부적절하다.

ㄹ. 경제자유구역 인근 대도시와의 연계를 활성화하면 오히려 인근 기성 대도시의 산업이 확장된 교통망을 바탕으로 경제자유구역의 사업을 흡수할 위험이 커진다. 또한, 인근 대도시와의 연계 확대는 경제자유구역 내 국내·외 기업 간의 구조 및 운영상 이질감을 해소하는 데에 직접적인 도움이 된다고 보기 어렵다.

ㄱ. 경제호황으로 인해 자국을 벗어나 타국으로 진출하려는 해외 기업이 증가하는 기회상황에서, 성공적 경험에서 축적된 우리나라의 경제자유구역 조성 노하우로 이들을 유인하여 유치하는 전략은 SO전략으로 적절하다.

ㄷ. 기존에 국내에 입주한 해외기업의 동형화 사례를 활용하여 국내기업과 외국계 기업의 운영상 이질감을 해소하여 생산성을 증대시키는 전략은 WO전략에 해당한다.

07
정답 ③

제시문에서 나타나있듯이 '이성'은 자유주의, '수'는 민주주의를 표현하였고, '덕성'은 공적인 헌신을 뜻한다고 봄이 타당하다. ①·②·④는 민주주의의 내재적 단점을 자유주의와 공적 헌신으로 보완함을 뜻한다. ⑤는 공적 헌신이 자유주의와 민주주의를 압도했을 때 벌어질 수 있는 상황을 나타낸 것으로, 제시문에서는 로베스피에르를 그 예로 들고 있다. 다만 ③의 직접민주주의를 뜻하는 주권의 직접 행사는 자유주의와 공적 헌신이 보강된 근대 이래의 민주주의와 거리가 멀다.

08
정답 ④

토크빌이 언급하는 중간집단은 국가와 시민 사이에서 국가권력을 제어하고 시민들의 덕성을 함양하는 역할을 맡는다. 따라서 시민들이 조직하여 국가에 영향력을 끼치면서 스스로를 발전시키는 단체로 봄이 타당하다. ④의 경우, 시민들이 아닌 공무원들로 구성된 단체이므로 시민들의 덕성을 함양한다고 보기 어렵다. 따라서 토크빌의 중간집단에 해당한다고 볼 수 없다.

09   정답 ④

갑국의 수출입액 상위 10개 국가 현황에서 홍콩에 수출하는 금액을 보면 100억 달러가 갑국의 총 수출액에서 5%를 차지하므로 총 수출액을 구하면 (총 수출액)×0.05＝100억 달러 → (총 수출액)＝100÷0.05＝2,000달러가 된다. 갑국의 총 수입액도 같은 방법으로 계산하면 태국 수입액 121억 달러가 총 수입액에서 5.5%를 차지하므로 총 수입액은 $\frac{121}{0.055}$＝2,200억 달러가 된다.

보고서에 따라 갑국의 전체 농수산물 수출액은 총 수출액에서 6.3%, 전체 농수산물 수입액은 총 수입액에서 12.5%를 차지하므로 전체 농수산물 수출액은 2,000×0.063＝126억 달러, 전체 농수산물 수입액은 2,200×0.125＝275억 달러이다. 따라서 을국에 대한 농수산물 수출액이 전체 농수산물 수출액에서 차지하는 비율은 $\frac{861}{12,600}$×100≒6.8%, 을국에 대한 농수산물 수입액이 전체 농수산물 수입액에서 차지하는 비율은 $\frac{1,375}{27,500}$×100＝5%이다. 따라서 2021년 갑국의 전체 농수산물 수출액에서 을국에 대한 농수산물 수출액이 차지하는 비율(6.3%)은 2021년 갑국의 전체 농수산물 수입액에서 을국으로부터의 농수산물 수입액이 차지하는 비율(5%)보다 크다.

오답분석

① 갑국의 수출입액 상위 10개 국가 현황에서 갑국과의 교역에서 무역수지 흑자를 기록한 국가는 갑국의 수입액이 수출액보다 더 많은 국가를 찾으면 된다. 무역수지가 흑자인 국가는 '중국, 태국, 인도네시아, 한국' 4개국이다.

② 2020년 을국 집적회로 반도체 수출액과 수입액은 '갑국의 대(對) 을국 수출입액 상위 5개 품목 현황'에서 전년 대비 증가율을 이용하여 계산한다. 2021년 수출액의 전년 대비 증가율이 14.5%이므로 2020년 수출액은 $\frac{999}{1.145}$≒872.5백만 달러이며, 수입액은 전년 대비 19.6% 증가하여 2020년 수입액은 $\frac{817}{1.196}$≒683.1백만 달러이다. 따라서 2020년 갑국의 대(對) 을국 집적회로반도체 수출액은 수입액보다 크다.

③ 2021년 갑국의 무역수지는 전체 수출액이 2,000억 달러, 전체 수입액이 2,200억 달러로 수입액이 수출액보다 크므로 적자이다.

⑤ 2021년 갑국의 전자제품 수출액은 전체 수출액에서 29.9%를 차지하여 2,000×0.299＝598억 달러이고, 전자제품 수입액은 전체 수입액에서 23.7%를 차지하여 2,200×0.237＝521.4억 달러이므로 전자제품은 수출액이 수입액보다 크다.

10   정답 ④

다섯 번째 조건에 따라 C항공사는 제일 앞번호인 1번 부스에 위치하며, 세 번째 조건에 따라 G면세점과 H면세점은 양 끝에 위치한다. 이때 네 번째 조건에서 H면세점 반대편에는 E여행사가 위치한다고 하였으므로 5번 부스에는 H면세점이 올 수 없다. 따라서 5번 부스에는 G면세점이 위치한다. 또한, 첫 번째 조건에 따라 같은 종류의 업체는 같은 라인에 위치할 수 없으므로 H면세점은 G

면세점과 다른 라인인 4번 부스에 위치하고, 4번 부스 반대편인 8번 부스에는 E여행사가, 4번 부스 바로 옆인 3번 부스에는 F여행사가 위치한다. 나머지 조건에 따라 부스의 위치를 정리하면 다음과 같다.

1) 경우 1

C항공사	A호텔	F여행사	H면세점
복도			
G면세점	B호텔	D항공사	E여행사

2) 경우 2

C항공사	B호텔	F여행사	H면세점
복도			
G면세점	A호텔	D항공사	E여행사

따라서 항상 참이 되는 것은 ④이다.

11   정답 ③

군사적 긴장 완화에 대한 내용은 남북 양측의 성명서에서는 언급되지 않았으므로 옳지 않은 내용이다.

오답분석

① 북측은 남측이 제안한 가족찾기 운동만으로는 부족하다고 하였으므로 옳은 내용이다.

② 남측은 10월 안으로 제네바에서 본 회담의 절차상의 문제를 협의하기 위한 예비회담을 제의하였고, 북측은 9월 말까지 쌍방 대표가 예비회담을 열 것을 제의하였으므로 옳은 내용이다.

④·⑤ 데탕트라 불리는 국제 정세의 변동은 한반도에도 영향을 미쳐 미국과 중국이 남·북한에 긴장 완화를 위한 조치들을 취하도록 촉구하였으며, 이에 여러 차례의 예비 회담이 열린 끝에 분단 이후 최초의 남북회담이 개최되었다고 하였다.

12   정답 ②

ㄱ. 회사가 가지고 있는 신속한 제품 개발 시스템의 강점을 활용하여 새로운 해외시장의 소비자 기호를 반영한 제품을 개발하는 것은 강점을 통해 기회를 포착하는 SO전략에 해당한다.

ㄷ. 공격적 마케팅을 펼치고 있는 해외 저가 제품과 달리 오히려 회사가 가지고 있는 차별화된 제조 기술을 활용하여 고급화 전략을 추구하는 것은 강점으로 위협을 회피하는 ST전략에 해당한다.

오답분석

ㄴ. 저임금을 활용한 개발도상국과의 경쟁 심화와 해외 저가 제품의 공격적 마케팅을 고려하면 국내에 화장품 생산 공장을 추가로 건설하는 것은 적절한 전략으로 볼 수 없다. 약점을 보완하여 위협을 회피하는 전략을 활용하기 위해서는 오히려 저임금의 개발도상국에 공장을 건설하여 가격 경쟁력을 확보하는 것이 적절하다.

ㄹ. 낮은 브랜드 인지도가 약점이기는 하나, 해외시장에서의 한국 제품에 대한 선호가 증가하고 있는 점을 고려하면 현지 기업의 브랜드로 제품을 출시하는 것은 적절한 전략으로 볼 수 없

다. 약점을 보완하여 기회를 포착하는 전략을 활용하기 위해서는 오히려 한국 제품임을 강조하는 홍보 전략을 세우는 것이 적절하다.

13 정답 ③
A~D여행사 상품의 출국 날짜는 모두 M대리 부부가 원하는 날짜 7월 또는 8월이 포함되어 있으며, 좌석도 비즈니스 석 또는 이코노미 석 둘 중에 하나 이상이 모든 여행사에 포함되어 있다. 마지막으로 출발 시각을 보면 B여행사와 C여행사는 오후 1시 30분부터 오후 5시 사이에 출발하는 비행기는 없으므로 A여행사와 D여행사 상품 중 M대리가 선택할 이코노미 석 여행상품으로 금액을 비교하면 다음과 같다.
• A여행사 : $345,000 \times 2 \times 0.9 = 621,000$원
• D여행사 : $(366,000 - 50,000) \times 2 = 632,000$원
따라서 M대리가 남편과 선택할 여행상품은 A여행사의 이코노미 석 상품으로 출발 시각은 오후 3시이며, 지불해야 할 총액은 621,000원이다.

14 정답 ②
제시문에서는 한 마리의 개를 사례로 들어 꿈의 가설보다 '상식의 가설'이 우리가 경험하는 사실들을 더 잘 설명한다고 주장한다. 즉, 개는 '나'의 감각에 의존하는 감각들의 집합이 아닌 독립적으로 존재하는 대상이라는 '상식의 가설'을 통해 개가 이동하는 모습이나 개가 배고픔을 느끼는 것 등을 이해할 수 있다는 것이다.

15 정답 ③
동일 자치구는 서로 인접한 행정동으로 묶어야하므로 인접한 행정동이 적은 곳부터 자치구를 결정하는 것이 빠르다. '행정동 간 인접 현황'에서 F행정동을 보면 C, E행정동과 인접하지만, 개편 전 자치구는 C행정동과 다르므로 E행정동이 F행정동과 같은 '다' 자치구가 된다. 그리고 C행정동과 인접한 행정동은 B, E, F이므로 B행정동이 C행정동과 같은 '나' 자치구이고, 나머지 A, D행정동이 '가' 자치구이다.
개편 후 자치구는 '라, 마' 자치구로 세 개의 행정동이 속하도록 나누면 D행정동과 E행정동이 각각 다른 자치구로 D행정동과 인접한 행정동에서 E를 제외한 A, B가 '라' 자치구가 되고, 나머지 C, E, F행정동이 '마' 자치구가 되어 이를 정리하여 빈칸을 채우면 다음과 같다.

구분	인구(명)	개편 전 자치구	개편 후 자치구
A	1,500	가	(라)
B	2,000	(나)	(라)
C	1,500	나	(마)
D	1,500	(가)	라
E	1,000	(다)	마
F	1,500	다	(마)

이때, 자치구 개편 전 자치구 '가'의 인구는 $1,500 + 1,500 = 3,000$명이고, 자치구 '나'는 $2,000 + 1,500 = 3,500$명으로 자치구 '나'의 인구가 '가'의 인구보다 많다.

오답분석
① 자치구 개편 전, 행정동 E는 자치구 '다'에 속한다.
② 자치구 개편 후, 행정동 C와 행정동 E는 같은 자치구인 '마'에 속한다.
④ 자치구 개편 후, 자치구 '라'의 인구($1,500 + 2,000 + 1,500 = 5,000$명)가 자치구 '마'의 인구($1,500 + 1,000 + 1,500 = 4,000$명)보다 많다.
⑤ 행정동 B는 개편 전 자치구 '나'에 속하고, 개편 후 자치구 '라'에 속한다.

16 정답 ③
거주지에 해당하는 센터에서만 상담과 치료를 받을 수 있다.

17 정답 ⑤
다섯 번째 문단에 따르면 총체주의는 '논리학의 법칙처럼 아무도 의심하지 않는 지식은 분석 명제로 분류해야 하는 것이 아니냐는 비판에 답해야 하는 어려움'이 있다. 또한, 네 번째 문단에 따르면 총체주의는 중심부 지식과 주변부 지식의 '경계를 명확히 나눌 수 없으며', 중심부 지식 중에는 논리학 법칙처럼 경험과 충돌해 참과 거짓이 쉽게 바뀌는 주변부 지식과는 종류가 다른 지식이 존재한다는 비판을 받을 수 있다.

오답분석
① 두 번째 문단에 따르면 총체주의는 가설만으로는 '예측을 논리적으로 도출할 수 없으며', '예측은 가설, 기존의 지식들, 여러 조건 등을 모두 합쳐야만 논리적으로 도출'된다. 예측이 경험과 충돌해 거짓으로 밝혀지더라도 가설이 반드시 틀렸다고 할 수 없다는 입장은 총체주의의 입장과 동일하므로 적절하지 않은 비판이다.
② 네 번째 문단에 따르면 총체주의는 '수학적 지식이나 논리학 지식이 중심부 지식의 한가운데에 있어 경험에서 가장 멀리 떨어져 있지만 그렇다고 경험과 무관한 것은 아니라는 입장'이므로, ②의 진술은 총체주의에 대한 비판으로 적절하지 않다.
③ 네 번째 문단에 따르면 총체주의는 중심부 지식과 주변부 지식이 원칙적으로 모두 수정의 대상이 될 수 있으므로 수정 대상을 주변부 지식으로 한정하는 것은 잘못이라는 ③의 비판은 부적절하다.
④ 네 번째 문단에 따르면 '주변부 지식을 수정하면 전체 지식의 변화가 크지 않지만 중심부 지식을 수정하면 관련된 다른 지식이 많기 때문에 전체 지식도 크게 변화'한다. 따라서 주변부 지식을 수정한다고 해서 중심부 지식을 수정해야 하는 것은 아니라는 ④의 비판은 적절하지 않다.

18

정답 ②

실용성 전체 평균점수 $\frac{103}{6}$ ≒ 17점보다 높은 방식은 ID / PW 방식, 이메일 및 SNS 방식, 생체인증 방식 총 3가지이다.

오답분석

① 생체인증 방식의 선호도 점수는 20＋19＋18＝57점이고, OTP 방식의 선호도 점수는 15＋18＋14＝47점, I-pin 방식의 선호도 점수는 16＋17＋15＝48점이다. 따라서 생체인증 방식의 선호도는 나머지 두 방식의 선호도 합보다 47＋48－57＝38점 낮다.

③ 유효기간이 '없음'인 방식들은 ID / PW 방식, 이메일 및 SNS 방식, 생체인증 방식이며, 세 인증수단 방식의 간편성 평균점수는 $\frac{16＋10＋18}{3}$ ≒ 15점이다.

④ 공인인증서 방식의 선호도가 51점일 때, 보안성 점수는 51－(16＋14＋3)＝18점이다.

⑤ 유효기간이 '없음'인 방식들은 ID / PW 방식, 이메일 및 SNS 방식, 생체인증 방식이며, 실용성 점수는 모두 18점 이상이다.

19

정답 ②

ㄱ. 갑이 총 3번의 대결에서 승리할 확률이 가장 높은 전략부터 순서대로 선택한다면, 먼저 1번째 대결에서는 승률이 가장 높은 C전략(90%)을 선택해야 한다. 다음으로 2번째 대결에서는 C전략의 승률이 40%로 하락하므로 승률 70%의 B전략을 선택해야 한다. 마지막으로 3번째 대결에서는 B전략의 승률이 30%로 하락하므로 승률 60%의 A전략을 선택해야 한다. 따라서 갑은 3가지 전략을 각각 1회씩 사용해야 한다.

ㄷ. 갑이 1개의 전략만을 사용하여 총 3번의 대결을 하면서 3번 모두 승리할 확률을 가장 높이려면, 사용횟수에 따른 승률을 모두 곱했을 때의 값이 가장 큰 전략을 선택해야 한다. A ~ C전략을 3회까지 사용했을 때의 승률을 계산하면 다음과 같다.

- A : 0.6×0.5×0.3＝0.09 → 0.12×100＝9%
- B : 0.7×0.3×0.2＝0.042 → 0.042×100＝4.2%
- C : 0.9×0.4×0.1＝0.036 → 0.036×100＝3.6%

따라서 갑은 A전략을 선택해야 한다.

오답분석

ㄴ. 갑이 총 5번의 대결에서 승리할 확률이 가장 높은 전략부터 순서대로 선택한다면, 먼저 1번째 대결에서는 승률 90%의 C전략을 선택해야 하며, 2번째 대결에서는 승률 70%의 B전략을 선택해야 한다. 다음으로 3번째 대결에서는 승률 60%의 A전략을 선택해야 하며, 4번째 대결에서 승률 50%로 하락한 A전략을 다시 선택해야 한다. 마지막으로 5번째 대결에서는 승률 40%로 하락한 C전략을 선택해야 한다. 따라서 갑은 5번째 대결에서 C전략을 사용해야 한다.

ㄹ. 갑이 1개의 전략을 사용하여 총 2번의 대결을 하면서 2번 모두 패배할 확률을 가장 낮추려면, 2번 모두 승리할 확률을 가장 높이면 된다. 따라서 ㄷ과 마찬가지로 사용횟수에 따른 승률을 모두 곱했을 때의 값이 가장 큰 전략을 선택해야 한다. A~C전략을 2회까지 사용했을 때의 승률을 계산하면 다음과 같다.

- A : 0.6×0.5＝0.3 → 0.3×100＝30%
- B : 0.7×0.3＝0.21 → 0.21×100＝21%
- C : 0.9×0.4＝0.36 → 0.36×100＝36%

따라서 갑은 C전략을 선택해야 한다.

20

정답 ①

국내 지식산업센터의 총합은 324개이며, 이의 60%는 200개에 약간 미치지 못하는 수치이므로 옳지 않은 내용이다.

오답분석

② 국내 지식산업센터 수의 80%는 약 259개인데, 수도권의 지식산업센터 수는 278개이므로 80%를 훨씬 뛰어넘는다.

③ 경기지역의 경우 계획입지에 조성된 지식산업센터 수는 33개인데 반해, 개별입지에 조성된 것은 100개이므로 옳은 내용이다.

④ 동남권의 지식산업센터의 수는 27개이며, 대경권은 6개이므로 옳은 내용이다.

⑤ 자료에 의하면 6대 광역시 중 계획입지에 조성된 지식센터수(0개)가 개별입지(1개)에 조성된 것보다 적은 지역은 울산광역시뿐이다.

21

정답 ①

참가자별 종합점수[＝(항목별 득점)×(품목별 가중치)]의 합계]를 구하면 다음과 같다.

- A : 4×6＋3×4＋3×4＋3×3＋2×3＝63점
- B : 3×6＋4×4＋5×4＋4×3＋1×3＝69점
- C : 2×6＋3×4＋3×4＋3×3＋2×3＝51점
- D : 2×6＋1×4＋5×4＋4×3＋3×3＝57점

ㄱ. 참가자 A의 '색상' 점수와 참가자 D의 '장식' 점수가 각각 1점씩 상승하면 색상의 경우 가중치가 4이고, 장식은 3이므로 참가자 A의 종합점수는 63＋4＝67점, 참가자 D는 57＋3＝60점으로 높아진다. 그러나 전체 순위는 'B＞A＞D＞C'로 처음 순위와 같다.

ㄴ. 참가자 B의 '향' 항목 득점기여도는 $\frac{16}{69}$ ≒ 0.23이고, 참가자 A의 '색상' 항목 득점기여도는 $\frac{12}{63}$ ≒ 0.19이므로 참가자 B의 '향' 항목 득점기여도가 참가자 A의 '색상' 항목 득점기여도보다 높다.

오답분석

ㄷ. 모든 항목에서 1점씩 더 득점하면 가중치가 적용된 종합점수는 20점이 증가한다. 따라서 참가자 C의 종합점수가 51＋20＝71점이 되어 가장 높은 순위가 된다.

ㄹ. 종합점수가 1위인 참가자 B의 '맛' 항목 득점기여도는 $\frac{18}{69}$ ≒ 0.26이지만, 2위인 참가자 A의 경우는 $\frac{24}{63}$ ≒ 0.38이기 때문에 순위가 높은 참가자일수록 '맛' 항목 득점기여도가 높은 것은 아니다.

22
정답 ⑤

정렬 대상에서 피벗은 20이므로 피벗보다 큰 수 중 가장 왼쪽의 수는 22이고, 피벗보다 작은 수 중 가장 오른쪽의 수는 10이다. 따라서 첫 번째 교환 후의 상태는 15, 10, 13, 27, 12, 22, 25가 된다. 이제 이 과정을 반복하면, 피벗보다 큰 수 중 가장 왼쪽의 수는 27이고, 작은 수 중 가장 오른쪽의 수는 12이다. 따라서 27과 12가 교환된다.

23
정답 ⑤

먼저 평가요소 및 점수부여 기준에 따라 A ~ D의 내진성능평가지수와 내진보강공사지수를 계산하면 다음과 같다.

구분	A	B	C	D
내진성능 평가지수	$\dfrac{82}{100} \times 100$ $=82$	$\dfrac{72}{80} \times 100$ $=90$	$\dfrac{72}{90} \times 100$ $=80$	$\dfrac{83}{100} \times 100$ $=83$
내진보강 공사지수	$\dfrac{91}{100} \times 100$ $=91$	$\dfrac{76}{80} \times 100$ $=95$	$\dfrac{81}{90} \times 100$ $=90$	$\dfrac{96}{100} \times 100$ $=96$

산출된 지수 값에 따라 A ~ D의 내진성능평가점수와 내진보강공사점수의 값을 구하면 다음과 같다.

구분	A	B	C	D
내진성능 평가점수	3점	5점	1점	3점
내진보강 공사점수	3점	3점	1점	5점
합산 점수	6점	8점	2점	8점

가장 높은 점수를 받은 B와 D의 점수가 동점이므로 내진보강대상 건수가 더 많은 D기관이 최상위기관이 되며, 가장 낮은 점수인 2점을 받은 C기관이 최하위기관이 된다.

24
정답 ②

㉠ 11개 전통 건축물을 공포양식별로 구분하면 다포양식 6개(숭례문, 문묘 대성전, 창덕궁 인정전, 화엄사 각황전, 무량사 극락전, 덕수궁 중화전), 주심포양식 2개(봉정사 화엄강당, 장곡사 상대웅전), 익공양식 3개(관덕정, 남원 광한루, 창의문)이므로 옳은 내용이다.

㉣ 이 선택지의 정오를 정확히 확인하기 위해서는 대략적이나마 최솟값을 가지는 항목과 최댓값을 가지는 항목을 판별해야 한다. 그런데 직접 계산하지 않더라도 최솟값을 가지는 항목은 무량사 극락전이고, 최댓값을 가지는 항목은 남원 광한루가 될 것임은 알 수 있다. 따라서 이 둘을 직접 계산하면 무량사 극락전은 약 0.16, 남원 광한루가 약 0.39임을 알 수 있으므로 제시된 모든 건축물의 기둥 지름 대비 부연 폭의 비율은 0.15보다 크고 0.40보다 작다는 것을 확인할 수 있다.

오답분석

㉡ 기둥 지름은 최소 1.40척이고, 처마서까래 지름은 최소 0.50척, 최대 0.80척이나, 기둥 지름의 최댓값은 무량사 극락전의 2.20이므로 옳지 않다.

㉢ 11개 전통 건축물의 부연은 폭이 최소 0.25척, 최대 0.55척이고 높이가 최소 0.30척, 최대 0.60척인 것은 맞다. 그러나 남원 광한루의 부연은 폭과 높이가 모두 0.55척으로 동일하므로 모든 건축물의 부연의 높이가 폭보다 큰 것은 아니다.

25
정답 ①

선왕의 뒤를 이어 즉위한 새 왕은 전왕의 실록을 만들기 위해 실록청을 세웠다고 하였고, 인조의 뒤를 이어 효종, 현종, 숙종이 연이어 왕위에 올랐다고 하였으므로 효종의 뒤를 이은 현종이 실록청을 세워 『효종실록』을 간행했을 것이라는 것을 알 수 있다.

오답분석

② 단종은 계유정난으로 왕위에서 쫓겨난 후에 노산군으로 불렸고, 그런 이유로 세조 때 노산군일기가 간행되었다고 하였다.

③ 효종 때부터는 집권 붕당이 다른 붕당을 폄훼하기 위해 이미 만들어져 있는 실록을 수정해 간행하는 일이 벌어졌다고 하였다. 따라서 효종 이전인 광해군 때에는 수정실록이 만들어지지 않았을 것이다.

④ 유네스코는 태조부터 철종까지의 시기에 있었던 사건들이 담긴 조선왕조실록을 세계 기록 유산으로 등재하였다고 한 부분과 『철종실록』이 고종 때에 간행되었다고 하여 고종이 철종의 다음 왕이라는 것을 통해 『고종실록』은 세계 기록 유산으로 등재되지 않았을 것임을 알 수 있다.

⑤ '일기'는 명칭만 '실록'이라고 부르지 않을 뿐 간행 과정은 그와 동일하여 '일기'도 세계 기록 유산으로 등재된 조선왕조실록에 포함되었다고 하였다.

26
정답 ④

ㄴ. 사슴의 남은 수명이 20년인 경우, 사슴으로 계속 살아갈 경우의 총 효용은 $20 \times 40 = 800$인 반면, 독수리로 살 경우의 효용은 $(20-5) \times 50 = 750$이다. 사슴은 총 효용이 줄어드는 선택은 하지 않는다고 하였으므로 독수리를 선택하지는 않을 것이다.

ㄷ. 사슴의 남은 수명을 x라 할 때, 사자를 선택했을 때의 총 효용은 $250 \times (x-14)$이며, 호랑이를 선택했을 때의 총 효용은 $200 \times (x-13)$이다. 이 둘을 연립하면 x, 즉 사슴의 남은 수명이 18년일 때 둘의 총 효용이 같게 되므로 옳은 내용이다.

오답분석

ㄱ. 사슴의 남은 수명이 13년인 경우, 사슴으로 계속 살아갈 경우의 총 효용은 $13 \times 40 = 520$인 반면, 곰으로 살 경우의 효용은 $(13-11) \times 170 = 340$이다. 사슴은 총 효용이 줄어드는 선택은 하지 않는다고 하였으므로 곰을 선택하지는 않을 것이다.

27　　　　　　　　　　　　　　　　　정답 ③

2020년 3월 2일에 입사하였으므로 현재 기준 입사 1년 차에 해당하고, 2022년 3월 2일부터 입사 2년 차에 해당한다. 입사 2년 차미만으로 명절상여금은 못 받고, 여름 휴가비용은 상반기 기간에 해당이 안 된다. 또한, 자녀학자금 대상에도 포함되지 않는다. 따라서 혜택은 경조사비, 문화생활비, 자기계발비, 출산축하금을 급여와 함께 받을 수 있다.

• 경조사비 : 경조사일이 속한 달의 다음 달 급여에 지급되므로 부모의 경조사비는 1월 급여에 주임 직급의 금액으로 지급
　→ 200,000원
• 문화생활비 : 입사일이 속한 달에 지급되므로 3월에 지급
　→ 100,000원
• 자기계발비 : 3월 주임 직급에 해당하는 금액만큼 지급
　→ 300,000원
• 출산축하금 : 6월에 타 회사 근무중인 아내가 첫 아이를 출산하므로 남성 출산축하금을 지급 → 2,000,000원

월급여는 2022년 1 ~ 4월에는 직급이 주임임으로 320만 원을 받고, 5 ~ 6월에는 대리로 진급하므로 350만 원을 받는다.
따라서 N직원의 상반기에 받을 혜택까지 포함한 총 급여는 320×4+350×2+20+10+30+200=2,240만 원이다.

28　　　　　　　　　　　　　　　　　정답 ④

27번 해설에 나온 혜택에서 추가되는 것은 1월 명절상여금으로, 입사 1년 차이므로 주임 직급 월급여의 5%인 320×0.05=16만 원을 받게 된다. 경조사비는 20만 원으로 동일하며, 문화생활비와 자기계발비(사원만 가능)가 없어지고, 출산축하금은 300만 원이다. 따라서 N직원이 상반기에 혜택까지 포함된 총 급여는 320×4+350×2+16+20+300=2,316만 원이다.

29　　　　　　　　　　　　　　　　　정답 ②

1) ㉠
제시된 논증을 구조화하면 다음과 같다.
ⅰ) (가)
ⅱ) B이다.
∴ 결론 : A이다.
따라서 가장 단순한 삼단논법의 구조를 이용한다면 (가)에는 'B이면 A이다.'가 들어가야 한다. 이를 제시문의 표현으로 바꾸면, '달은 지구를 항상 따라다닌다.'면 '지구는 공전하지 않는다.'로 나타낼 수 있는데 ㄱ은 이의 대우명제이므로 논리적으로 타당하다.

2) ㉡
'밤에 금성을 관찰할 때 망원경을 사용하면 빛 번짐 현상을 없앨 수 있다는 것'과 관련된 내용이 들어가야 한다. 이와 함께 당시 학자들은 육안을 통한 관찰을 신뢰하며, 밤보다 낮에 관찰한 것이 더 정확하다는 것을 결합한 ㅁ이 논리적으로 타당하다.

30　　　　　　　　　　　　　　　　　정답 ①

제시문에서 언급한 주파수 재사용률을 높이기 위해서 사용하는 방법은 일정 거리 이상 떨어진 기지국에서 동일한 주파수 대역을 다시 사용하는 것이다. 기지국의 전파 강도를 높이는 경우에 대한 내용은 제시문에서 찾을 수 없다.

오답분석

② 인접한 셀들은 서로 다른 주파수 대역을 사용하고, 인접하지 않은 셀에는 이미 사용하고 있는 주파수 대역을 다시 사용하게끔 셀을 구성하여 방대한 지역을 제한된 몇 개의 주파수 대역으로 서비스할 수 있다고 하였으므로 옳은 내용이다.
③ 주파수 간섭 문제를 피하기 위해 인접한 셀들은 서로 다른 주파수 대역을 사용한다고 하였으므로 이를 역으로 생각하면 인접 셀에서 같은 주파수 대역을 사용하면 주파수 간섭 문제가 발생할 수 있다.
④ 시스템 설계자는 통화량이 많은 곳은 셀의 반지름을 줄이고 통화량이 적은 곳은 셀의 반지름을 늘려 서비스 효율성을 높인다고 하였으므로 옳은 내용이다.
⑤ 하나의 기지국이 감당할 수 있는 최대 통화량은 일정하다고 하였으므로 기지국의 수를 늘리면 수용 가능한 통화량이 증가하는 것은 당연하다.

31　　　　　　　　　　　　　　　　　정답 ④

ㄱ. 2019년 의약품 국내시장규모에서 수입액이 차지하는 비중을 구하면 $\frac{5.28}{16.83-2.33+5.28}\times100≒26.7\%$이며, 2018년은 $\frac{5.85}{15.71-2.34+5.85}\times100≒30.4\%$이므로 2019년 국내시장규모 대비 수입액 비율은 전년 대비 감소했다.

ㄷ. 2020년 세계 전체 시장규모에서 유럽이 차지하는 비중은 22.3%이며, 2019년도에는 $\frac{219.8}{947.6}\times100≒23.2\%$이다. 따라서 2020년 의약품 세계 전체 시장규모에서 유럽이 차지하는 비중은 전년 대비 감소하였다.

ㄹ. 2020년 의약품 세계 전체 시장규모는 세계 지역의 시장규모를 모두 더하면 1,027.2십억 달러이다. 따라서 2019년 세계 전체 시장규모의 5%는 947.6×0.05=47.38십억 달러이며, 2020년도의 전년 대비 전체 시장규모 증가량은 1,027.2-947.6=79.6십억 달러이므로 옳은 설명이다.

오답분석

ㄴ. 국내시장규모가 전년 대비 증가하기 위해서는 생산액 증가량과 수입액 증가량 합이 수출액 증가량보다 커야 한다. 2016년 대비 2017년 국내시장규모의 경우 생산액은 15.60-15.71=-0.11십억 달러, 수입액은 5.53-5.42=0.11십억 달러로 두 증감액의 합은 0이고, 수출액은 1.96-1.78=0.18십억 달러 증가하였다. 따라서 수출액 증가량이 생산액과 수입액 합의 증가량보다 크므로 2017년 의약품 국내시장규모는 전년 대비 감소하였다.

32

정답 ③

ㄱ. 인간의 성품을 고양하는 법은 정의롭다고 하였고, 정의로운 법률은 신의 법, 곧 도덕법에 해당한다고 하였다.

ㄴ. 아퀴나스에 의하면 불의한 법률은 결국 사람끼리의 규약에 불과한데, 사람끼리의 규약이 불의한 이유는 그것이 자연법에 기원한 것이 아니라고 하였다.

오답분석

ㄷ. 제시문에서 언급한 인종차별을 허용하는 법률은 불의한 법률의 하나의 예에 불과하다. 따라서 도덕법에 배치되는 다른 불의한 법률 역시 신의 법에 해당하지 않을 것이다.

33

정답 ④

면접자들의 정보와 규칙에 따라 각 면접자들의 면접시간을 정리하면 다음과 같다.

(단위 : 분)

구분	공통 사항	인턴 경력	유학 경험	해외 봉사	최종 학력	총 면접 시간
A	5	8	–	–	10	23
B	5	–	–	3	10	18
C	5	8	–	3	10	26
D	5	–	–	3	–	8
E	5	8	6	–	–	19
F	5	–	6	–	10	21

따라서 면접을 오래 진행하는 면접자부터 나열하면 'C－A－F－E－B－D' 순서이다.

34

정답 ④

유학경험이 있는 면접자들끼리 연이어 면접을 실시하여야 하므로, E와 F는 연달아 면접을 본다. 이때, 최종학력이 학사인 E가 먼저 면접을 본다(E－F). 그리고 나머지 학사 학위자는 D뿐이므로, D가 E에 앞서 면접을 보게 된다(D－E－F). 인사팀에 지원한 면접자는 같은 날 연달아 면접을 실시하므로 B와 C는 연달아 면접을 봐야 한다. 또한, 같은 성별끼리 연달아 면접을 실시할 수 없으므로 A－B－C 순서로 면접을 보게 된다. 이들의 각 면접시간은 D(8분)－E(19분)－F(21분)－A(23분)－B(18분)－C(26분)으로, D부터 A까지 면접을 진행하면 소요되는 시간은 8＋19＋21＋23＝71분이다. 즉, A의 면접 종료시간은 11시 11분이 되므로, A부터는 6일에 면접을 실시해야 한다. 따라서 5일에 면접을 보는 면접자는 D, E, F이고, 6일에 면접을 보는 면접자는 A, B, C이다.

35

정답 ④

• 방식 1에 따른 광고비

구분	발행부수 점수	유료부수 점수	발행기간 점수	총점
갑	50점	20점	0점	70점
을	50점	25점	10점	85점
병	50점	25점	15점	90점

가장 높은 점수의 병에 500만 원을 지급하고, 두 번째로 높은 점수인 을에 300만 원을 지급한다. 이때, 갑은 80점 미만이므로 광고비를 지급하지 않는다.

• 방식 2에 따른 광고비
  – 갑 : B등급
  – 을 : A등급
  – 병 : A등급

따라서 A등급인 을과 병에 400만 원을 지급하고, B등급인 갑에 200만 원을 지급한다.

• 방식 3에 따른 광고비
  – 갑 : $1,000 \times \frac{3}{8} = 375$만 원
  – 을 : $1,000 \times \frac{3}{8} = 375$만 원
  – 병 : $1,000 \times \frac{2}{8} = 250$만 원

ㄴ. 병은 500만 원의 광고비를 지급받을 수 있는 방식 1이 가장 유리하다.

ㄹ. 방식 2로 선정할 경우, 병은 400만 원의 광고비를 지급받고, 갑은 200만 원의 광고비를 지급받는다. 따라서 병은 갑보다 두 배의 광고비를 지급받는다.

오답분석

ㄱ. 을은 400만 원의 광고비를 지급받을 수 있는 방식 2가 가장 유리하다.

ㄷ. 방식 1로 선정할 경우, 갑은 광고비를 지급받을 수 없다.

36

정답 ②

제시문의 마지막 부분에서는 '그런 사건이 일어날 확률'은 '매우 신뢰할 만한 사람이 거짓 증언을 할 확률'보다 작으므로 신뢰할 수 없다고 언급하고 있다. 즉, 이를 뒤집어서 생각하면 사건이 일어날 확률이 거짓 증언을 할 확률보다 크다면 신뢰해야 한다는 것이므로 빈칸에 들어갈 원칙은 ②가 가장 적절하다.

37
정답 ④

ㄴ. 유충호르몬은 유충의 특성이 남아 있게 하는 역할만 수행하므로 유충호르몬의 분비를 촉진하는 알로트로핀을 변태 과정 중에 있는 곤충에게 주입한다면, 유충의 특성을 갖게 되어 성체로 발생하지 않을 수 있다.

ㄷ. 유충호르몬은 탈피 촉진과 무관하므로 유충호르몬이 없더라도 탈피호르몬이 분비되면 탈피가 시작될 수 있다.

오답분석

ㄱ. 먹이 섭취 활동과 관련된 자극이 유충의 뇌에 전달되면 전흉선자극호르몬의 분비를 촉진하고, 이 호르몬이 전흉선으로 이동하여 탈피호르몬이 분비되도록 한다. 즉, 유충의 전흉선은 탈피호르몬을 분비하는 역할을 할 뿐, 먹이 섭취 활동과 관련된 자극을 전달하는 역할을 하는 것은 아니다.

38
정답 ④

ㄴ. ㉠에 따르면 성체가 된 이후 탈피하지 않는 곤충들의 경우, 마지막 탈피가 끝난 다음 탈피호르몬이 없어지며, 결과 2에 따르면 최종 탈피가 일어날 때까지는 탈피호르몬이 존재한다. 즉, ㉠과 결과 2를 통해 최종 탈피가 일어날 때까지 존재하던 탈피호르몬은 최종 탈피 이후 없어진다는 것을 알 수 있다. 따라서 최종 탈피가 끝난 후 탈피호르몬을 분비하는 전흉선이 파괴되어 사라진다는 ㄴ은 결과 2와 ㉠을 동시에 설명할 수 있다.

ㄷ. 결과 1에 따르면 유충호르몬은 성체가 되는 동안 점점 감소하며, 결과 2에 따르면 성체로의 최종 탈피가 일어날 때까지 존재하는 탈피호르몬의 혈중 농도는 변화하지 않는다. 따라서 결과 1과 결과 2를 통해 변태 과정에 있는 곤충의 경우 탈피호르몬의 양은 변하지 않으나, 유충호르몬의 양은 줄어들고 있음을 알 수 있으므로 탈피호르몬 대비 유충호르몬의 비율이 작아질수록 성체의 특성이 두드러진다는 가설을 지지할 수 있다.

오답분석

ㄱ. 유충호르몬에스터라제는 유충호르몬을 분해하는 효소로 혈중 유충호르몬의 농도를 낮아지게 한다. 따라서 결과 1에 따라 유충호르몬 혈중 농도가 유충기에 가장 높고 성체가 될 때까지 점점 감소한다면, 혈중 유충호르몬에스터라제의 양은 오히려 유충기에 가장 적고 성체기에 가장 많을 것이다.

39
정답 ⑤

㉢ 품목별 전자상거래물품 수입통관 현황에서 건강식품과 기타식품의 건수 합은 $2,113+1,692=3,805$건이며, 일반·간이 신고 전체 건수의 절반은 $8,942÷2=4,471$건으로 건강식품과 기타식품 건수 합보다 많다.

오답분석

㉠ 1회당 구매금액별 전자상거래물품 수입통관 현황에서 50달러 초과 100달러 이하의 수입통관 건수의 비중은 $\frac{5,764}{15,530}÷100$ ≒ 37.1%이다.

㉡ 1회당 구매금액별 전자상거래물품 수입통관 현황에서 1회당 구매금액이 200달러 초과인 수입통관 총 건수는 $400+52=452$건이고, 200달러 이하인 총 건수는 $15,530-452=15,078$건이다. 따라서 200달러 이하인 총 건수가 200달러 초과인 총 건수의 30배인 $13,560$건보다 많다.

㉢ 품목별 전자상거래물품 수입통관 현황에서 전체 수입통관 건수 대비 의류 수입통관 건수의 비율은 $\frac{2,962}{15,530}×100$ ≒ 19.1%이다.

㉣ 품목별 전자상거래물품 수입통관 현황에서 핸드백, 가전제품, 시계 품목의 수입통관 건수의 합은 전체 수입통관 건수의 $\frac{1,264+353+327}{15,530}×100=\frac{1,944}{15,530}×100$ ≒ 12.5%를 차지한다.

40
정답 ③

1) 남자

B등급 이상인 호텔을 선호한다고 하였으므로, K·M·W호텔이 이에 해당한다. M호텔은 2인실이 없으므로 제외되며, K·W호텔 숙박비와 식비(조식1, 중식2, 석식1)는 다음과 같다.

• K호텔: $17×3+1×3×6=69$만 원
• W호텔: $15×3+0.75×4×6=63$만 원

그러므로 가장 저렴한 W호텔에서 숙박하며, 비용은 63만 원이다.

2) 여자

B등급 이상인 호텔을 선호한다고 했으므로 K·M·H호텔이 이에 해당하며, 이 중 M호텔은 2인실이 없으므로 제외되고, K·H호텔 중에서 역과 가장 가까운 K호텔에 숙박한다. 따라서 K호텔의 비용은 $17×2+1×3×4=46$만 원이다.

41
정답 ②

두 번째 문단에 따르면 연간 3억t인 전 세계 플라스틱 생산량 중 500만t이 바다로 흘러 들어간다. 즉, 생산된 플라스틱의 $\frac{5,000,000}{300,000,000}×100$ ≒ 1.7%가 바다로 흘러 들어가는 것이다. 따라서 생산된 플라스틱의 3% 이상이 바다로 흘러 들어간다는 ②는 적절하지 않다.

42
정답 ⑤

선호하는 인증수단으로 이메일을 선택한 20대 모두가 아이핀과 공인인증서를 동시에 선택했다면, 아이핀과 공인인증서 비율에서 각각 24.1%는 이메일, 아이핀, 공인인증서 3개를 선택한 사람들이다. 만약 20대 중 신용카드를 선택한 사람이 모두 아이핀을 동시에 선택했을 경우 아이핀을 선택한 비율에서 이메일, 아이핀, 공인인증서를 택한 비율보다 높거나 같아야 한다. 이때 비율은 $36-24.1=11.9$이므로 신용카드 비율인 16.9%보다 낮게 나온다. 따라서 신용카드를 선택한 20대 모두가 아이핀을 동시에 선택하는 것은 불가능하다.

① 30대와 40대 모두 1위부터 3위는 '공인인증서 – 휴대폰 문자 인증 – 아이핀' 순서이다.
② 전체 응답자의 비율 합은 252.9%이며, 모든 응답자가 적어도 2개 이상 선택했다고 했을 경우 적어도 52.9%는 3개를 선택한 사람임을 알 수 있다.
③ 전체 남성 수는 동일하므로 비율로 비교하면, 신용카드를 선택한 남성은 21.1%이고, 바이오인증을 선택한 비율의 3배는 9.9×3=29.7%이므로 바이오인증을 선택한 남성의 3배가 신용카드를 선택한 남성보다 많다.
④ 20대와 50대의 인증수단 중 공인인증서의 선호도 차이가 79.4−67.4=12%p로 가장 크다.

43
동일 지역에서는 '1월 아파트 실거래 가격'이 동일하므로 지수의 비교만으로 대소비교가 가능하다. 그런데 '다' 지역의 1월과 3월의 아파트 실거래 가격 지수가 모두 100으로 같으므로 두 기간의 실거래 가격 역시 동일하다는 것을 알 수 있다.

오답분석
①·② 다른 지역의 실거래 가격을 비교하기 위해서는 해당 지역의 1월 아파트 실거래 가격을 알아야 한다. 그런데 '가', '다' 지역의 1월 실거래 가격을 알지 못하므로 비교가 불가능하다.
④ ③과 같은 논리를 적용하면 같은 지역의 지수의 증가율과 실거래 가격의 증가율도 동일하다는 것을 알 수 있다. 따라서 '가' 지역 지수의 1월 대비 7월의 증가율이 4%이므로 7월의 실거래 가격 역시 1월의 1억 원에서 4% 증가한 1억 4백만 원임을 알 수 있다.
⑤ 동일 지역 간의 비교이므로 지수의 비교만으로도 파악 가능하다. '가'와 '나' 지역의 아파트 실거래 가격지수는 7~12월 동안 상승하였지만, '다' 지역의 경우는 11월(103.0)보다 12월(102.6)에 지수가 하락하였다. 따라서 옳지 않은 내용이다.

44
'G인터넷'과 'HS쇼핑'의 5월 데이터 사용량의 합은 5.3+1.8=7.1GB=7,270.4MB이며, 나머지 앱의 5월 데이터 사용량은 2.4GB+2.0GB+1,720.3MB=4.4GB+1,720.3MB=6,225.9MB이다.

오답분석
① 5월과 6월에 모두 데이터 사용량이 있는 앱 중 '뮤직플레이'의 5월 대비 6월 데이터 사용량의 증가량은 570.0−94.6=475.4MB이지만 'G인터넷'은 6.7−5.3=1.4GB이다. 1GB는 1,024MB이므로 뮤직플레이보다 증가량이 더 크다.
② 5월과 6월에 모두 데이터 사용량이 있는 앱 중 5월 대비 6월 데이터 사용향이 감소한 앱은 '톡톡, 앱가게, 위튜브, 영화예매, NEC뱅크, 알람, 어제뉴스, S메일, 카메라, 일정관리'로 10개이고, 증가한 앱은 'G인터넷, HS쇼핑, 뮤직플레이, 쉬운지도, JJ멤버십, 날씨정보, 지상철' 7개이다.

③ 6월에만 데이터 사용량이 있는 앱은 '가계부, 17분운동, JC카드'이고, 세 앱의 사용량 합은 27.7+14.8+0.7=43.2MB이다. 따라서 날씨정보의 6월 데이터 사용량인 45.3MB보다 세 앱의 6월 사용량이 더 적다.
⑤ 'S메일'의 5월 대비 6월 데이터 사용량 변화율은 $\frac{0.8-29.7}{29.7} \times 100 ≒ -97.3\%$이다. 그러나 'JJ멤버십'의 경우 $\frac{240.0-45.2}{45.2} \times 100 ≒ 431\%$이다.

45
ㄱ. 암이 발생하는 과정은 개시 단계와 촉진 단계로 나누어지는데, A팀의 연구결과는 콩 속에 들어 있는 제니스틴이 촉진 단계에서 억제 효과가 있는 것을 보여주고 있으므로 옳은 내용이다.

오답분석
ㄴ. C팀의 실험은 콩기름에서 추출된 화합물이 원형탈모증을 완치하는 데에 도움을 준다는 것을 뒷받침하고 있는 것이지 원형탈모증이 발생하는 데 영향을 준다는 것을 보여주는 것이 아니다.
ㄷ. B팀의 실험은 흰 콩의 효과를 다룬 것이고, A와 C는 검은 콩에 특정된 것이 아닌 콩의 효능을 다룬 것이다.

46
ㄱ. 지방행정기관은 중앙행정기관의 완전한 하부 기관은 아니었으며, 중앙행정기관과 같이 왕에 직속되어 있었다고 하였으므로 옳은 내용이다.
ㄷ. 수령으로 통치되던 군수와 현감은 행정업무와 함께 일정한 수준의 군사·사법업무를 같이 담당하였다고 하였으므로 옳은 내용이다.
ㄹ. 관찰사의 임기를 360일로 제한한 것은 지방세력과 연합하여 지방토호나 지방영주와 같은 독자세력으로 변질되는 것을 막고자 함이라고 하였으므로 옳은 내용이다.

오답분석
ㄴ. 관찰사를 제외한 지방행정기관장을 수령으로 통칭하였다고 하였으므로 옳지 않은 내용이다.

47
KCNK13채널이 도파민을 촉진하는 활동을 차단할 수 있다면 폭음을 막을 수 있다고 하였으나 약을 개발하였는지는 글을 통해 추론할 수 없다.

오답분석
① 뇌는 알코올이 흡수되면 도파민을 분출하고, 도파민은 보상을 담당하는 화학물질로 뇌에 보상을 받고 있다는 신호를 보내 음주 행위를 계속하도록 만든다.

② 실험 결과 KCNK13채널을 15% 축소한 쥐가 보통의 쥐보다 30%나 더 많은 양의 알코올을 폭음하였다.

③ 이전에는 도파민이 어떤 경로를 거쳐 VTA에 도달하는지 알 수 없었으나, 일리노이대 후성유전학 알코올 연구센터에서 이를 밝혀냈다.

④ VTA에 도파민이 도달하면 신경세포 활동이 급격히 증가하면서 활발해지고, 이는 보상을 얻기 위해 알코올 섭취를 계속하게 만들 수 있다.

48
정답 ③

P팀장의 업무지시에 따르면 K대리는 총 8대의 복합기를 구매해야 한다. 이때, 2층에서는 출력 속도가 구매 기준이 되며, 3층에서는 컬러출력 복합기 1대를 반드시 포함해야 한다. 4층과 5층에서는 양면 복사 가능 여부가 구매 기준이 되므로 양면 복사가 모두 가능하면서 가장 저렴한 제품을 선택하면 된다. 각층별 요구 사항에 따라 구매할 복합기를 정리하면 다음과 같다.

구분	제품	금액
2층	F회사 3060CFPS 2대	$1,900,000 \times 2$ $=3,800,000$원
3층	S회사 D430CFPS 1대, C회사 IR2204F 1대	$3,050,000+970,000$ $=4,020,000$원
4층	C회사 IR2204F 2대 (양면 복사 기능 추가)	$(970,000+200,000) \times 2$ $=2,340,000$원
5층	C회사 IR2204F 2대 (양면 복사 기능 추가)	$(970,000+200,000) \times 2$ $=2,340,000$원

따라서 K대리가 복합기 구매에 사용할 가장 적은 금액은 $3,800,000+4,020,000+2,340,000+2,340,000$ $=12,500,000$원이다.

49
정답 ②

주어진 정보에 따라 할인금액을 정리하면 다음과 같다.
• 사무용품 판매점의 경우 총금액에서 S회사 제품의 가격을 제외한 금액의 10%를 할인해주므로 $(12,500,000-3,050,000) \times 0.1=945,000$원을 할인받을 수 있다.
• 인터넷 쇼핑몰의 경우 S회사 제품만 15% 할인해주므로 $3,050,000 \times 0.15=457,500$원을 할인받을 수 있다.
따라서 K대리가 복합기를 주문할 곳은 945,000원을 할인받을 수 있는 사무용품 판매점이다.

50
정답 ③

ㄷ. D국의 여성 대학진학률이 4%p 상승하면 여성 대학진학률이 15%가 되며, 이는 남성 대학진학률과 같은 값이 되어 대학진학률 격차지수는 1.00으로 계산된다. 이를 이용하여 D국의 간이 성평등지수를 구하면 $\frac{(0.70+1.00)}{2}=0.85$이므로 옳은 내용이다.

오답분석

ㄱ. A국의 여성 평균소득과 남성 평균소득이 각각 1,000달러씩 증가하면 평균소득 격차지수는 $\frac{9,000}{17,000}$이 되어서 간이 성평등지수는 $\frac{[(9 \div 17)+1]}{2}=\frac{13}{17}$로 계산된다. 그런데 이는 0.8에 미치지 못하므로 옳지 않은 내용이다.

ㄴ. B국의 여성 대학진학률이 85%라면 대학진학률 격차지수는 $\frac{85}{80}$로 계산되는데, 이 값이 1을 넘으면 1로 한다고 하였으므로 이를 이용하여 B국의 간이 성평등지수를 구하면 $\frac{(0.6+1)}{2}=0.8$로 계산된다. 따라서 C국의 간이 성평등지수(0.82)보다 낮으므로 옳지 않다.

제3회 모의고사 정답 및 해설

01	02	03	04	05	06	07	08	09	10
③	④	①	④	⑤	⑤	①	②	③	①
11	12	13	14	15	16	17	18	19	20
⑤	①	③	④	④	⑤	③	①	④	③
21	22	23	24	25	26	27	28	29	30
③	⑤	②	②	③	④	②	①	③	②
31	32	33	34	35	36	37	38	39	40
④	③	④	②	②	①	①	①	②	③
41	42	43	44	45	46	47	48	49	50
①	②	④	③	④	②	③	①	①	④

01
정답 ③

제시문의 논증을 간략하게 도식화하면 다음과 같다.

먼저 제시문을 정리해보면 ⓐ를 근거로 '과학의 역사가 바람직한 방향으로 발전하지 않았거나(발전 ×, 도식에서의 표현 - 이하 동일)' 또는 '과학적 탐구 방법의 특징을 드러내는 데 실패했다(실패).'라는 소결론을 이끌어 냈다는 것을 알 수 있다. 이는 위의 도식에서 알 수 있듯이 '귀납이 과학의 역사에서 사용된 경우가 드물다(드물다).'를 근거로 할 때 도출될 수 있는 결론이므로 ⓐ에는 ㄱ이 들어가야 가장 적절하다는 것을 알 수 있다.

다음으로 이를 통한 최종결론은 위의 도식에서 알 수 있듯이 '귀납주의에서는 수많은 과학적 지식이 정당화되지 않은 것으로 간주해야 하거나' 또는 '귀납주의가 과학적 탐구 방법에 대한 잘못된 이론이다.'가 되어야 한다. 이 결론이 선언적 형식을 가져야 하는 이유는 앞에서 언급한 것처럼 '귀납이 과학의 역사에서 사용된 경우가 드물다.'를 근거로 한 소결론이 선언의 형태였기 때문이다. 따라서 (A ∨ B)=(~A → B)에 따라 논리적으로 이와 동치인 ㅁ이 ⓑ에 가장 적절한 문장이 된다.

02
정답 ④

신경교 세포가 전체 뉴런을 조정하면서 기억력과 사고력을 향상시킨다는 가설하에, 인간의 신경교 세포를 갓 태어난 생쥐의 두뇌에 주입하는 실험을 하였다. 그리고 그 실험결과는 이 같은 가설을 뒷받침해주는 결과를 가져왔으므로 옳은 내용이라고 할 수 있다.

오답분석
① 인간의 신경교 세포를 생쥐의 두뇌에 주입하였더니 쥐가 자라면서 주입된 인간의 신경교 세포도 성장했고, 이 세포들이 주위의 뉴런들과 완벽하게 결합되어 쥐의 두뇌 전체에 걸쳐 퍼지게 되었다고 하였다. 그러나 이 과정에서 쥐의 뉴런에 어떠한 영향을 주는지에 대해서는 언급하고 있지 않다.
② · ③ 제시문의 실험은 인간의 신경교 세포를 쥐의 두뇌에 주입했을 때의 변화를 살펴본 것이지 인간의 뉴런 세포를 주입한 것이 아니므로 추론할 수 없는 내용이다.
⑤ 쥐에 주입된 인간의 신경교 세포는 그 기능을 그대로 간직한다고 하였으므로 옳지 않은 내용이다.

03
정답 ①

먼저 승차 정원은 4명 이상이어야 하므로 승차 정원이 2명인 C는 제외되며, A의 경우 충전시간이 6시간을 초과하므로 급속 충전기 구매 및 설치 비용으로 2,000만 원이 추가된다. 정부의 지원 금액에 따라 A, B, D, E의 실구매 비용을 구하면 다음과 같다.

- A : 5,000+2,000-2,000=5,000만 원
- B : 6,000-1,000=5,000만 원
- D : 8,000-2,000=6,000만 원
- E : 8,000-2,000=6,000만 원

실구매 비용이 가장 저렴한 A와 B의 비용이 동일하므로 점수 계산 방식에 따라 점수를 계산하면 다음과 같다.

구분	A	B
최고속도 점수	-	-4
승차 정원 점수	+2	+4

따라서 갑은 2점이 가점된 A차량을 구매하게 된다.

04 정답 ④

ㄴ. 간편식 점심에 대한 회사원들의 수요가 증가함에 따라 계절 채소를 이용한 샐러드 런치 메뉴를 출시하는 것은 강점을 통해 기회를 포착하는 SO전략에 해당한다.

ㄹ. 경기 침체로 인한 외식 소비가 위축되고 있는 상황에서 주변 회사와의 제휴를 통해 할인 서비스를 제공하는 것은 약점을 보완하여 위협을 회피하는 WT전략에 해당한다.

오답분석

ㄱ. 다양한 연령층을 고려한 메뉴가 강점에 해당하기는 하나, 샐러드 도시락 가게에서 한식 도시락을 출시하는 것은 적절한 전략으로 볼 수 없다.

ㄷ. 홍보 및 마케팅 전략의 부재가 약점에 해당하므로 약점을 보완하기 위해서는 적극적인 홍보 활동을 펼쳐야 한다. 따라서 홍보 방안보다 먼저 품질 향상 방안을 마련하는 것은 적절한 전략으로 볼 수 없다.

05 정답 ⑤

A ~ E의 진술을 차례대로 살펴보면, A는 B보다 먼저 탔으므로 서울역 또는 대전역에서 승차하였다. 이때, A는 자신이 C보다 먼저 탔는지 알지 못하므로 C와 같은 역에서 승차하였음을 알 수 있다. 다음으로 B는 A와 C보다 늦게 탔으므로 첫 번째 승차 역인 서울역에서 승차하지 않았으며, C는 가장 마지막에 타지 않았으므로 마지막 승차 역인 울산역에서 승차하지 않았다. 한편, D가 대전역에서 승차하였으므로 같은 역에서 승차하는 A와 C는 서울역에서 승차하였음을 알 수 있다. 또한 마지막 역인 울산역에서 혼자 승차하는 경우에만 자신의 정확한 탑승 순서를 알 수 있으므로 자신의 탑승 순서를 아는 E가 울산역에서 승차하였다.

따라서 A ~ E의 승차역을 정리하면 다음과 같다.

구분	서울역		대전역		울산역
탑승객	A	C	B	D	E

따라서 'E는 울산역에서 승차하였다.'는 항상 참이 된다.

06 정답 ⑤

2021년 서울(109개소)과 경기 지역(95개소)의 직장어린이집 수의 합은 204개소이므로 2021년 전국 직장어린이집 수(401개소)의 절반을 넘는다. 따라서 옳은 내용이다.

오답분석

① 2011 ~ 2021년 동안 2012년을 제외하고 매년 전국 직장어린이집의 수가 증가하였으므로 옳지 않은 내용이다.

② 2017년 전국 직장어린이집 수의 20%는 60개소에 약간 미치지 못하는 상황인데, 2019년 2017년 대비 어린이집 수의 증가분은 52개소에 불과한 상황이다. 따라서 2019년 전국 직장어린이집 수는 2017년 대비 20% 이하 증가하였다.

③ 2021년 전국 직장어린이집 수가 401개소이며, 이의 5%는 20.05개소이다. 그런데 인천의 직장어린이집 수는 26개소로 이보다 크므로 2021년 인천 지역 직장어린이집 수는 전국 직장어린이집 수의 5% 이상이다.

④ 2014년과 함께 2017년에도 전국 직장어린이집 수의 전년 대비 증가율이 10%를 넘으므로 옳지 않은 내용이다.

07 정답 ①

ㄱ. 운수사고 이외의 사고로 인한 사망률을 직접 구할 필요 없이 선택지를 '운수사고로 인한 사망자의 비율은 A지역이 가장 낮고, E지역이 가장 높다.'로 변형하여 판단하면 된다. 이에 따르면 A지역은 이 비율이 절반에 미치지 못하므로 가장 낮고, E지역은 약 67%이므로 가장 높다. 따라서 옳은 내용이다.

ㄴ. 가중평균을 응용한 선택지이다. A - B지역을 하나로 묶고, C - D - E를 다른 하나로 묶어 가중평균을 구한 것이 전체 사고 사망률인데, 표 1에서 전체 사고 사망률이 6.7명이라고 하였으므로 A - B쪽에 상당히 치우쳐 있다는 것을 알 수 있다. 따라서 A - B지역의 인구가 더 많다는 것을 알 수 있으므로 옳은 내용이다.

오답분석

ㄷ·ㄹ. 전체 인구가 주어져 있지 않은 상황에서는 알 수 없으므로 옳지 않은 내용이다.

08 정답 ②

마지막 문단에서 '미래의 어느 시점에 그 진술을 입증 또는 반증하는 증거가 나타날 여지가 있다면 그 진술은 유의미하다.'는 문장을 통해 반증할 수 있는 인과 진술 역시 유의미한 진술임을 알 수 있다.

오답분석

① 네 번째 문단에 따르면 관련 법칙과 자료를 모르거나 틀린 법칙을 썼다고 해서 인과 진술이 무의미하다고 주장해서는 안 된다.

③ 첫 번째 문단에 따르면 '사건 X는 사건 Y의 원인이다.'라는 진술은 '사건 X는 사건 Y보다 먼저 일어났고, X로부터 Y를 예측할 수 있다.'를 뜻한다. 즉, 먼저 일어난 사건이 항상 원인이 된다.

④ 마지막 문단에 따르면 미래의 어느 시점에 그 진술을 입증 또는 반증하는 증거가 나타날 여지가 있다면 그 진술은 유의미하다.

⑤ 네 번째 문단에 따르면 관련 법칙과 자료를 지금 모두 알 수 없다 하더라도 우리는 여전히 유의미하게 인과 관계를 주장할 수 있다.

09 정답 ③

ㄱ. 'C는 D의 원인이다.'는 C로부터 D를 논리적으로 도출하기 위해 사용한 자료와 법칙이 모두 참이므로 유의미한 진술이다. 'A는 B의 원인이다.'의 경우 거짓 법칙과 자료를 사용하였지만, 거짓 법칙을 써서라도 A로부터 B를 논리적으로 도출할 수 있다면 이는 유의미한 진술이다.

ㄷ. 참인 법칙과 자료로부터 논리적으로 도출한 진술이므로 참된 진술로 입증될 수 있다.

ㄴ. 진술이 참된 진술로 입증되려면 참인 법칙과 자료로부터 논리적으로 도출할 수 있어야 한다. 그러나 병호가 A로부터 B를 논리적으로 도출하기 위해 사용한 법칙과 자료는 거짓이므로 병호의 진술이 참인지 거짓인지는 현재 판단할 수 없다.

10
정답 ①

㉠ ·1시간 미만 운동하는 3학년 남학생 수 : 87명
   ·4시간 이상 운동하는 1학년 여학생 수 : 46명
   따라서 옳은 설명이다.

㉡ 제시된 자료에서 남학생 중 1시간 미만 운동하는 남학생의 비율이 여학생 중 1시간 미만 운동하는 여학생의 비율보다 각 학년에서 모두 낮음을 확인할 수 있다.

㉢ 남학생과 여학생 모두 학년이 높아질수록 3시간 이상 4시간 미만 운동하는 학생의 비율은 낮아진다. 그러나 남학생과 여학생 모두 학년이 높아질수록 4시간 이상 운동하는 학생의 비율은 높아지므로 옳지 않은 설명이다.

㉣ 3학년 남학생의 경우 3시간 이상 4시간 미만 운동하는 학생의 비율은 4시간 이상 운동하는 학생의 비율보다 낮다.

11
정답 ⑤

ㄴ. 직접 계산하기보다는 자연·공학 계열 신입생 정원이 전체 신입생 정원의 절반을 넘는지를 어림해보면 A, D, F대학이 이에 해당함을 알 수 있다. 따라서 옳은 내용이다.

ㄹ. A대학의 수시전형 신입생 정원과 정시전형 신입생 정원의 차이는 63명인데, 나머지 대학들의 차이는 눈어림만 해보아도 이보다 크다는 것을 알 수 있다. 따라서 옳은 내용이다.

ㄱ. 전체 신입생 정원에서 인문·사회 계열 정원이 차지하는 비율을 보면, B대학은 약 $55\%\left(≒\frac{2,290}{4,123}×100\right)$인데 반해, E대학은 약 $62\%\left(≒\frac{823}{1,331}×100\right)$이므로 옳지 않은 내용이다.

ㄷ. A대학교도 이에 해당한다. A대학 인문·사회계열의 신입생 정원을 살펴보면 수시전형과 정시전형의 정원이 1,200명으로 동일한 반면, 자연·공학계열의 신입생 정원은 수시전형이 더 많다. 따라서 전체 신입생 정원 중 수시전형으로 선발하는 신입생 정원이 더 많으므로 옳지 않은 내용이다.

12
정답 ①

선택 1 ~ 4를 택할 때 드는 비용을 구하면 다음과 같다.

· 선택 1 : 택배비까지 포함하면 총 134,000+3,000=137,000원이다.

· 선택 2 : 실버 회원으로 5% 할인하여 120×1,150×0.95＝131,100원이다.

· 선택 3 : 향수 하나만 구입하는 것이므로 120유로 미만이기에 할인적용은 안 된다. 따라서 100×1,300=130,000원이다.

· 선택 4 : 마일리지를 사용하여 130－15＝115$에 구매할 수 있다. 따라서 115×1,150=132,250원이다.

따라서 선택 2 ~ 4 모두 선택 1에 비해 10,000원 이상 저렴하지 않기 때문에 Y씨는 귀국 후 인터넷으로 향수를 구매할 것이다.

13
정답 ③

Y씨는 우선 왕복탑승권을 가지고 있기 때문에 출국 및 귀국할 때 구입이 가능하다. 또한, 가격이 인터넷 최저가보다 10,000원 이상 차이가 나지 않는다면 굳이 면세점에서 살 의향은 없다고 하였다. 그러나 A항공사 기내면세품목이 할인하기 때문에 110×1,300×0.8＝114,400원이다. 이는 인터넷 최저가(137,000원)보다 10,000원 이상(137,000－114,400＝22,600원) 저렴하다.

따라서 Y씨는 기내(114,400원)에서 살 것이며, **13**번 문제 정보에서 여행을 다닐 때 계속 들고 다니는 것을 싫어하기 때문에 귀국하는 기내에서 사는 것이 가장 합리적인 선택이다.

14
정답 ④

2019년의 경우 SOC 투자규모는 전년 대비 감소한 반면, 총지출 대비 SOC 투자규모 비중은 증가하였으므로 둘의 증감방향은 동일하지 않다. 따라서 옳지 않다.

① 2021년 총지출 대비 SOC 투자규모 비중이 6.9%이므로 조 단위를 생략한 총지출은 (23.1÷6.9)×100으로 계산할 수 있다. 이는 어림하더라도 300이 넘으므로 옳은 내용임을 알 수 있다.

② 2018년 'SOC 투자규모'의 전년 대비 증가율이 30%라면 2018년의 SOC 투자규모가 26조 원을 넘어야 하는데, 실제 2018년의 SOC 투자규모는 25.4조 원에 그치고 있으므로 증가율은 30% 이하임을 알 수 있다.

③ 2018 ~ 2021년 동안 'SOC 투자규모'가 전년에 비해 가장 큰 비율로 감소한 해는 SOC 투자규모의 변화가 크지 않은 상황에서 전년 대비 감소폭이 1.3조 원으로 가장 큰 2021년임을 직관적으로 판단할 수 있다.

⑤ 직접 계산할 필요 없이 수치적 감각으로 풀이가 가능한 선택지이다. 2021년의 SOC 투자규모가 2020년에 비해 감소한 상황에서 만약 2022년의 전년 대비 감소율이 2021년과 동일하다면 감소폭은 2021년의 1.3조 원에 비해 덜 감소할 수밖에 없다. 즉, 2022년 SOC 투자규모가 3.1조 원 이상 감소하여 2022년에 20조 원 이하로 내려가는 것은 불가능하므로 2022년 SOC투자규모는 20조 원 이상이 될 수밖에 없다.

15

표에 제시된 자료들의 총합이 모두 100으로 주어져 있으므로 이 수치들을 비율로 보고 판단하면 될 것이다.

ㄱ. 30세 미만 여성이 찬성하는 비율은 90%이며, 30세 이상 여성이 찬성하는 비율은 60%이므로 옳은 내용이다.

ㄴ. 30세 이상 여성이 찬성하는 비율은 60%이며, 30세 이상 남성이 찬성하는 비율은 48%이므로 옳은 내용이다.

ㄹ. 이 선택지는 ㄷ과 연관지어 판단하는 것이 좋다. ㄷ의 논리를 따른다면 각 연령별 남성의 인원을 더해서 판단하면 된다. 30세 미만의 경우 찬성이 반대보다 56명 이상 많은 반면, 30세 이상의 경우는 반대가 겨우 4명 더 많은 상황이다. 따라서 둘을 합하면 여전히 찬성이 많게 되어 옳은 내용이다.

오답분석

ㄷ. 총 인원이 100명으로 그룹 지어져 있으므로 각각의 인원을 더해서 판단하면 된다. 먼저, 성별에 따른 차이는 (여성) : (남성)=150 : 126이므로 둘의 차이는 24이고, 연령에 따른 차이는 (30세 미만) : (30세 이상)=168 : 108이므로 둘의 차이는 60이다. 따라서 연령에 따른 차이가 더 크다.

16

ㄴ. 2018 ~ 2021년 동안 A국의 건강보험 진료비 중 약국의 직접조제 진료비가 차지하는 비중은 2018년부터 2020년까지는 전년 대비 직접조제 진료비는 감소하고 총 건강보험 진료비는 증가하므로 비중은 낮아짐을 알 수 있다. 또한, 2020년 약국의 직접조제 진료비가 차지하는 비중은 $\frac{66}{544,250}\times100=$ 0.012126779…%이고, 2021년 약국의 직접조제 진료비가 차지하는 비중은 $\frac{69}{579,593}\times100=0.011904905…$%이다. 따라서 2021년 약국의 직접조제 진료비가 차지하는 비중 역시 전년 대비 감소한다.

ㄷ. 국가별 건강보험 진료비의 전년 대비 증가율에서 B국의 2016년 건강보험 진료비를 100억 원이라고 하면 2017년에는 16.3% 증가율로 116.3억 원이 되고, 2018년도에는 전년 대비 3.6% 증가율로 116.3×1.036≒120.5억 원이 된다. 따라서 2018년 건강보험 진료비의 2016년 대비 비율은 $\frac{120.5}{100}=$ 1.205로 1.2 이상이다.

오답분석

ㄱ. A국 2020년 건강보험 진료비의 전년 대비 증가율은 $\frac{544,250-509,552}{509,552}\times100≒6.8$%이고, 국가별 건강보험 진료비의 전년 대비 증가율에서 C국은 12.1%로 A국의 증가율이 C국 증가율보다 낮다.

17

ㄴ. 눈어림으로 판단해보아도 2021년 서울의 외국인 소유 토지면적의 전년 대비 증가율은 10%에 조금 미치지 못하는 상황(약 9%)인데, 나머지 지역은 이에 한참 미치지 못한다. 따라서 옳은 내용이다.

ㄹ. 2021년의 면적을 살펴보면 경기, 전남은 40,000천m²에 육박하는 면적을 기록 중이고 그 뒤를 29,000천m²대를 기록하고 있는 경북이 차지하고 있다. 경북 이하의 다른 지역들 중에는 강원이 21,000천m²대를 기록하고는 있으나, 경북과의 차이가 매우 큰 상태이다. 또한, 전년 대비 증감면적 역시 그 크기가 크지 않은 상황이어서 증감면적을 감안하더라도 2020년 역시 경북이 세 번째를 차지하게 됨을 알 수 있다.

오답분석

ㄱ. 2021년 외국인 소유 토지면적은 경기가 가장 크지만, 전년 대비 증감면적을 반영하여 계산한 2020년의 면적은 전남이 37,916천m²로 더 크다. 따라서 옳지 않다.

ㄷ. 2021년에 외국인 소유 토지면적이 가장 작은 지역은 대구인 반면, 2020년은 대전의 면적이 가장 작으므로 옳지 않은 내용이다.

18

㉠・㉡ 각각 두 번째 문단과 마지막 문단에서 확인할 수 있다.

오답분석

㉢・㉣ 네 번째 문단에서 악보로 정리된 시나위를 연주하는 것은 시나위 본래 취지에 어긋난다는 내용과, 두 번째 문단에서 곡의 일정한 틀은 유지한다는 내용을 보면 즉흥성을 잘못 이해한 것을 알 수 있다.

19

ㄱ. 수입에너지원 중 석유가 차지하는 비중은 2019년 5월에 $\frac{17,255}{28,106}\times100≒61.4$%이고, 8월에 $\frac{18,792}{31,763}\times100≒59.2$%이므로 옳지 않은 설명이다.

ㄴ. 2019년 4월 국내의 최종에너지원별 소비량이 높은 순서는 '석유 – 전력 – 석탄 – 도시가스 – 신재생 – 열 – 천연가스'이며, 5월은 '석유 – 전력 – 석탄 – 도시가스 – 신재생 – 천연가스 – 열'로 다르다.

ㄹ. 2019년 5월부터 7월까지 중 전월 대비 석유 소비량은 '증가 – 감소 – 증가'이며, 도시가스는 계속 감소하였다.

오답분석

ㄷ. 2019년 7월에 전월 대비 석유 수출량이 증가하였고, 천연가스 수입량은 감소하였다.

20
정답 ③

신재생 에너지의 경우, 석탄 에너지에 비해 진입 시 추가확충 필요 자금은 더 적지만, 진입 후 흑자전환 소요기간은 2년 더 길다.

오답분석

① 국내 최종에너지원별 소비량을 보면, 열 에너지 부문의 소비량이 제시된 기간 중 매월 신재생 에너지에 비해 더 적다. 따라서 시장규모 역시 더 작을 것이라 생각할 수 있다.

② 규제의 적실성 점수가 낮을수록 제도적 장애물에 자주 부딪힐 것이므로, 해당 점수가 가장 낮은 열에너지 부문이 규제로 인한 애로사항을 가장 많이 겪을 것이라 예상할 수 있다.

④ 기존 기업의 시장점유율이 클수록 해당 기업의 시장 수요처 내 인지도도 높아 신진기업은 점유율을 확보하기 힘들 것으로 예측할 수 있다. 따라서 1위 기업의 현재 시장점유율이 더 높은 천연가스 에너지 부문에 진입 시 초기 점유율 확보가 더 어려울 것이다.

⑤ 규제의 적실성이 가장 높은 부문은 '석탄'이며, 국내 최종에너지원별 소비량 표를 보면 석유와 전력 다음으로 소비량이 높음을 알 수 있다.

21
정답 ③

전북의 경우 2019년 0.379, 2020년 0.391, 2021년 0.408로 재정력지수가 매년 상승하였으므로 옳은 내용이다.

오답분석

① 지방교부세를 지원받은 적이 없다는 것은 재정력지수가 1을 넘는다는 의미이다. 그런데 인천의 2006년 재정력지수는 0.984로 1에 미치지 못해 중앙정부로부터 지방교부세를 지급받았으므로 옳지 않은 내용이다.

② 제시된 자료는 기준재정수입액과 수요액의 비율을 나타내고 있을 뿐이며, 이 자료로는 지역 간의 기준 재정수입액을 직접 비교할 수 없다. 따라서 옳지 않은 내용이다.

④ 제시된 자료로는 기준 재정수요액 대비 지방교부세 지원액의 비율만을 알 수 있을 뿐이다. 따라서 옳지 않은 내용이다.

⑤ 2019 ~ 2021의 기간 동안 대전의 재정력지수는 울산보다 항상 크다. 그런데 분자가 되는 두 지역의 기준재정수입액이 매년 서로 동일하다고 하였으므로 분모가 되는 기준 재정수요액은 대전이 울산보다 항상 작아야 한다. 따라서 옳지 않은 내용이다.

22
정답 ⑤

마지막 문단에 따르면 사피엔스는 그들의 언어를 통해 개인적인 상상을 집단적으로 공유하여 공통의 신화를 만들었고, 이를 통해 그들의 사회는 거대 사회로 발전될 수 있었다.

오답분석

① 첫 번째 문단에 따르면 사피엔스의 뇌 크기는 원래부터 현재 인류와 비슷한 수준이었다.

② 세 번째 문단에 따르면 유연성 이론에서는 사피엔스 성공의 원인을 공유한 정보의 양으로 보았지만, 담화 이론에서는 이를 직접적 원인으로 보지 않았다.

③ 첫 번째 문단에 따르면 사피엔스는 7만 년 전 아라비아 반도로 퍼져나갔고, 그때부터 이미 그 지역에 정착해 있었던 다른 종의 인간들을 멸종시키기 시작하였다.

④ 세 번째 문단에 따르면 담화 이론에서는 사피엔스가 주변 환경에 대한 담화와 다른 사회 구성원에 대한 담화를 통해 상호 간의 긴밀한 관계를 유지하고 협력할 수 있었다고 보았을 뿐, 어떤 정보가 사피엔스에게 더 중요한 것인지는 제시문에서 찾아볼 수 없다.

23
정답 ②

ㄱ. 지붕만 있는 건축으로는 넓은 공간을 만들 수 없었는데, 공간에 대한 욕구가 커지고 건축술이 발달하면서 수직 벽체가 발전하였다고 하였다. 즉 수직 벽체는 기존의 지붕만 있는 건축이 가지고 있던 단점인 좁은 공간의 문제를 해결하기 위한 것이었으므로 옳은 내용이라고 볼 수 있다.

ㄹ. 전축은 흙벽돌을 고온의 불에 구워 만든 전돌을 이용해 벽을 만든 것이며, 화성의 건설에 이용되었다고 하였으므로 옳은 내용이다.

오답분석

ㄴ. 항토건축은 대형 건축물의 구조방식으로 사용되지 않았으나, 기단이나 담장, 혹은 성벽을 만드는 구조로 사용되었다고 하였으므로 옳지 않은 내용이다.

ㄷ. 흙을 다져 벽을 만드는 것은 항토건축이며, 토담 방식으로 건물을 지은 예는 많지 않았다고 하였으므로 옳지 않은 내용이다.

24
정답 ②

상조회에서 올해 A사원과 B과장에게 지급한 축의금 및 조의금은 다음과 같다. (A사원 둘째 돌잔치)+(B과장 부모님 한 분 조의금) =500,000+500,000=1,000,000원. 자녀 축의금은 2명까지만 적용되므로 B과장 셋째 자녀 결혼은 해당되지 않는다. A사원과 B과장이 올해 낸 상조회비는 1월부터 10월까지 (12,000+20,000) ×10=320,000원이다. 따라서 상조회에서 올해 지급한 금액은 1,000,000원이고, A사원과 B과장이 올해 낸 상조회비는 320,000원임을 알 수 있다.

25
정답 ③

주어진 정보를 바탕으로 퇴직금 총액을 계산하면 다음과 같다.

[확정급여형의 경우]

직전 3개월 평균임금	근속연수	총 퇴직금
900만 원	10년	9,000만 원

[확정기여형의 경우]

구분	연 임금총액/12	구분	연 임금총액/12
1년 차	450만 원	6년 차	700만 원
2년 차	500만 원	7년 차	750만 원
3년 차	550만 원	8년 차	800만 원
4년 차	600만 원	9년 차	850만 원
5년 차	650만 원	10년 차	900만 원
합계			6,750만 원

예상 운용수익률은 매년 10%로 동일하므로, 연 임금총액 $\times \frac{1}{12}$ 의 총합의 110%를 구하면 퇴직금 총액과 동일한 금액이 된다.

∴ 6,750×1.1＝7,425만 원

26 정답 ④

• ㄱ : ㄱ에서 '민간화, 경영화'의 두 가지 방법으로써 지역 주민의 요구를 수용하려는 이유는 첫 번째 문단의 내용처럼 전문적인 행정 담당자 중심의 정책 결정으로 인해 정책이 지역 주민의 의사와 무관하거나 배치되는 문제를 개선하기 위한 것이다. 또한, (나)의 바로 뒤에 있는 문장의 '이 둘'은 '민간화, 경영화'를 가리킨다. 따라서 ㄱ은 (나)에 위치하는 것이 적절하다.

• ㄴ : 마지막 문단 첫 문장의 '이러한 한계'는 ㄴ에서 말하는 '행정 담당자들이 기존의 관행에 따라 업무를 처리하는 경향'을 가리키므로 ㄴ은 마지막 문단의 바로 앞에 있어야 한다. 마지막 문단은 앞선 문단에서 지적한 문제의 개선 방안을 제시하고 있는 것이다. 따라서 ㄴ은 (라)에 위치하는 것이 적절하다.

27 정답 ②

ㄴ. 그래프상에서 중소기업의 검색 건수는 2018년을 시작으로 매년 바깥쪽으로 이동하고 있으므로 옳은 내용이다.

ㄷ. 시각적으로 판단해야 하는 선택지이다. 2019년을 제외한 나머지 연도에서는 대기업의 검색 건수가 가장 큰데다가 80 ∼ 100구간에 몰려있는 상태이다. 또한 2019년의 경우도 중소기업과 개인과는 거의 차이가 없으며 단지 외국인의 경우만 차이가 큰 상태이다. 그러나 이 차이라는 것도 2019년을 제한 나머지 연도에서 쌓아놓은 격차보다는 작으므로 결국 2018년부터 2021년까지의 검색 건수 총합은 대기업이 가장 많았음을 알 수 있다. 따라서 옳은 내용이다.

오답분석

ㄱ. 2018년과 2019년의 검색 건수를 비교해보면 외국인, 개인, 중소기업에서는 모두 2018년의 검색 건수가 적고, 대기업의 경우만 2019년이 큰 상황이다. 그런데, 대기업의 검색 건수의 차이보다 외국인, 개인, 중소기업의 검색 건수 합의 차이가 더 크므로 전체 검색 건수는 2018년이 더 작다. 따라서 옳지 않은 내용이다.

ㄹ. 2020년에는 외국인과 개인의 검색 건수가 가장 적었고, 대기업의 검색 건수가 가장 많았으므로 옳지 않은 내용이다.

28 정답 ①

시민안전체험관이 아닌 S공사에서 다양한 시민 참여형 체험 행사를 마련하였다.

29 정답 ③

ㄱ. 모조품은 1일 통관 물량 중 1%의 확률로 존재하므로 1일 통관 물량 1,000건을 검수율 10%로 검수할 때 1,000×0.01×0.1 ＝1개의 모조품이 적발된다. 따라서 벌금은 1,000만 원이며, 인건비는 10×30＝300만 원이므로 세관의 1일 평균 수입은 1,000－300＝700만 원이다.

ㄴ. 검수율이 100%면 1,000×0.01×1＝10개의 모조품이 적발되므로 벌금은 1,000만×10＝1억 원이 부과된다. 이때, 검수율을 90%p를 상승시키는 데 필요한 인원은 20×9＝180명이므로 인건비는 (10＋180)×30만＝5,700만 원이 된다. 세관의 수입은 10,000－5,700＝4,300만 원이 되므로 수입보다 인건비가 더 크다.

ㄹ. 검수율이 30%면 1,000×0.01×0.3＝3개의 모조품이 적발되므로 벌금은 1,000만×3＝3,000만 원이 부과된다. 이때, 인건비는 (10＋40)×30만＝1,500만 원이 되므로 세관의 수입은 3,000－1,500＝1,500만 원이 된다. 한편, 검수율 10%를 유지한 채 벌금을 2배로 인상할 경우 세관의 수입은 2,000－300＝1,700만 원이 된다. 따라서 벌금을 인상하는 방안의 1일 평균 수입이 더 많다.

오답분석

ㄷ. 검수율이 40%면 1,000×0.01×0.4＝4개의 모조품이 적발되므로 벌금은 4,000만 원이 부과된다. 이때, 검수율을 30%p 상승시키는 데 필요한 인원은 20×3＝60명이므로 인건비는 (10＋60)×30만＝2,100만 원이 된다. 세관의 수입은 4,000－2,100＝1,900만 원이 되므로 현재 1일 평균 수입인 700만 원의 4배(700×4＝2,800만 원) 이하이다.

30 정답 ②

(가), (나) 페리에의 실험이 나타내는 것은 고도에 따라 수은주의 높이가 달라진다는 것으로서 이는 기존의 '자연은 진공을 싫어한다.'는 가설하에서는 설명될 수 없는 것이었다. 여기서 둘의 차이점은 '고도에 따른' 차이 여부였다. 따라서 기존의 가설하에서는 진공에 대한 자연의 혐오 강도가 고도에 따라 차이가 없어야 했지만 실험 결과는 이를 뒤집는 것이었으므로 페리에가 반박한 기존의 보조가설로는 ㄱ이 적절하다. 그리고 만약 여기서 기존의 가설을 유지시키고자 한다면 위의 실험 결과를 '진공에 대한 자연의 혐오'에 포섭하면 된다. 즉, ㄷ을 추가한다면 여전히 '진공에 대한 자연의 혐오'는 살아남게 된다.

31 정답 ④

기사문에서는 고속도로 노면 및 휴게소 청소, 터널 내 미세먼지 저감시설 설치 등 고속도로의 미세먼지를 줄이기 위한 D공사의 다양한 대책들에 대해 설명하고 있다. 따라서 이러한 내용을 모두 포함할 수 있는 ④가 기사문의 제목으로 가장 적절하다.

오답분석
①·② 기사에서 미세먼지의 발생 원인이나 문제점에 대한 내용은 찾아볼 수 없다.
③ 휴게소의 개선방안은 D공사의 다양한 대책 중 하나이므로 기사문의 전체 내용을 포괄하는 제목으로 적절하지 않다.
⑤ D공사는 이미 개발한 무동력 미세먼지 저감 시설을 지난해부터 시범 설치해 운영 중이며 이를 올해 추가로 설치할 계획이다.

32 정답 ③

부서배치
• 성과급 평균은 48만 원이므로, A는 영업부 또는 인사부에서 일한다.
• B와 D는 비서실, 총무부, 홍보부 중에서 일한다.
• C는 인사부에서 일한다.
• D는 비서실에서 일한다.
따라서 A－영업부, B－총무부, C－인사부, D－비서실, E－홍보부에서 일한다.

휴가
A는 D보다 휴가를 늦게 간다.
따라서 C－D－B－A 또는 D－A－B－C 순으로 휴가를 간다.

오답분석
① A : 20×3=60만 원, C : 40×2=80만 원
② C가 제일 먼저 휴가를 갈 경우, A가 제일 마지막으로 휴가를 가게 된다.
④ 휴가를 가지 않은 E는 두 배의 성과급을 받기 때문에 총 120만 원의 성과급을 받게 되고, D의 성과급은 60만 원이기 때문에 두 사람의 성과급 차이는 두 배이다.
⑤ C가 제일 마지막에 휴가를 갈 경우, B는 A보다 늦게 출발한다.

33 정답 ④

실험오차가 절댓값이라는 점을 유의하여야 한다. 물질 2에 대한 4개 기관의 실험오차율은 다음과 같다.

• A기관의 실험오차율 : $\dfrac{|26-11.5|}{11.5}\times100=\dfrac{14.5}{11.5}\times100$

• B기관의 실험오차율 : $\dfrac{|7-11.5|}{11.5}\times100=\dfrac{4.5}{11.5}\times100$

• C기관의 실험오차율 : $\dfrac{|7-11.5|}{11.5}\times100=\dfrac{4.5}{11.5}\times100$

• D기관의 실험오차율 : $\dfrac{|6-11.5|}{11.5}\times100=\dfrac{5.5}{11.5}\times100$

→ A기관의 실험오차율과 나머지 기관의 실험오차율의 합과 비교
: $\dfrac{14.5}{11.5}\times100=\left(\dfrac{4.5}{11.5}+\dfrac{4.5}{11.5}+\dfrac{5.5}{11.5}\right)\times100$

따라서 두 비교대상이 같음을 알 수 있다.

34 정답 ②

ㄱ. 돼지고기, 닭고기, 오리고기의 경우, 원산지가 다른 돼지고기 또는 닭고기를 섞은 경우에는 그 사실을 표시한다고 하였다. 따라서 국내산 돼지고기와 프랑스산 돼지고기를 섞은 돼지갈비를 유통할 때에는 국내산과 프랑스산이 섞여 있다는 사실을 표시해야 하므로 옳은 내용이다.
ㄹ. 조리한 닭고기를 배달을 통하여 판매하는 경우, 그 조리한 음식에 사용된 닭고기의 원산지를 포장재에 표시한다고 하였다. 그런데 선택지의 양념치킨은 국내산 닭을 이용하였으므로 '국내산'으로 표기할 수 있다. 따라서 옳은 내용이다.

오답분석
ㄴ. 수입한 돼지를 국내에서 2개월 이상 사육한 후 국내산으로 유통하였다면 '국내산'으로 표시하고 빈칸 안에 축산물명 및 수입국가명을 함께 표시한다고 하였다. 그런데 선택지의 덴마크산 돼지는 국내에서 1개월 간 사육한 것이어서 2개월에 미치지 못하므로 '국내산'으로 표기할 수 없고 '삼겹살(덴마크산)'로 표기해야 한다.
ㄷ. 수입한 오리고기를 '국내산'으로 표기하기 위해서는 국내에서 1개월 이상 사육해야 한다. 그런데 선택지의 중국산 훈제오리는 그러한 과정이 없었으므로 '국내산'으로 표기할 수 없고 '훈제오리(중국산)'로만 표기해야 한다.

35 정답 ②

㉠은 동물이 인간과 달리 영혼이 없어 쾌락이나 고통을 경험할 수 없다고 하였지만, ㉢은 동물도 고통을 겪는다는 입장이므로 옳은 내용이다.

오답분석
① ㉡은 인간이 이성능력과 도덕적 실천 능력을 가졌다고 하였으나 이것으로 인해 그가 인간의 이익을 우선시하여 동물실험에 찬성했는지는 알 수 없다. 반대로 ㉠은 동물은 인간과 달리 영혼이 없어 쾌락이나 고통을 경험할 수 없기 때문에 동물실험에 찬성하는 입장이다.
③ ㉡은 인간이 이성 능력과 도덕적 실천 능력을 가지고 있다는 점이 동물과 다르기에 인간과 동물을 다르게 대우해야 한다고 보았다. 하지만 ㉣은 포유류의 예를 들면서 각 동물 개체가 삶의 주체로서 갖는 가치가 있다고 주장하여 인간과 동물을 다르게 대우하는 것이 반대하고 있다.
④ ㉢은 이성이나 언어 능력에서 인간과 동물이 차이가 있다고 하였으므로 옳지 않은 내용이다.
⑤ ㉣은 각 동물 개체가 삶의 주체로서 갖는 가치가 있다고는 하였지만 그것이 동물이 고통을 느끼기 때문인지는 제시문을 통해서는 알 수 없다.

36
정답 ①

K씨 가족은 4명이므로 4인용 이상의 자동차를 택해야 한다. 2인용인 B자동차를 제외한 나머지 4종류 자동차의 주행거리에 따른 연료비용은 다음과 같다.

• A자동차 : $\frac{140}{25} \times 1,640 = 9,180$원

• C자동차 : $\frac{140}{19} \times 1,870 = 13,780$원

• D자동차 : $\frac{140}{20} \times 1,640 = 11,480$원

• E자동차 : $\frac{140}{22} \times 1,870 = 11,900$원

따라서 A자동차를 이용하는 것이 가장 비용이 적게 든다.

37
정답 ①

ⓒ에 의한다면 뉴욕시의 인구가 900만 명이므로 뉴욕시의 쥐가 900만 마리이어야 한다. 그런데 실제 조사 결과 30만 마리의 쥐가 있는 것으로 추정되었다면 ⓒ을 약화시키는 것이 된다.

오답분석

② ㉠은 약 4천 제곱미터에 쥐가 한 마리 정도 있어야 한다는 것인데 (나)에 언급된 가구당 평균 세 마리라는 것은 그 가구의 면적이 어느 정도인지에 대한 자료가 없는 상황이기에 논증에 영향을 주지 못한다고 볼 수 있다. 물론 주거 밀집 지역이라는 것이 이에 대한 단서를 제공한다고도 할 수 있으나 그러한 추론은 논리적으로 엄밀하지 못하다.

③ ⓒ의 최종 결론은 어떤 실험 내지는 조사 결과를 토대로 도출된 것이 아니라 단지 뵐터의 추측에서 나온 것일 뿐이다. 따라서 (다)와 같이 자기 집에 있다고 생각하는 쥐의 수가 실제 조사를 통한 쥐의 수보다 20% 정도 많다는 것이 제시된 논증에 어떤 영향을 미치는 것은 아니다.

④ ⓑ의 중간 결론은 쥐의 개체수를 어떻게 조사하였는지와 무관하게 단지 뵐터가 자신의 추측에 영국의 국토면적을 고려하여 도출된 것이다. 따라서 다른 방법으로 조사한 결과가 높은 수준의 일치를 보인다고 하여 제시된 논증에 어떤 영향을 미치는 것이 아니다.

⑤ (나)와 (다)의 내용이 참이라고 할 지라도 그것은 런던에 대한 것일 뿐 영국 전체의 쥐가 4천만 마리인 것과 직접적인 논리관계는 없으므로 참거짓을 확정지을 수 없다.

38
정답 ①

• A : 갑이 납부해야 할 납부금은 1천만 원이며, 이를 모두 체납했다고 하였으므로 체납된 납부금에 대한 가산금은 30만 원(=1천만 원×3%)이다.

• B : 을이 납부해야 할 납부금은 4억 1천만 원인데, 4억 원만을 냈다고 하였으므로 체납된 납부금은 1천만 원이다. 따라서 체납된 납부금에 대한 가산금은 30만 원(=1천만 원×3%)이다.

• C : 병이 납부해야 할 납부금은 14억 6천만 원인데, 14억 원만을 냈다고 하였으므로 체납된 납부금은 6천만 원이다. 따라서 체납된 납부금에 대한 가산금은 180만 원(=6천만 원×3%)이다.

39
정답 ②

ㄱ. 각주의 산식을 변형하여 C지역의 전체 도로 길이를 구하면 $712\text{km}\left(=\frac{534}{0.75}\right)$이므로 옳은 내용이다.

ㄷ. 포장도로에서 고속도로가 차지하는 비율을 계산해보면 F지역의 비율이 약 10%$\left(=\frac{51}{501} \times 100\right)$로 가장 크므로 옳은 내용이다.

오답분석

ㄴ. I지역의 전체 도로 길이는 $\frac{278}{0.75}$인데 G지역은 $\frac{125}{0.96}$이어서 계산을 따로 해보지 않아도 G지역의 길이가 더 짧다는 것을 알 수 있다. 따라서 옳지 않은 내용이다.

ㄹ. D지역의 비포장도로의 길이를 계산해보면 약 360km($=780 \times 0.46$)인 반면, G지역은 5km($=125 \times 0.04$)에 불과하므로 옳지 않은 내용이다.

40
정답 ③

대형폐기물 수거기준의 품목에 대한 수수료, 규격, 개수를 통해 계산하면 다음과 같다.

• 길이 2m에 해당하는 문갑 1개 : $3,000 \times 2 \times 1 = 6,000$원

• 폭 1.5m에 해당하는 장롱 2개 : $2,000 \times \frac{150}{30} \times 2 = 20,000$원

• 화장대 2개 : $3,000 \times 2 = 6,000$원

• 스텐드형 옷걸이 3개 : $2,000 \times 3 = 6,000$원

• 2인용 침대 매트리스 1개 : $8,000 \times 1 = 8,000$원

• 2인용 침대틀 1개 : $7,000 \times 1 = 7,000$원

• 1인용 침대 매트리스 1개 : $5,000 \times 1 = 5,000$원

• 길이 2m에 해당하는 텔레비전 받침 1개 : $3,000 \times 2 \times 1 = 6,000$원

• 높이 2m에 해당하는 신발장 2개 : $1,000 \times \frac{200}{50} \times 2 = 8,000$원

이를 모두 더한 폐기물 처리 비용은 72,000원이다.

41
정답 ①

ㄱ. 3번째 종목부터는 우승 시 받는 승점이 이전 종목들의 승점을 모두 합한 점수보다 10점 더 많기 때문에 3번째 종목의 승점은 40점이 되며, 4번째 종목의 승점은 80점, 5번째 종목의 승점은 160점, 6번째 종목의 승점은 320점, …이 된다. 즉, 다음 종목의 승점은 이전 종목 승점의 2배가 되므로 8번째 종목의 승점은 1,280점이 된다.

ㄷ. 1번째 종목의 승점을 a, 2번째 종목의 승점을 b라 하면, 3번째 종목의 승점은 $a+b+10$이 되며, 4번째 종목의 승점은 $2(a+b+10)$이 된다. 즉, 4번째 종목의 승점부터는 이전 종목 승점의 2배가 되므로 8번째 종목의 승점은 6번째 종목 승점의 4배가 된다.

ㄴ. 4번째 종목의 승점부터는 이전 종목 승점의 2배가 되므로 8번째 종목의 승점은 3번째 종목의 승점인 $100+200+10=310$점의 $2^5=32$배인 $310\times32=9,920$점이 된다.

ㄹ. 1번째 종목의 승점을 a, 2번째 종목의 승점을 b라 하면, 3번째 종목의 승점은 $a+b-10$이 되며, 4번째 종목의 승점은 $2(a+b-10)$이 된다. 마찬가지로 4번째 종목의 승점부터 이전 종목 승점의 2배가 되므로 8번째 종목의 승점은 6번째 종목의 승점의 4배가 된다.

42
정답 ②

전체 1,500가구를 유형에 따라 구분하면 다음과 같다.

(단위 : 가구)

구분	맞벌이	빈곤
자녀 ×	$300\times0.3=90$	$300\times0.2=60$
한 자녀	$600\times0.3=180$	$600\times0.2=120$
두 자녀	$500\times0.3=150$	$500\times0.2=100$
세 자녀 이상	$100\times0.3=30$	$100\times0.2=20$
전체	450	300

이를 바탕으로 A ~ C안의 월 소요 예산 규모를 계산하면 다음과 같다.

- A안 : 300×200만$\times0.25=$1억 5,000만 원
- B안 : $(600\times10$만$)+(500\times20$만$)+(100\times30$만$)$
  $=$1억 9,000만 원
- C안 : $(180\times30$만$)+(150\times30$만$\times2)+(30\times100$만$)$
  $=$1억 7,400만 원

따라서 이들의 월 소요 예산 규모를 비교하면 A<C<B이다.

43
정답 ④

ㄱ. A는 상수사용량에 관계없이 일정한 금액을 요금으로 부과하는 것이므로 물 절약을 유도하기 위해서는 A를 채택하지 않는 것이 바람직하다.

ㄴ. B는 일정 사용수준(생활필수적인 기본수량)까지만 정액요금을 부과하고 그 이상을 사용하는 경우 사용량에 비례하여 일정 요율을 적용하는 것이므로 옳은 내용이다.

ㄷ. C는 소득이 많은 사용자들이 상수를 더 많이 소비할 것이라는 가정에 근거를 두고 상수 소비를 많이 할수록 보다 높은 단위당 요율이 적용된다고 하였으므로 옳은 내용이다.

ㄹ. ㄷ에서 언급한 것처럼 소득에 따른 차등을 두는 효과를 가져올 수 있는 요금제도는 C이므로 옳지 않은 내용이다.

44
정답 ③

제44조 제5항에 따르면 비밀기록물 취급과정에서 필요한 보안대책을 수립해야 하는 사람은 비밀기록물 관리요원이 아닌 기록관장이다.

① 제44조 제1항
② 제44조 제2항 제3호
④ 제46조 제1항
⑤ 제44조 제4항 제3호

45
정답 ④

제시문은 방송의 발달이 문화에 끼치는 영향과 방송의 위상 변화를 방송의 기술적·산업적 성격을 바탕으로 서술하고 나서 방송 매체에 대한 비판 정신을 가져야 함을 주장하고 있다. 논의 과정에서 구체적 사례를 들고, 전문가의 견해를 인용하고는 있으나 친숙한 대상에 빗대어 유추하고 있는 것은 아니다.

46
정답 ②

글쓴이는 방송 메커니즘의 양면성에 대해 언급하고 나서, 21세기 대중문화가 생산적이고 유익한 것이 되고 안 되고는 우리가 매스 미디어의 내용에 어떤 가치를 담아내느냐에 달려 있다고 강조하고 있다. 이는 결국 대중문화 및 대중문화에 큰 영향력을 미치는 매스 미디어에 대해 비판 정신을 갖추어야 함을 강조한 것으로 볼 수 있다.

47
정답 ③

(가)에 따라 A, B, C, D는 모두 직업이 같거나 두 명씩 서로 다른 직업을 가져야 한다. 이때 (라)에 따라 A와 D의 직업은 서로 같아야 하므로 A, B, C, D의 직업이 모두 같은 경우와 (A, D)와 (B, C)의 직업이 서로 다른 경우로 나누어 볼 수 있다.

1) A, B, C, D의 직업이 모두 같은 경우
   (다)에 따라 C가 경찰관인 경우 D와 직업이 같을 수 없으므로 C는 경찰관이 될 수 없다. 따라서 A, B, C, D는 모두 소방관이다.

2) (A, D)와 (B, C)의 직업이 서로 다른 경우
   - A, D가 소방관인 경우
     (나)에 따라 A가 소방관이면 B가 소방관이거나 C가 경찰관이다. 이때, A와 B의 직업이 서로 다르므로 B는 소방관이 될 수 없으며 C가 경찰관이 된다. C가 경찰관이면 (다)에 따라 D는 소방관이 된다. 따라서 A, D는 소방관이며, B, C는 경찰관이다.
   - A, D가 경찰관인 경우
     (다)의 대우 'D가 소방관이 아니면 C는 경찰관이 아니다.'가 성립하므로 D가 경찰관이면 C는 소방관이 된다. 따라서 A, D는 경찰관이며, B, C는 소방관이다.

다음 내용을 표로 정리하면 다음과 같다.

구분	A	B	C	D
경우 1	소방관			
경우 2	소방관	경찰관	경찰관	소방관
경우 3	경찰관	소방관	소방관	경찰관

따라서 B, C의 직업은 항상 같다.

48

세 번째와 다섯 번째 조건으로부터 A사원은 야근을 3회, 결근을 2회하였고, 네 번째와 여섯 번째 조건으로부터 B사원은 지각을 2회, C사원은 지각을 3회하였다. C사원의 경우 지각을 3회 하였으므로 결근과 야근을 각각 1회 또는 2회 하였는데, 근태 총 점수가 −2점이므로 지각에서 −3점, 결근에서 −1점, 야근에서 +2점을 얻어야 한다. 마지막으로 B사원은 결근을 3회, 야근을 1회하여 근태 총 점수가 −4점이 된다. 이를 표로 정리하면 다음과 같다.

(단위 : 회)

구분	A	B	C	D
지각	1	2	3	1
결근	2	3	1	1
야근	3	1	2	2
근태 총 점수(점)	0	−4	−2	0

따라서 C사원이 지각을 가장 많이 하였다.

49

48번의 결과로부터 A사원과 B사원이 지각보다 결근을 많이 하였음을 알 수 있다.

50

점수가 모두 같았던 라운드의 점수를 a라 하고, 다른 라운드에서의 갑의 점수를 b, 을의 점수를 c, 병의 점수를 d라 하면, 갑 ~ 병의 4라운드와 5라운드의 점수 합은 다음과 같다.

- 갑 : $a+b=16-(2+4+3)=7$
- 을 : $a+c=17-(5+4+2)=6$
- 병 : $a+d=18-(5+2+6)=5$

여기서 $a+d=5$이므로 a는 5보다 작아야 한다. 또한 b, c, d 중 하나는 반드시 1이어야 하므로 결국 d가 1임을 알 수 있다. 따라서 $a=4$, $b=3$, $c=2$, $d=1$이다.

이를 바탕으로 갑 ~ 병의 1 ~ 5라운드 점수를 정리하면 다음과 같다.

구분	1라운드	2라운드	3라운드	4라운드 또는 5라운드		합계
갑	2	4	3	4	3	16
을	5	4	2	4	2	17
병	5	2	6	4	1	18

ㄱ. 4라운드와 5라운드만을 합하여 바둑돌을 튕긴 횟수가 가장 많은 사람은 갑이다.
ㄷ. 병의 점수는 5점, 2점, 6점, 4점, 1점으로 매 라운드마다 다르다.
ㄹ. 각 라운드에서 단독으로 1위를 한 횟수가 가장 많은 사람이 우승하는 것으로 규칙을 변경한다면, 1라운드에서는 갑이, 2라운드에서는 병이, 3라운드에서는 을이, 4라운드 또는 5라운드에서는 병이 1위를 하므로 총 2번 1위를 하는 병이 우승한다.

오답분석

ㄴ. 바둑돌을 한 번 튕겨서 목표지점에 넣은 사람은 병이다.

제4회 모의고사 정답 및 해설

01	02	03	04	05	06	07	08	09	10
①	④	②	①	②	④	③	①	④	④
11	12	13	14	15	16	17	18	19	20
③	①	⑤	①	①	③	④	③	④	③
21	22	23	24	25	26	27	28	29	30
③	③	④	③	③	①	④	⑤	④	①
31	32	33	34	35	36	37	38	39	40
⑤	①	②	②	③	③	④	③	④	⑤
41	42	43	44	45	46	47	48	49	50
①	③	③	③	⑤	④	②	⑤	⑤	①

01
정답 ①

실험에서 각 환자들이 답을 맞힌 비율이 50%에 불과하여 아무 것이나 마구 고른 경우와 거의 차이가 없었다는 결과는 몰리눅스의 물음에 대한 답변이 부정적이었다는 것을 의미한다. 즉, 아무리 촉각을 통해 형태를 인지할 수 있었더라도 시각에 의한 형태를 경험한 적이 없기 때문에 둘의 형태를 성공적으로 연결시킬 수 없었던 것이다. 이는 결국 경험론자들의 논리를 강화하게 된다. 만약 생득론자들의 논리가 타당했다면 아무리 시각에 의한 형태를 경험한 적이 없었더라도 태어날 때부터 가지고 있는 관념을 이용해 시각적인 형태도 인식할 수 있어야 하기 때문이다.

02
정답 ④

인플루엔자는 항원을 변화시키기 때문에 이전에 인플루엔자에 걸렸던 사람이라도 새로이 나타난 다른 균종으로부터 안전할 수 없다고 하였다. 따라서 옳은 내용이다.

오답분석
① 발열현상은 아무런 기능도 없이 불가피하게 일어나는 수동적인 현상이 아니라, 체온을 높여 우리의 몸보다 열에 더 예민한 병원체들을 죽게 하는 능동적인 행위라고 하였으므로 옳지 않은 내용이다.
② 예방접종은 죽은 병원체를 접종함으로써 질병을 실제로 경험하지 않고 항체 생성을 자극하는 것이므로 옳지 않은 내용이다.
③ 겸상 적혈구 유전자는 적혈구의 모양을 정상적인 도넛 모양에서 낫 모양으로 바꾸어서 빈혈을 일으키므로 생존에 불리함을 주지만, 말라리아에 대해서는 저항력을 가지게 한다고 하였으므로 옳지 않은 내용이다.

⑤ 역사적으로 특정 병원체에 자주 노출되었던 인구 집단에는 그 병에 저항하는 유전자를 가진 개체의 비율이 높아질 수밖에 없다고 하였다. 이는 반대로 생각하면 특정 병원체에 노출된 빈도가 낮은 집단에는 그 병에 저항하는 유전자를 가진 개체의 비율이 낮다는 의미이므로 옳지 않은 내용이다.

03
정답 ②

주어진 자료를 정리하면 다음과 같다(이수인원은 300명으로 모두 동일함).

구분	석차 (등)	백분율 (%)	등급	이수 단위	(등급)× (단위)
국어	270	90	8	3	24
영어	44	약 14	3	3	9
수학	27	9	2	2	4
과학	165	55	5	3	15

이수단위의 합은 11이므로 전체 평균등급은 $\dfrac{(24+9+4+15)}{11}$ ≒4.7이다. 따라서 평균등급 M은 4와 5 사이에 위치하게 되므로 ②가 정답이 된다.

04
정답 ①

ⅰ) 먼저 항목의 수가 가장 적은 두 번째 조건을 살펴보면, 2011년에 징수세액이 2001년에 비해 10배 이상 증가한 세목은 A와 B임을 확인할 수 있다. 따라서 A, B는 각각 상속세, 자산재평가세 중 하나임을 알 수 있다.
ⅱ) 다음으로 첫 번째 조건을 살펴보면, 2001년 징수세액이 5,000억 원보다 적은 세목은 A, B, D, 증여세, 전화세이므로 이것과 위의 ⅰ)을 결합하면 D가 증권거래세가 됨을 알 수 있다.
ⅲ) 이제 마지막 조건을 살펴보면, 2021년에 징수세액이 2011년에 비해 증가한 세목은 소득세, 법인세, A, 증여세, C, 증권거래세임을 확인할 수 있다. 따라서 A, C는 각각 상속세, 부가가치세 중 하나임을 알 수 있다. 이는 ⅰ)과 결합하면 A는 상속세와 연결되며, B는 자산재평가세, C는 부가가치세가 됨을 알 수 있다.

05
정답 ②

을은 '행복은 규범적 목표이며, 도덕적 삶이란 전체 삶이 끝나는 순간 달성 여부가 결정되는 규범적 목표이다.'라는 논거를 바탕으로 ⑦과 같이 주장한다. 그러나 이러한 을의 주장에 '다양한 규범적 목표가 있다.'라는 전제를 추가하게 되면, 행복은 도덕적 삶 이외에 또 다른 규범적 목표와 같아질 수 있으므로 ②는 적절하지 않다.

오답분석

① 갑은 '욕구가 더 많이 충족될수록 최고 만족에 더 접근한다.'는 전제를 바탕으로 '행복은 만족이라는 개인의 심리적 상태이다.'를 주장한다. 즉, '행복의 정도가 욕구 충족에 의존한다.'는 의견은 갑의 전제와 일치하므로 적절하다.

③ 병의 주장에 따르면 행복한 사람은 도덕적인 사람이기 때문에 자신의 만족, 즉 개인의 심리적 상태를 위해 부도덕한 행동을 한 사람은 행복한 사람이 아니다. 즉, 도덕성은 개인의 심리적 상태와 별개의 것이므로 행복을 개인의 심리적 상태로 볼 수 없다는 것이다.

④ 정은 역사상 있어온 많은 사회 제도의 개혁들이 개인의 행복 달성에 많은 영향을 주었기 때문에 개인의 도덕성만을 행복 달성의 필요조건으로 보기 어렵다고 주장한다. 즉, 정은 기존의 사회 제도 개혁이 무의미하지 않았다는 것을 전제로 행복 달성에 사회 제도의 개혁도 필요하다는 것을 주장하고 있다.

⑤ 무의 주장에 따르면 사회 복지는 그 사회에 속한 개인의 행복을 달성하기 위한 수단일 뿐이며, 사회 복지가 실현된다고 해서 그 사회에 속한 개인이 반드시 행복해지는 것은 아니다.

06
정답 ④

ㄴ. 을과 병은 행복이 개인의 심리적 상태라는 갑의 주장에 반대한다. B 역시 행복을 심리적 상태로 보기 어렵다고 주장하므로 적절하다.

ㄷ. 무는 개인의 도덕성이 행복의 달성에 간접적으로 영향을 준다고 주장하였으므로 개인의 도덕성과 행복은 서로 관련이 없다는 C의 주장은 무의 입장을 반박한다. 한편, 갑은 개인의 도덕성에 대해 언급하고 있지 않으므로 C의 주장과 관계가 없다. 따라서 C의 주장은 갑의 입장을 옹호하지도 반박하지도 않는다.

오답분석

ㄱ. 정은 개인의 도덕성 외에 다른 많은 조건들이 행복 달성에 필요하다고 주장한다. 따라서 행복의 필요 요소인 건강이 행운의 영향을 받기도 한다는 A의 주장이 정의 입장을 반박한다는 것은 적절하지 않다.

07
정답 ③

참여 조건을 명제 관계로 정리하여 나타내면 다음과 같다.
- 전략기획연수
- 노후관리연수 → 직장문화연수
- 자기관리연수 → ~평생직장연수
- 직장문화연수 → ~전략기획연수
- ~자기관리연수 → 노후관리연수 or ~노후관리연수 → 자기관리연수

이를 명제의 대우 관계로 풀어내면 전략기획연수 → ~직장문화연수 → ~노후관리연수 → 자기관리연수 → ~평생직장연수로 정리된다. 따라서 ㄴ, ㄷ이 옳은 설명이다.

08
정답 ①

제시된 수치들은 수도권 출발, 경기 도착의 화물 유동량이 아니라 경기 출발, 수도권 도착의 수치들이므로 옳지 않다.

오답분석

②·③·④·⑤ 모두 주어진 자료를 옳게 표현하였다.

09
정답 ④

ㄱ. A팀이 C팀과의 경기에서 이긴다면 A팀은 승점 9점이 되며, 나머지 경기에서 B팀이 D팀을 꺾는다고 해도 B팀의 승점은 6점에 그치므로 A팀의 1위 자리에는 영향을 주지 않는다. 따라서 A팀은 다른 경기결과에 무관하게 16강에 진출한다.

ㄴ. 잔여 경기가 모두 비기는 것으로 끝나는 경우의 결과는 다음과 같다.

구분	승	무	패	득 / 실점 (득실차)	승점
A팀	2	1	0	6 / 2(+4)	7
B팀	1	1	1	3 / 4(−1)	4
C팀	1	1	1	3 / 4(−1)	4
D팀	0	1	2	1 / 3(−2)	1

따라서 A팀이 1위가 되며, B팀과 C팀은 승점 4점으로 동률이 된다. 그런데 B와 C는 득점과 실점이 동일하므로 결국 승자승 원칙에 의해 B팀이 2위로 16강에 진출하게 된다(이미 B는 C에게 2 : 0으로 승리한 바 있다).

ㄷ. C팀과 D팀이 함께 16강에 진출한다는 것은 결국 A와 B가 모두 탈락한다는 것을 의미한다. 하지만 D팀이 남은 경기에서 얻을 수 있는 승점은 3점에 불과한 반면, A팀은 이미 6점을 얻은 상태이다. 따라서 어떠한 경우에도 C와 D가 같이 16강에 진출할 수 없다.

오답분석

ㄹ. 만약 D팀이 마지막 경기에서 B팀에 승리를 거두고 A팀이 C팀에 승리를 거둔다면 B, C, D팀은 모두 승점이 3점으로 동일하게 된다. 그런데 만약 A팀이 C팀을 1골차 이상으로 이기고, D팀이 B팀을 역시 1골차 이상으로 이긴다면 골득실에 의해 D팀이 조2위로 16강에 진출할 수 있다.

10 정답 ④

대화 내용을 살펴보면, 김 대리는 금융 규제 프리존 제도의 도입으로 인하여 예상되는 기대 효과에 대해서 묻고 있고, 도 과장은 이 사원의 대답을 근거로 해당 제도의 장점을 언급하였다. ④에서는 잠재적 사업자가 정식 인가 전에 사업 모델을 테스트해볼 수 있고, 이와 동시에 감독 당국과의 교류로 적합한 정책 개발을 할 수 있다는 기대 효과에 대해서 언급하였으므로 김 대리의 질문을 충족하며, 이러한 기대효과로 도 과장이 언급한 장점을 유추할 수 있다. 따라서 ④가 대화 흐름상 가장 적절하다.

11 정답 ③

• 출퇴근 소요시간이 120분 이하인 과장급 근로자의 비율
  : $16.9+31.6+16.6+19.9=85\%$
• 원격근무제를 활용하는 과장급 근로자의 비율 : 16.3%
즉, 출퇴근 소요시간이 120분 이하인 과장급 근로자의 비율과 원격근무제를 활용하는 과장급 근로자의 비율을 더하면 100%가 넘으므로 출퇴근 소요시간이 120분 이하인 과장급 근로자 중 원격근무제를 활용하는 근무자가 있다고 할 수 있다.

오답분석

① 각 직급별 출퇴근 소요시간이 60분 이하인 근로자의 비율을 구하면 다음과 같다.
  • 대리급 이하 : $20.5+37.4=57.9\%$
  • 과장급 : $16.9+31.6=48.5\%$
  • 차장급 이상 : $12.6+36.3=48.9\%$
  따라서 대리급 이하에서는 출퇴근 소요시간이 60분 이하인 근로자 수가 출퇴근 소요시간이 60분 초과인 근로자 수보다 많지만, 나머지 직급에서는 오히려 그 반대이다.

② 출퇴근 소요시간이 90분 초과인 대리급 이하 근로자 비율 : $13.8+5+5.3+2.6=26.7\%$
  탄력근무제를 활용하는 대리급 이하 근로자 비율은 23.6%이므로 출퇴근 소요시간이 90분 초과인 대리급 이하 근로자 비율은 탄력근무제를 활용하는 대리급 이하 근로자 비율보다 높다.

④ 제시된 자료에서 탄력근무제와 시차출근제 중 하나 이상을 활용하는 중소기업 근로자의 비율을 구할 수 없으므로 근로자 수도 비교할 수 없다.

⑤ 제시된 자료에서 원격근무제와 탄력근무제 중 하나 이상을 활용하는 차장급 이상 근로자의 비율을 구할 수 없으므로 근로자 수도 비교할 수 없다.

12 정답 ①

ㄱ. 지지도 방식에서는 적극적 지지자만 지지자로 분류하고 나머지는 기타로 분류하므로 적극적 지지자의 수가 많은 A후보가 더 많은 지지를 받을 것이다.

오답분석

ㄴ. 선호도 방식에서는 적극적 지지자와 소극적 지지자를 모두 지지자로 분류하므로 둘의 합계가 많은 후보가 더 많은 지지를 받을 것이다. 그런데 ㄴ의 경우에는 각 후보의 지지자 수의 대소관계를 알 수 없으므로 판단이 불가능하다.

ㄷ. 지지도 방식에서는 적극적 지지자의 대소로 판단하지만 선호도 방식에서는 적극적, 소극적 지지자의 합의 대소로 판단하게 된다. 예를 들어 A후보가 B후보보다 적극적 지지자가 10이 많고 소극적 지지자가 20이 많다면, 지지도 방식에서의 차이는 10이지만 선호도 방식에서의 차이는 30이 된다.

13 정답 ⑤

ㄴ. 전체 관객 중 가장 많은 관객인 40%의 관객을 수송해야 하는 콘서트 시작 1시간 전에 필요한 버스 수를 구해야 한다. 1시간 동안 $40,000\times0.4=16,000$명의 관객을 수송해야 하는데, 이때 1대의 버스가 왕복하는 데 6분이 소요되므로 버스는 1시간 동안 $60\div6=10$번 왕복할 수 있다. 따라서 버스 1대당 1시간 동안 $40\times10=400$명을 수송할 수 있으므로 최소 $16,000\div400=40$대의 버스가 필요하다.

ㄷ. 버스는 2시간 동안 $120\div6=20$번 왕복할 수 있으므로 버스 1대당 2시간 동안 $40\times20=800$명을 수송할 수 있다. 따라서 2시간 동안 전체 관객 40,000명을 모두 수송하려면 최소 $40,000\div800=50$대의 버스가 필요하다.

오답분석

ㄱ. $a=b=c=d=25$라면, 1시간 동안 $40,000\times0.25=10,000$명의 관객을 수송해야 한다. 버스 1대당 1시간 동안 400명을 수송할 수 있으므로 10,000명의 관객을 수송하려면 최소 $10,000\div400=25$대의 버스가 필요하다.

14 정답 ①

ㄱ. 동물실험을 옹호하는 사람들은 ⅰ) 동물이 자극에 대해 반응하고 행동하는 양상이 인간과 유사하다고 하면서 ⅱ) 인간과 동물이 다르기 때문에 실험에서 동물을 이용해도 된다고 하는 모순적인 근거를 제시하고 있으므로 옳은 내용이다.

오답분석

ㄴ·ㄷ. 영장류를 대상으로 한 실험은 인간과 동물이 심리적으로도 유사하다는 것이 기본 전제로 깔려있기 때문에 심리적 유사성이 불확실하다는 표현은 옳지 않으며, 그럼에도 '사람에게는 차마 하지 못할 잔인한 행동을 동물에게 하고 있다.'고 하여 윤리적으로 비판적인 입장을 취하고 있다.

15

정답 ①

제시된 연설문의 두 번째 문단에 따르면 '경쟁 도시는 시민의 지지가 낮지만 우리(＝A시)는 90%가 넘는 시민의 합의를 이끌어 냈다.'고 말한다. 그러나 경쟁 도시 시민의 지지가 낮다는 주장을 뒷받침하는 근거를 제시하지 않았다.

오답분석

② 세 번째 문단에 따르면 'A시는 각종 국제 대회를 성공리에 개최하여 전 세계인의 찬사를 받은 바 있다.'고 말했다.
③ 두 번째 문단에 따르면 정부가 재정 지원을 약속했다.
④ 네 번째 문단에서 해외 청소년 대상 사이클 프로그램 운영을 언급한 이유는 사이클 활성화를 위한 A시의 노력을 입증하기 위한 것이다. ④와 같은 반응은 연설 내용을 반박하는 것이 아니라 공감하는 것이다.
⑤ 제시된 연설문에는 A시에서 사이클이 비인기 종목이라는 발언이 없다. 오히려 두 번째 문단에서 '사이클에 대한 시민들의 관심이 높아지고 있고 사이클 인구도 빠르게 늘어나고 있다.'고 설명하고 있다.

16

정답 ③

두 번째 조건에서 사원 양옆과 앞자리는 비어있을 수 없다고 했으므로 B, C, E, F, G를 제외한 A, D자리는 빈자리가 된다. 세 번째 조건에서 부서장 앞자리에 이 상무 또는 최 부장이 앉으며, 첫 번째 조건을 보면 같은 직급은 옆자리로 배정할 수 없어 한 대리는 F 또는 G에 앉을 수 있다. 따라서 F와 G에 과장 두 명이 앉으면 성 대리 양옆 중 한 자리에 '한 대리'가 앉아야 하므로 적절하지 않다.

부서장	빈자리	B	성 대리	C	빈자리
	최 부장 또는 이 상무	김 사원	F	이 사원	G

오답분석

① 부서장 앞자리 A는 빈자리이다.
② A와 D는 빈자리이다.
④ B, C, F, G자리 중 한 곳을 최 부장이 앉으면, E에는 이 상무가 앉게 된다.
⑤ 한 대리가 앉을 수 있는 자리는 F 또는 G이다.

17

정답 ④

ㄱ. 스위스 지방자치단체들 간의 사회적·경제적 격차는 그다지 심하지 않고 완벽에 가까운 사회보장제도가 시행되고 있다고 하였으므로 추론 가능한 내용이다.
ㄹ. 스위스는 만장일치 혹은 압도적 다수를 의사결정방식으로 채택하고 있는데, 이러한 제도는 타협이 이루어질 때까지 많은 시간이 소요되어 시급한 문제의 처리가 어렵다고 하였으므로 추론 가능한 내용이다.

오답분석

ㄴ. 직접민주주의 제도를 통해 연방정부 또는 연방의회가 이미 인준한 헌법이나 법률조항을 거부하기도 한다고 하였으므로 옳지 않은 내용이다.
ㄷ. 연방정부를 구성하는 7인의 연방장관이 모든 안건을 만장일치 혹은 압도적 다수로 결정하기 때문에 국가수반이나 행정부의 수반이 없는 것과 다름없다고 하였으므로 옳지 않은 내용이다.

18

정답 ③

보기의 '이에 따라'에서 지시 대명사 '이'가 가리키는 내용은 (다) 바로 앞의 문장에서 언급한 '할리우드의 표준화·분업화된 영화 제작 방식'이다. 또한, (다)의 바로 뒤의 문장 '이는 계량화가 불가능한 …'에서 지시 대명사 '이'가 가리키는 내용은 보기의 문장 전체를 가리킨다. 따라서 보기가 들어갈 곳으로 (다)가 적절하다.

19

정답 ④

• 체력분야 코치의 투입능력 합 : $10+6.7+8=24.7$
• 전술분야 코치의 투입능력 합 : $10+8+7=25$
• 수비분야 코치의 투입능력 합 : $9+20+5.3=34.3$
• 공격분야 코치의 투입능력 합 : $10+9+5=24$
따라서 모든 분야의 코치의 분야별 투입능력 합이 24 이상이다.

오답분석

① 공격분야 코치의 투입능력 합

$$: \frac{15}{3}+\frac{15}{2}+\frac{20}{2}=5+7.5+10=22.5$$

② 공격분야 코치의 투입능력 합

$$: \frac{20}{3}+\frac{18}{3}+\frac{15}{2}≒6.7+6+7.5=20.2$$

③ 체력분야 코치의 투입능력 합

$$: \frac{16}{3}+\frac{20}{2}+\frac{16}{2}≒5.3+10+8=23.3$$

⑤ 전술분야 코치의 투입능력 합

$$: \frac{18}{3}+\frac{16}{3}+\frac{14}{2}=6+5.3+7=18.3$$

20

정답 ③

㉠ 서울특별시의 실내 라돈 농도 평균값은 $66.5Bq/m^3$이고, 평균값의 1.1배는 $66.5×1.1=73.15Bq/m^3$이다. 따라서 경기도의 평균값은 $74.3Bq/m^3$로 서울특별시 평균값의 1.1배보다 높다.
㉢ 조사대상 공동주택 중 실내 라돈 농도가 실내 라돈 권고 기준치 $200Bq/m^3$를 초과하는 공동주택의 비율이 5% 이상인 행정구역은 대전광역시, 경기도, 강원도, 충청북도, 충청남도, 전라북도, 전라남도, 경상북도, 제주특별자치도로 9곳이다.

ⓛ 세종특별자치시와 충청북도의 실내 라돈 농도를 평균값과 중앙값을 비교하면, 세종특별자치시의 평균값은 충청북도보다 낮지만 중앙값은 높으므로 옳지 않은 설명이다.

21 정답 ③

'갑'의 논리를 정리하면 '자극' → (특정한 심리상태) → '특정한 행동'의 과정을 통해 '특정한 행동'을 하는 것이 관찰되면 '특정한 심리상태'에 있는 것을 추론할 수 있다는 것이다. 그런데 '을'은 '특정한 심리상태'가 없더라도 '자극' → '특정한 행동'이 가능한 경우를 로봇의 예를 들어 설명하고 있다. 따라서, 이와 같은 문제를 해결하기 위해서는 '자극' → '특정한 행동' → '특정한 심리상태'의 관계가 성립해야 하므로 ③이 가장 적절하다.

22 정답 ③

레미콘 공장 관계자는 폐수 유출 과정에서 직원이 실수로 폐수 재활용 펌프 전원을 차단하지 않고 퇴근하여 폐수가 흘러넘쳐 유출됐다고 해명하며, 유출 사고의 책임을 직원의 실수로 돌렸다.

① 동도마마을 60여 가구 주민들은 인근 공장으로부터 발생하는 피해에 대한 대책을 마련하기 위해 도마오염방지대책위원회를 발족하였다.
② 동도마마을의 레미콘 공장은 폐수 유출 사건으로 조업정지 10일과 과태료 200만 원의 행정처분을 받았다.
④ 동도마마을의 레미콘 공장은 폐수 유출 사고 발생 이후 폐수 탱크의 계측기를 설치하였다.
⑤ 동도마마을의 레미콘 공장 관계자는 시멘트 폐수를 100% 회수해 재사용하는 구조를 갖췄다고 이야기했지만, 확인 결과 100% 회수하는 시스템을 갖추고 있었는지 논란거리가 될 수 있다고 하였으므로 알 수 없다.

23 정답 ④

ⓔ 수도권 1인당 금융대출액은 수도권 전체의 금융대출액을 수도권의 인구로 나눈 값인데, 자료에 의해 $\frac{469,374십억}{24,472천} ≒ 19.2$백만임을 알 수 있다. 또 전국 1인당 금융대출액은 $\frac{699,430십억}{50,034천}$ ≒ 14백만이므로 옳은 내용이다.

ⓖ 인구밀도는 인구수를 면적으로 나눈 값인데, 인구수는 주어져 있지만 면적에 대한 자료는 주어져 있지 않으므로 알 수 없는 내용이다.
ⓛ 1인당 주택면적은 주택면적을 인구수로 나눈 값인데, 인구수는 주어져 있지만 주택면적에 대한 자료는 주어져 있지 않으므로 알 수 없는 내용이다.

ⓒ 전국과 수도권의 지역 총 생산액은 주어져 있지만 이를 제조업체와 서비스업체로 분류한 자료는 주어져 있지 않으므로 알 수 없는 내용이다.
ⓜ 4년제 대학 재학생에 대한 자료는 표에서 찾을 수 없다.

24 정답 ④

ㄱ. 제6조 제1항에 따르면 A는 입찰금액의 1할에 해당하는 450만 원을 입찰보증금으로 납부하여야 한다. 또한, 동항의 단서조항에 따라 자기앞수표에 따른 추심료를 납부하여야 한다. 그런데 추심료는 1할을 납부하는 것이 아니라 해당 금액을 납부하는 것이므로 A가 입찰서와 함께 납부할 금액은 입찰보증금과 추심료 45+4=49만 원이다.
ㄷ. 제3조의 단서에 따르면 제1호부터 제3호까지의 경우, 해당 사실이 있은 후 2년이 경과되기 전까지는 입찰에 참가할 수 없다. C의 경우, 제2호에 해당하며 2년이 경과한 이후의 입찰이므로 참여가능하다.
ㄹ. 제5조 제1항에 따르면, 2명 이상의 공동명의로 입찰에 참가하려는 경우, 대표자를 정하여 대표 한 명의 명의로 입찰서를 작성하는 것이 아니라, 연명으로 기명날인한 후 공동입찰자명부를 입찰서에 첨부하여야 한다.

ㄴ. 제3조의 단서에 따르면 제1호부터 제3호까지의 경우만 해당 사실이 있은 후 2년이 경과되기 전까지는 입찰에 참가할 수 없다. 그리고 제4호와 제5호는 2년이 경과되어도 참여할 수 없다. 여기서 B는 제4호의 경우에 해당하므로 2년이 경과하여도 참가할 수 없다.

25 정답 ③

'가나다정'의 경우 최종 복용시간은 야뇨를 피하기 위해 오후 6시까지로 한다고 하였으며, 식전 30분부터 복용이 가능하다고 하였으므로 늦어도 오후 6시 30분에는 저녁식사를 시작해야 한다.

① '가나다정'은 식사를 거르게 될 경우에 복용을 거른다고 하였으므로 옳지 않은 내용이다.
② '가나다정'의 경우 정기적으로 혈당을 측정해야 한다고 하였으며, 'ABC정'도 정기적인 혈액검사를 통해 혈중 칼슘, 인의 농도를 확인해야 한다고 하였으므로 옳지 않은 내용이다.
④ 'ABC정'은 씹지 말고 그대로 삼켜서 복용한다고 하였으므로 옳지 않은 내용이다.
⑤ 식전 30분에 '가나다정'을 복용하고 30분 동안 식사한 후에, 식사 1시간 후에 ABC정을 복용할 수 있다. 이러한 경우라면 두 약의 복용시간은 2시간 차이가 나므로 옳지 않은 내용이다.

26

정답 ①

승진자 결정방식에 따라 승진대상자 A, B, C, D, E의 승진점수를 계산하면 다음과 같다.

구분	업무 실적 점수	사고 점수	근무 태도 점수	가점 및 벌점		승진 점수
				점수	사유	
A	20	7	7	+2	수상 1회	36
B	17	9	10	+4	수상 2회	40
C	13	8	7	–	–	28
D	20	6	4	–	–	30
E	10	10	10	+4	수상 1회, 무사고	34

승진점수가 가장 높은 직원은 승진점수가 40점인 B과 36점인 A이므로, A와 B가 승진하게 된다.

27

정답 ④

먼저 오디션 점수에 각자의 나이를 더한 값이 모두 같으므로 나이가 가장 어린 사람의 오디션 점수가 가장 높아야 한다. 따라서 가장 높은 점수를 받은 무의 나이가 23세이며, 오디션 점수와 나이를 더한 값은 85+23=108이다. 이를 바탕으로 갑～무의 나이를 구하면 다음과 같다.

구분	갑	을	병	정	무
나이	32세	30세	28세	26세	23세

기본 점수에서 채점 기준에 따라 가감한 최종점수를 구하면 다음과 같다.

구분		갑	을	병	정	무
기본 점수		76점	78점	80점	82점	85점
감점	기준 나이 (28세)	−8점	−4점		−4점	−10점
	군의관 연기 경험			−5점		
사극 경험 가점		+10점				
최종 점수		78점	74점	75점	78점	75점

최종 점수가 78점인 갑과 정 중 기본 점수가 더 높은 정이 캐스팅된다.

28

정답 ⑤

2021년 1분기와 2분기의 수출국경기 EBSI는 모두 100 미만이므로, 2020년 4분기 대비 2021년 2분기의 수출국경기가 악화될 것임을 전망하고 있다.

오답분석

① 2021년 1～4분기의 국제수급상황 EBSI는 모두 100 미만이므로 기업들은 2021년 3분기까지 뿐만 아니라 4분기에도 국제수급상황이 직전분기 대비 악화될 것으로 생각하고 있다.
② 2022년 1분기 자금사정 EBSI는 100 이상이므로 기업들은 자금사정이 개선될 것이라고 생각한다.
③ 수출단가 EBSI는 2021년 2분기에 100을 초과하므로 직전분기 대비 개선될 것이라는 기대를 반영한다.
④ 2021년 3분기까지는 수출채산성 EBSI가 100 미만과 초과를 반복하며 악화와 개선을 반복할 것이라고 기대되지만, 2021년 4분기 EBSI는 3분기와 마찬가지로 100 미만이다. 이는 4분기에도 3분기에 이어 전분기 대비 수출채산성 여건이 악화될 것으로 전망한다.

29

정답 ④

축사나 강연을 한 사람은 대전시 부시장, ○○대학교 교수, □□대학교 교수, 대전시 공무원 A 이렇게 4명이고, 참가자는 25명이다. 또한 수상자는 대상 1명, 금상 1명, 은상 1명, 동상 2명으로 총 5명임을 알 수 있다. 이를 바탕으로 품목별로 생산해야 할 수량과 제작비용을 계산하면 다음과 같다.

품목	제공대상	제작비용
대상 트로피	1명	98,000×1=98,000원
금상 트로피	1명	82,000×1=82,000원
은상 트로피	1명	76,000×1=76,000원
동상 트로피	2명	55,000×2=110,000원
머그컵	4+5=9명	5,500×9=49,500원
손수건	4+25=29명	3,200×29=92,800원
에코백	25명	2,400×25=60,000원

따라서 총 비용은 98,000+82,000+76,000+110,000+49,500+92,800+60,000=568,300원이다.

30
정답 ①

오후 회의실 사용을 취소한다고 하였으므로, 오전 회의실 사용에 관해서는 고려하지 않아도 된다.

ⅰ) 오후에 예약한 회의실

조건에서 예약 시 최소 인원은 수용 인원의 $\frac{1}{2}$ 이상이어야 한다고 하였으므로 충족하는 회의실은 세미나 3·4이다. 또한, 예약 가능한 회의실 중 비용이 저렴한 쪽을 선택한다고 하였으므로 세미나 3과 세미나 4의 사용료를 구하면 다음과 같다.

- 세미나 3 : 74,000(∵ 기본임대료)+37,000(∵ 추가임대료)+20,000(∵ 노트북 대여료)+50,000(∵ 빔프로젝터 대여료)=181,000원이다.
- 세미나 4 : 110,000(∵ 기본임대료)+55,000(∵ 추가임대료)+20,000(∵ 노트북 대여료)+50,000(∵ 빔프로젝터 대여료)=235,000원이다.

그러므로 B기업에서 오후에 예약한 회의실은 세미나 3이다.

ⅱ) 환불받을 금액

이용일 4일 전에 사용을 취소했으므로 환불규칙에 의해 취소수수료 10%가 발생한다. 따라서 환불받을 금액을 구하면 181,000×0.9=162,900원이다.

31
정답 ⑤

첫 번째 명제에서 A는 B보다 먼저 먹거나 A와 B는 같이 먹는 두 가지 경우가 가능하다.

1) 경우 1 : A가 B보다 먼저 먹는 경우

C와 D는 세 번째 명제에 따라 각각 12시, 1시 팀이 되고, 마지막 명제에서 E는 F보다 먼저 먹으므로 E와 F도 각각 12시, 1시 팀이 될 것이다. 따라서 12시 팀은 A, C, E이고, 1시 팀은 B, D, F이다.

2) 경우 2 : A와 B가 같이 먹는 경우

① A와 B가 12시에 먹는 경우

C와 D는 각각 12시, 1시 팀이 되고, E와 F도 각각 12시, 1시 팀이 된다. 따라서 12시 팀은 A, B, C, E이고, 1시 팀은 D, F이다.

② A와 B가 1시에 먹는 경우

두 번째 명제에서 C는 A와 같이 먹으므로 C는 1시 팀, D는 12시 팀이 되고, E와 F는 각각 12시, 1시 팀이 된다. 따라서 12시 팀은 D, E이고, 1시 팀은 A, B, C, F이다.

오답분석

① A와 B는 같이 먹을 수도 있다.
② '경우 1'에서 B와 C는 따로 먹는다.
③ '경우 2 − ②'에서 D와 F는 따로 먹는다.
④ '경우 1'에서 12시 팀과 1시 팀의 인원수는 같다.

32
정답 ①

ㄱ. 해당국가의 영향력지수는 1번 공식에서 도출하면 $\frac{(해당국가의\ 기술력지수)}{(해당국가의\ 특허등록건수)}$이다. 이때, 캐나다의 영향력지수는 $\frac{30.8}{22}=1.4$로 미국 영향력지수인 $\frac{600}{500}=1.2$보다 크다.

ㄴ. 해당국가의 특허피인용건수를 구하기 위해 2번 공식에서 '(해당국가의 피인용비)=(해당국가의 영향력지수)×(전세계 피인용비)'임을 알 수 있고, 이 식을 3번 공식에 대입하면 '(해당국가의 특허피인용건수)=(해당국가의 영향력지수)×(전세계 피인용비)×(해당국가의 특허등록건수)'가 된다. 그리고 1번 공식에서 해당국가의 영향력지수와 특허등록건수의 곱은 기술력지수가 되어 '(해당국가의 특허피인용건수)=(해당국가의 기술력지수)×(전세계 피인용비)'이므로 특허피인용건수는 기술력지수의 10배와 같다. 따라서 국가들의 기술력지수의 차이로 비교하면 프랑스와 태국은 3.9−1.4=2.5이고, 프랑스와 핀란드의 차이는 6.3−3.9=2.4로 프랑스와 태국의 기술력지수 차이가 더 크므로 특허피인용건수 차이도 더 크다.

오답분석

ㄷ. 한국의 특허피인용건수는 기술력지수가 미국, 일본, 독일, 캐나다, 네덜란드 다음으로 높으므로 특허피인용건수도 여섯 번째로 많다.

ㄹ. 네덜란드의 특허등록건수는 $\frac{(기술력지수)}{(영향력지수)}=\frac{24}{0.8}=30$건이고, 한국의 특허등록건수의 50%는 59×0.5=29.5건이다. 따라서 네덜란드의 특허등록건수는 한국의 특허등록건수의 50% 이상이다.

33
정답 ②

ㄷ. (나)에 의하면 단풍색은 일종의 경계 신호로서 진하고 뚜렷한 색깔을 보일수록 경계가 철저한 것이고 그렇지 않은 것일수록 경계가 허술한 것이다. 따라서 진딧물은 가장 형편없이 단풍이 든 나무에 알을 낳게 된다. 그러므로 ㄷ과 같은 연구 결과가 나왔다면 이는 (나)의 주장을 강화하게 되므로 옳은 내용이라고 할 수 있다.

오답분석

ㄱ. (가)에 의하면 가을이 되었을 때 잎을 떨어뜨리기 위해 잎자루 끝에 떨켜가 생기면서 가지와 잎 사이의 물질 이동이 중단된다고 하였다. 즉, 떨켜의 발생으로 인해 단풍이 생기게 되는 것이라고 볼 수 있다. 하지만 떨켜를 만들지 않음에도 단풍이 드는 나무가 있다면 이것은 (가)의 주장을 약화하게 되므로 옳지 않은 내용이다.

ㄴ. (가)에 의하면 주홍빛의 색소는 새롭게 생기는 것이 아니라 엽록소로 인해 감춰졌던 것이다. 그러나 ㄴ과 같이 주홍빛을 내는 색소가 새롭게 생긴다는 연구 결과가 나왔다면 이는 (가)의 주장을 약화하게 되므로 옳지 않은 내용이다.

34

정답 ②

A씨가 10명의 아이들과 함께 G생태마을에서 체험프로그램을 진행할 수 있는 시간은 오전 9시부터 오후 1시까지 4시간(240분)이다. 여기서 3번의 쉬는 시간인 30분을 제외하면 프로그램에 참여할 수 있는 시간은 3시간 30분이다. 최소비용을 구해야 하므로 가장 저렴한 프로그램은 '물놀이 체험', '다슬기 잡기', '염소 먹이 주기'로 7,000원이며, 3개의 프로그램에 참여하는 데 총 180분($\because$ 90+30+60)이 소요된다. 남은 30분은 8,000원이 소요되는 '땅콩 심기'에 참여함으로써 1인당 29,000원으로 4가지 프로그램을 체험할 수 있다. 따라서 A씨를 포함한 11명의 최소 비용금액은 29,000×11=319,000원이다.

35

정답 ③

선택지에서 가능한 범위의 수들을 제시하고 있으므로 제시된 수치들을 직접 이용해 풀이하도록 한다.

ⅰ) 가장 많은 식물을 재배할 수 있는 온도 : 15℃에서는 A, B, D, E 네 종류의 식물을 재배할 수 있으며, 20℃에서는 A, D, E 세 종류의 식물을 재배할 수 있으므로 가장 많은 식물을 재배할 수 있는 온도는 15℃이다.

ⅱ) 상품가치의 총합이 가장 큰 온도 : 15℃에서는 A, B, D, E 네 종류의 식물을 재배할 수 있어 상품가치는 85,000원이고, 20℃에서는 A, D, E 세 종류의 식물을 재배할 수 있어 이때의 상품가치는 60,000원이다. 마지막으로 25℃에서는 C, D, E 세 종류의 식물만 재배할 수 있으나, 이때의 상품가치는 100,000원에 달해 상품가치의 총합이 가장 큰 온도임을 알 수 있다.

36

정답 ③

보증료를 공식에 대입하여 계산하면 다음과 같다.

구분	보증료(만 원)
A회사	24,000×0.408%×3×365÷365=293.76
B회사	36,000×0.437%×2×365÷365=314.64
C회사	24,000×0.437%×2×365÷365=209.76
D회사	12,000×0.469%×4×365÷365=225.12
E회사	60,000×0.357%×1×365÷365=214.20

따라서 보증료를 가장 많이 내는 회사는 B회사이고, 가장 적게 내는 회사는 C회사이다.

37

정답 ④

ㄱ. 2020년 1분기와 2021년 4분기에 대한 자료는 없으므로 알 수 없다.

ㄴ. 2020년 3분기부터 2021년 3분기까지 직전분기 대비 자산규모가 매분기 증가한 유형자산으로는 건물과 기구비품 자산이 있다. 또한, 기타 유형자산에 포함된 유형자산 항목도 있을 수 있다.

ㄹ. 2021년 2분기의 경우, 2021년 1분기 대비 건물 자산의 규모는 증가했지만, 건설 중인 자산의 규모는 직전분기 대비 감소하였다.

오답분석

ㄷ. 2021년 2분기 유형자산 총액의 2020년 2분기 대비 증가율은 $\frac{12,802-9,855}{9,855}\times100≒29.9\%$이다.

38

정답 ③

갑 ~ 병의 라운드별 가위바위보 결과는 다음과 같다.

라운드	1	2	3	4	5
갑	가위	바위	보	가위	바위
을	바위	가위	바위	가위	가위
병	바위	보	바위	가위	바위
결과	을, 병 승 / 갑 패	무승부	갑 승 / 을, 병 패	무승부	갑, 병 승 / 을 패

• 1라운드 : 갑이 12,000원을 낸다.

• 2라운드 : 비긴 경우 세 사람이 모두 음식값을 내지만, 직전 라운드 가위바위보의 승자는 음식값을 내지 않으므로 갑이 15,000원을 낸다.

• 3라운드 : 을과 병이 각각 18,000÷2=9,000원씩 낸다.

• 4라운드 : 직전 라운드 승자인 갑은 음식값을 내지 않으므로 을과 병이 각각 25,000÷2=12,500원씩 낸다.

• 5라운드 : 을이 30,000원을 낸다.

따라서 갑은 12,000+15,000=27,000원, 을은 9,000+12,500+30,000=51,500원, 병은 9,000+12,500=21,500원을 내므로 음식값을 가장 많이 낸 사람은 을이다.

39

정답 ③

• 유 주임 : 반도체 업종의 경우, 2위로 뽑힌 애로요인의 구성비가 12.0%이므로 3위인 애로요인의 구성비는 12.0% 미만임을 알 수 있다. 따라서 반도체 업종에서 1위, 2위 애로요인이 아닌 '수출대상국의 경기부진'은 12.0% 미만일 것이며, 전기・전자제품 업종의 구성비는 14.0%이므로 옳은 설명이다.

• 최 사원 : 농수산물 업종의 경우 1위 애로요인으로 원화환율 변동성 확대가 뽑혔으며, 생활용품 업종의 경우 해당 사유가 2위 안에 포함되지 않고, 사유의 구성비도 13.8% 미만으로 농수산물에 비해 낮다.

오답분석

• 김 대리 : 기계류와 반도체 업종에서 각각 1순위 애로요인으로 뽑은 항목은 서로 다르다. 따라서 두 업종에 모두 속하는 S기업이 주요수출 애로요인 1순위로 어떤 항목을 뽑았을지는 자료만으로는 알 수 없다.

• 박 과장 : 7개의 업종 중 4개의 업종에서 원재료 가격상승이 주요수출 애로요인 1위로 뽑혔지만, 각 업종별 기업의 수를 알 수 없으므로, 해당 자료만으로 각 항목에 응답한 전체 업종별 기업의 수도 알 수 없다.

40 정답 ⑤

각 업체들의 선정점수를 합산하여 계산하면 다음과 같다.

구분	A업체	B업체	C업체	D업체	E업체
선정점수	67점	75점	72점	72점	73점

입찰가격 점수가 10점 미만인 B업체가 제외되며, 건축안정성 점수가 17점 미만인 업체는 없으므로 이로 인해 제외되는 업체는 없다. C업체는 내진설계를 포함하지 않아 제외되므로 나머지 업체인 A, D, E업체 중 선정점수가 가장 높은 E업체가 선정된다.

41 정답 ①

두 번째 조건에서 총 구매금액이 30만 원 이상이면 총 금액에서 5% 할인을 해주므로 한 벌당 가격이 $300,000 \div 50 = 6,000$원 이상인 품목은 할인적용이 들어간다. 업체별 품목 금액을 보면 모든 품목이 6,000원 이상이므로 5% 할인 적용대상이다. 그러므로 모든 품목이 할인 조건이 적용되어 정가로 비교가 가능하다. 마지막 조건에서 차순위 품목이 1순위 품목보다 총 금액이 20% 이상 저렴한 경우 차순위를 선택하므로 한 벌당 가격으로 계산하면 1순위인 카라 티셔츠의 20% 할인된 가격은 $8,000 \times 0.8 = 6,400$원이다. 정가가 6,400원 이하인 품목은 A업체의 티셔츠이므로 팀장은 1순위인 A업체의 카라 티셔츠보다 2순위인 A업체의 티셔츠를 구입할 것이다.

42 정답 ③

탑승자가 1명이라면 우선순위인 인명 피해 최소화의 규칙 2에 따라 아이 2명의 목숨을 구하기 위해 자율주행 자동차는 오른쪽 또는 왼쪽으로 방향을 바꿀 것이다. 이때 다음 순위인 교통 법규 준수의 규칙 3에 따라 교통 법규를 준수하게 되는 오른쪽으로 방향을 바꿀 것이다.

오답분석

①·⑤ 탑승자 보호의 규칙 1이 인명 피해 최소화의 규칙 2보다 높은 순위라면 자율주행 자동차는 탑승자를 보호하기 위해 직진을 하였을 것이다.

② 탑승자 2명과 아이 2명으로 피해 인원수가 동일하기 때문에 마지막 순위인 탑승자 보호의 규칙 1에 따라 탑승자를 보호하기 위해 자율주행 자동차는 직진하였을 것이다.

④ 탑승자가 2명이라면 인명 피해를 최소화하기 위해 오른쪽이 아닌 왼쪽으로 방향을 바꿔 오토바이와 충돌하였을 것이다.

43 정답 ③

ⓒ의 '이율배반적 태도'를 통해 인명 피해를 최소화하도록 설계된 자율주행 자동차가 도로에 많아지는 것을 선호하는 대다수의 사람들이 실제로는 이와 다른 태도를 보여준다는 것을 예측할 수 있다. 따라서 빈칸에는 사람들이 '아니다.'라는 대답을 통해 실제로 자율주행 자동차에 대한 부정적인 태도를 보여줄 수 있는 질문이 들어가기에 적절하다. 자동차 탑승자 자신을 희생하더라도 보다 많은 사람의 목숨을 구하도록 설계된 자율주행 자동차의 실제 구매 의향을 묻는 ③에 대한 '아니다.'라는 대답은 결국 탑승자 본인의 희생은 원하지 않는 이율배반적 태도를 보여준다.

오답분석

① 사람들이 직접 운전하는 것을 선호하지 않는다면 도로에 자율주행 자동차가 많아지게 될 것이므로 적절하지 않다.

② 자율주행 자동차가 낸 교통사고에 대한 탑승자의 책임과 자율주행 자동차에 대한 이율배반적 태도는 관련이 없다.

④·⑤ '아니다.'라고 대답할 경우 인명 피해를 최소화하도록 설계된 자율주행 자동차를 선호한다는 의미가 되므로 이율배반적 태도를 보여주지 않는다.

44 정답 ③

제시된 질문에 따르면 어떤 행위가 착한 행위인지를 판단하는 기준은 '신이 명령했기 때문에'와 '원래부터 착한 행위이므로'로 나누어 볼 수 있다. 그리고 답변은 전자를 지지하는 입장을 취하고 있다. 따라서 이를 반박한다면 후자인 '원래부터 착한 행위이므로'의 입장에서 진술하게 될 가능성이 매우 높을 것이다.

ㄴ. 신이 그렇게 명령한 적이 없더라도 그 행위는 착한 행위라고 하는 것은 결국 후자의 입장인 '원래부터 착한 행위이므로'를 지지하는 입장이라고 볼 수 있다. 따라서 제시된 답변을 반박하는 것으로 판단할 수 있다.

ㄷ. 장기 기증을 하라는 신의 명령이 없었음에도 그것이 착한 행위라는 것은 후자의 입장을 지지하는 것이라고 볼 수 있으므로 제시된 답변을 반박하는 것으로 판단할 수 있다.

오답분석

ㄱ. 정직함을 착한 행위로 만드는 것은 바로 신의 명령이라고 하였으므로 결국 이는 전자인 '신이 명령했기 때문에'의 연장선상에서 이루어졌다고 볼 수 있다. 따라서 반박이 아니라 지지하는 입장이다.

ㄹ. 제시된 물음과 답변에서 다루는 것은 착한 행위로 판단하기 위한 기준을 어떻게 볼 것이냐에 대한 것이지 신의 명령이 무엇이냐에 대한 것이 아니다. 따라서 전체 논지와는 무관한 진술이다.

제4회 모의고사

45

하루에 한 번만 이동하므로, 본사 복귀 전 마지막으로 9월 7일에 방문할 발전소는 산청발전소이다. 그러므로 청평발전소, 무주발전소, 예천발전소 간의 방문 순서만 정하면 된다. ①~⑤의 경로에 따른 이동소요시간을 계산하면 다음 표와 같다(마지막 날 산청발전소에서 본사로의 이동시간은 ①~⑤ 모든 경우에서 동일하므로 계산에서 제외하여 시간을 절약할 수 있다. 또한, 계산상 편의를 위해 '1시간=60분'으로 환산하여 계산한다).

구분	총 소요시간
①	55+45+110+35=245분
②	55+50+110+80=295분
③	125+110+50+65=350분
④	125+45+50+35=255분
⑤	40+50+45+80=215분

따라서 이동에 소요되는 시간이 가장 적은 경로는 ⑤이다.

46

- 다섯 번째 조건에 따라 K대리는 밀양을 방문한다.
- 여섯 번째 조건의 대우명제는 '밀양을 방문하면 동래를 방문하지 않는다.'이다. 이에 따라 동래는 방문하지 않는다.
- 세 번째 조건의 대우명제에 따라 목포도 방문하지 않는다.
- 첫 번째 조건에 따라 K대리는 목포를 제외하고 양산, 세종을 방문해야 한다.
- 두 번째 조건의 대우명제에 따라 성남을 방문하지 않는다.
- 네 번째 조건에 따라 익산을 방문한다.

그러므로 K대리는 양산, 세종, 익산, 밀양은 방문하고, 성남, 동래, 목포는 방문하지 않는다. 따라서 참인 설명을 한 사람은 세리와 진경이다.

47

보기에서는 투과율이 비슷한 조직들 간의 구별이 어렵기 때문에 다른 조직과의 투과율 차이가 큰 경우로 한정된다는 X선의 활용 범위의 한계를 제시한다. 두 번째 문단의 마지막 문장에서는 이러한 한계를 극복한 것이 CT라고 말한다. 따라서 보기의 위치는 (나)가 가장 적절하다.

48

정부의 규제 장치나 법률 제정은 장벽을 만들어, 특정 산업의 로비스트들이 지대 추구행위를 계속할 수 있도록 도와준다.

오답분석

①·②·③은 첫 번째 문단에서, ④는 세 번째 문단에서 알 수 있다.

49

네 번째 문단에서 경쟁 정책의 문제점에 대해 이야기하고 있으나, 구체적인 수치를 언급하고 있지는 않다. 오히려 경쟁으로 인해 소비자가 피해를 보는 구체적인 사례를 통해 경쟁 정책의 문제점을 제시하고 있다.

50

'지지정당 없음'의 비율이 낮아졌다는 것은 역으로 A정당과 B정당의 지지율의 합이 높아졌다는 것을 의미한다. 2019년의 경우 두 정당의 지지율의 합이 43.1%이고, 2020년은 59.5%로 지지율의 합이 높아졌으므로 옳은 내용이다.

오답분석

② 60대 이상의 경우 2018년에 비해 2019년에 A당에 대한 지지도가 36.4%에서 34.2%로 낮아졌으므로 옳지 않은 내용이다.

③ 20대의 정당지지도 차이는 2018년 18.8%p에서 2019년 1.2%p로 축소되었으므로 옳지 않은 내용이다.

④ A당이 B당의 지지도를 처음으로 추월한 해는 2019년이고, 그 해에 A당 지지도가 가장 높은 연령대는 50대이므로 옳지 않은 내용이다.

⑤ 정당지지도의 차이가 가장 큰 해는 2021년(24.2%p)이고, 그 차이보다 더 큰 정당지지도 차이를 보이는 연령대는 50대(30.2%p), 60대 이상(33.2%p)의 2개이므로 옳지 않은 내용이다.

www.sdedu.co.kr